CONCORDANCE DES PROPHÉTIES
de Nostradamus avec l'Apocalypse

ou

L'APOCALYPSE INTERPRÉTÉE

PAR

NOSTRADAMUS.

Les formalités voulues par la loi ayant été remplies, l'Auteur poursuivra tout contrefacteur. Les exemplaires non revêtus de la signature de l'Auteur seront réputés contrefaits. Le droit de traduction est réservé.

Déclaré le 1er août 1861, déposé le 27 août 1861.

CONCORDANCE DES PROPHÉTIES
de Nostradamus avec l'Apocalypse
OU
L'APOCALYPSE INTERPRÉTÉE
PAR
NOSTRADAMUS

FAISANT SUITE A

L'HISTOIRE PRÉDITE ET JUGÉE

PAR LE MÊME AUTEUR.

> Le plus difficile et le plus obscur de tous les saints livres, renfermant autant de secrets que de mots; je dis peu, cachant plusieurs choses sous chaque mot. (St JÉROME).
>
> N'AYANT QU'UN SEUL SENS ET UNIQUE INTELLIGENCE... *Sed quando subnascenda erit ignorantia*, LE CAS SERA PLUS ESCLAIRCY. (NOSTRADAMUS).

RECHERCHES ET COMMENTAIRE

PAR

H. TORNÉ-CHAVIGNY.

BORDEAUX
TYPOGRAPHIE Ve JUSTIN DUPUY & Cie
RUE GOUVION, 20.

1861

PRÉFACE.

Une femme sur le point d'enfanter, dit Nostradamus, verra un serpent, la nuit, proche du lit royal, et ceux qui devraient protéger la mère et son fruit ne prendront pas leur défense. Alors naîtra, en France, l'enfant des rois que tous les princes de l'Europe déclareront *Dieudonné* ou DU CIEL VENU.

> Un serpent veu proche du lict royal
> Sera par dame nuict chiens n'abayeront ;
> Lors naistre en France un prince tant royal ,
> Du ciel venu tous les princes verront.   IV. 93.

L'enfant *Dieudonné* a été *enlevé à Dieu et à son trône* par la révolution ; il est né le jour de la fête de l'archange saint Michel, qui triompha du dragon. L'Apocalypse dit :

> « *Le dragon s'arrêta devant la femme qui allait enfanter afin de dévorer son fils aussitôt qu'elle serait délivrée. Elle enfanta un enfant mâle qui devait gouverner toutes les nations avec une verge de fer; et son fils fut enlevé à Dieu et à son trône... Michel combattait contre le dragon...* »

J'ai dit dans la *Vie de L.-Philippe Ier*, p. 10 :

> « Nulle part ailleurs dans les saints livres , nulle part peut-être dans la littérature d'aucun peuple on ne trouve une figure semblable à celle-ci ; les allusions à peine voilées qu'elle laisse faire à tout lecteur montrent que le Prophète a été fort heureux dans le choix qu'il en a fait. — La suite de ce travail montrera quel développement prend la prophétie dès que l'allusion du Prophète est connue (voir plus loin les mots : MACÉDOИ , MYRMIDOЛ, SPARTE, etc.). — En renvoyant au même livre de l'Apocalypse pour les règnes de Napoléon Ier et de Louis XVIII, etc., Nostradamus semble inviter le Traducteur à y puiser toute l'histoire contemporaine. »

Aujourd'hui que l'on a lu dans le second volume de *L'Histoire prédite et jugée* (p. 207) un fragment de la *Concordance des prophéties de Nostradamus avec l'Apocalypse*, on réclame l'ensemble de cette concordance, et l'on fait valoir les raisons les plus fortes pour que le livre, sans retard, ce travail à peine ébauché. Je cède d'autant plus volontiers à ce désir qu'en donnant, dans ces conditions, un commentaire tout nouveau de l'Apocalypse, je fais voir clairement que je ne m'efforce pas d'imposer au lecteur cet aperçu d'interprétation. Enfant soumis de l'Eglise, j'accepte et j'accepterai toujours le jugement qu'elle a porté et qu'elle portera sur tout commentaire de ce livre divin. Je ne me présente ni comme docteur, ni comme théologien ; *je ne suis rien, pas même académicien*, et je reconnais que Nostradamus lui-même, le véritable auteur de cette interprétation nouvelle, a grandement besoin, pour devenir en cette matière une autorité de quelque poids, d'être reconnu Prophète par l'Eglise.

> « Bossuet a remarqué, à l'occasion de l'Apocalypse, que c'est par rapport aux dogmes que l'unanimité des Pères fait loi, et non à l'égard des recherches sur le *déchiffrement des prophéties* (Boss., préf. de l'Apoc., nos 17, 20, 21...), qui peut être plus ou moins parfait, selon les secours qu'il plaît à Dieu de donner dans certains temps, et aussi, selon les connaissances plus étendues que fournit le spectacle d'une longue histoire où l'on aperçoit les maux que l'Eglise peut éprouver dans une grande suite de siècles... » (*Commentaire de l'Apocalypse*, Avignon, 1762, I. p. IX).

Avant d'entrer en matière, il est bon de dire comment j'ai été amené à faire ce travail.

Il n'était pas possible, en étudiant le quatrain cité plus haut, de ne pas se rappeler le passage de l'Apocalypse, allusion évidente d'un Prophète qui déclare que ses PRÉDICTIONS sont faites PAR VOYE... MÊME DES SACRÉES ECRITURES (*Lettre à Henry II*, et qui termine sa lettre prophétique en copiant la fin de l'Apocalypse :

> « *Sera presque renouvellé un autre règne de Saturne et siècle d'or, Dieu le Créateur dira* (dixit et facta sunt) *entendant l'affliction de son peuple, Satan sera mis et jetté dans l'abysme du barathre* dans *la profonda fosse. Et adonc commencera entre Dieu et les hommes une paix universelle, et demeurera lié environ l'espace de mille ans, et tournera en sa plus grande force la puissance ecclésiastique, et puis tout deslié. Que toutes ces figures sont justement adaptées par ces divines lettres...* »

L'*Apocalypse* dit : « Chap. xx. §. 1. Je vis descendre du ciel un Ange qui avait la clef de l'abime et une grande chaine à la main. — 2. Il prit le dragon, l'ancien serpent, qui est le diable et Satan , et l'enchaîna pour mille ans. — 3. Et l'ayant jeté dans l'abime, il le ferma sur lui et le scella, afin qu'il ne séduisît plus les nations jusqu'à ce que ces mille ans soient accomplis, après quoi il doit être délié pour un temps. — 4. Je vis aussi des trônes et des personnes qui s'assirent dessus, et la puissance de juger leur fut donnée... » »

Nostradamus m'ayant habitué à voir dans ses allusions un développement étrange de sa prophétie, je n'attachai pas d'abord une plus grande importance à celle-ci qu'aux autres ; mais renvoyé sans cesse à ce même livre pour les règnes de Louis XVI, de Napoléon Ier et de Louis XVIII..., pour la révolution italienne, je ne pus faire autrement que de remarquer que ces allusions embrassent des chapitres entiers de l'Apocalypse ; que ces chapitres se trouvent précisément dans l'ordre chronologique des faits de cette période historique ; qu'ils forment un tout complet ; en un mot, qu'ils sont l'histoire de l'Eglise et du peuple de Dieu du Nouveau Testament (*Gesta Dei per Francos*) à partir de 1789, époque la plus grande de l'histoire depuis Jésus-Christ.

L'Apocalypse m'apparut alors formée de deux parties bien distinctes. Dans les trois premiers chapitres, l'Apôtre parle de son livre et prophétise, ainsi qu'il le déclare, pour les sept Eglises qui existaient de son temps. Il annonce des « *choses dont le temps est proche* (I. 3)... *Le diable, dans peu de temps, mettra quelques-uns de vous en prison* (II. 10). » Ces trois chapitres se terminent par ces mots : « *Qui a des oreilles entende ce que l'Esprit dit aux Eglises* (III. 22). » — Aussitôt, dès le premier verset du chapitre suivant (IV), saint Jean monte au ciel pour voir de plus *haut les choses qui doivent arriver à l'avenir*. Tout ce chapitre est la description de ce lieu élevé où Dieu se manifeste dans sa gloire. — Dès le premier verset du chapitre suivant (V), saint Jean remarque dans la main de Dieu le livre de l'avenir. Ce chapitre tout entier est sur le droit que Jésus-Christ seul pouvait obtenir par sa mort d'ouvrir le livre. — Dès le premier verset du chapitre suivant (VI), le livre est ouvert, la prophétie commence sur les événements de 1789, et elle se poursuit dans les derniers chapitres jusqu'à la fin du monde.

Maintenant, quelques réflexions seulement pour répondre aux objections les plus sérieuses qui se présentent d'elles-mêmes.

Après que les Pères de l'Eglise ont donné du livre de l'Apocalypse les interprétations les plus diverses, par conséquent qui se combattent et se détruisent mutuellement, n'est-il pas nécessaire qu'un homme de Dieu vienne enfin fixer la véritable interprétation de ce livre ? Un commentateur joindrait aujourd'hui à la sainteté de saint Eusèbe ou de saint Irénée, l'autorité du grand Bossuet, qu'il ne parviendrait pas à faire accepter son interprétation, fût-elle la véritable. Et cependant, une prophétie peut rester incomprise durant les siècles, mais elle est toujours révélée à un moment donné, et alors elle produit dans le monde un effet à la hauteur du plus grand des miracles, celui de la prophétie. Supposons un interprète reconnu lui-même prophète, se disant avec vérité le GRAND PROPHÈTE, et citant sans cesse l'Apocalypse lorsqu'il y trouve la prédiction des faits qu'il veut annoncer lui-même d'une manière plus précise ; cette interprétation ne sera-t-elle pas reçue de tous avec la plus grande facilité ; l'autorité de son auteur ne sera-t-elle pas incomparable, et les plus vives lumières ne dissiperont-elles pas enfin les ténèbres les plus sombres de l'Apocalypse ?

Le peuple juif n'occupa qu'une très petite place dans le monde, et le plus grand des livres dans l'histoire des peuples est plus petite encore ; et c'est pour lui cependant que Dieu a suscité une foule de prophètes ; seul il a été le peuple de Dieu de l'ancien Testament. Il ne répugne donc pas de voir un prophète bien-aimé prophétiser en particulier pour le peuple français par qui Dieu produit son action dans le monde. Ce peuple a été longtemps l'appui de la religion, et s'il a prévariqué un moment en 1789, Dieu l'a soumis aux caprices et à la tyrannie de la Babylone moderne (ET NE TIENDRA TANT SEULEMENT QUE SEPTANTE TROIS ANS ET SEPT MOIS, *Lettre à Henry II*, 26°).

« Les monarques Français portent le titre de *rois très chrétiens* et de *fils aînés de l'Eglise*. Saint Grégoire-le-Grand disait en écrivant à Childebert (*Regist.* 5, *épist.* 6), que le royaume des François est autant élevé au-dessus des autres, que la dignité royale est par-dessus les hommes privez. Grégoire IX ajoute que Dieu a choisi ce royaume pour exécuter ses divines volontez. Boniface Vitalien, jurisconsulte Italien, assure après Suidas, que quand on nomme simplement *le roi*, on entend celui des François, qui l'est par excellence ; Balde. aussi Italien, proteste que le monarque François porte la couronne de gloire entre les rois; et Mathieu Paris, Anglois, ne fait point de difficulté de dire que le souverain des François est le roi des rois de la terre. Nos rois ont eu l'avantage d'avoir été les premiers empereurs d'Occident ; et aucun d'eux n'a jamais été taché d'hérésie depuis Clovis, premier roi chrétien, quoique tous les princes de l'Europe suivissent les erreurs d'Arius, dans l'établissement de la monarchie, et qu'il n'y ait presque point d'Etat depuis ce temps qui se puisse vanter de n'avoir eu aucun prince ou adhérant aux schismes, ou fauteur des hérésies. Dans toutes les occasions ils se sont montrez très chrétiens, et fils aînez de l'Eglise. Non-seulement Charles-*Martel*, Pépin-le-*Bref*, Charlemagne, etc., ont donné au Saint-Siége presque tous les biens dont il jouit aujourd'hui ; mais même ils n'ont jamais balancé à passer les Alpes, quand ils ont jugé nécessaire d'aller en personne lui conserver ce même bien qu'ils lui avaient donné ; ou secourir les papes, et les délivrer de la tyrannie de leurs persécuteurs. Leur cour et leurs Etats ont été toujours un asyle assuré à ces mêmes pontifes; et l'on en a vu plusieurs durant cinq ou six siècles, y venir chercher un refuge qui ne leur manquait jamais. Quand il s'est agi de se croiser ou contre les infidèles ou contre les hérétiques, ils ne se sont pas contentez d'envoyer des princes de leur sang, ils y sont allez eux-mêmes, exposant leur vie et leur couronne; et ne se sont jamais épargner pour le bien de la chrétienté. Leurs peuples, à leur exemple, y ont toujours employé leurs biens et leurs personnes; et Saint-Louis y perdit une fois la liberté, et l'autre fois la vie. » (*Moréri*, France).

Dieu a fait jusqu'à ce jour pour la maison royale de France des miracles tout aussi grands, tout aussi évidents, tout aussi nombreux que pour la maison royale de David.

« Hugues-*Capet*, comte de Paris et d'Orléans, duc, puis roi de France, étoit fils de Hugues-le-*Grand*. Ils descendaient de mâle en mâle de Pépin-le-*Grand*, par le comte Childebrand. Du côté des femmes, ils venoient de Clovis. La femme de l'aïeul de Hugues-*Capet* étoit princesse du sang de Charlemagne... L'histoire remarque que Hugues, depuis le jour qu'il eut été sacré, ne mit plus de couronne sur sa tête le reste de sa vie, quoique les rois eussent coutume de la porter les grandes fêtes et dans les cérémonies publiques, et qu'il s'abstint de cet honneur, parce que lui ayant été prédit par révélation divine que sa race tiendrait le royaume durant sept générations, il crut lui prolonger cet avantage d'un degré, en ne portant pas lui-même les marques royales, afin de n'être pas compté dans les sept degrez. Il ne savait pas que le nombre sept, dans le langage divin, signifie l'étendue de tous les siècles. » (*Moréri*, Hugues-*Capet*).

« Quand il n'y aurait dans la France que cette maison de France, dont la majesté étonne, encore pourrions-nous, en fait de gloire en remontrer à toutes les autres souverains de l'Europe étaient encore sujets. Les vassaux de nos rois sont devenus rois les uns ont conquis l'Angleterre, les autres ont régné en Ecosse... En 1380, plus de quinze branches composaient la maison de France, et cinq monarques de cette maison régnaient ensemble dans six monarchies diverses, sans compter un duc de Bretagne et un duc de Bourgogne. En tout une seule famille a produit cent quatorze souverains, trente-six rois de France, depuis Eudes jusqu'à Louis XVIII.... Ajoutez plus de mille ans d'antiquité à cette race : Eh bien ! la révolution a livré tout cela au couteau de Louvel ! » (*Châteaubriand*).

Ceci était écrit avant la naissance miraculeuse du duc de Bordeaux : ISSU DU VRAY RAMEAU DE FLEUR DE LYS (*Vie de L.-Philippe I*^{er}, p. 34), et que le SERPENT a tenté inutilement de dévorer au jour de sa naissance.

Presque tous les commentateurs veulent voir dans l'Apocalypse l'histoire générale de l'Eglise ; mais une prophétie doit être comprise du peuple au jour de son interprétation, car c'est pour les simples, les petits et les ignorants que Dieu fait ses plus grands miracles, dit Nostradamus : « *Abscondisti hæc a sapientibus et prudentibus, id est potentibus et regibus, et enucleasti ea exiguis et tenuibus.* » (*Lettre à César*).

Parviendra-t-on jamais à faire lire au peuple dans l'Apocalypse, l'histoire générale de l'Eglise qu'il ne connaît pas ? Qui se chargera d'y faire voir aux savants eux-mêmes la partie accomplie depuis dix-huit siècles ! Un seul homme sérieux admettra-t-il avec Holzauser que l'enfant qui naît devant le dragon est Héraclius ? On ne croira jamais que l'Apôtre a pu consacrer tout un chapitre de son livre à cet empereur dont les fidèles n'ont pas même conservé le souvenir, dont ils ignorent le nom.

D'après Nostradamus, l'Apocalypse est l'histoire contemporaine à partir de l'époque la plus nettement déterminée, époque connue de l'universalité du genre humain, époque dont l'influence s'étendra jusqu'à la fin du monde, et dont les derniers hommes se souviendront encore. Cette histoire se poursuit tout au long sans reprise, et chacune de ses parties est dans les justes proportions que réclament l'importance des évènements. On voit clairement la raison d'être de cette prophétie placée dans de pareilles conditions; elle révèle les jugements de Dieu sur des faits que l'homme juge aujourd'hui tout autrement qu'il ne convient, elle augmente la foi et elle soutient l'espérance, la partie qu'on a vue s'accomplir ne permettant pas de douter de l'accomplissement du reste.

Ce n'est pas l'auteur du *Discours sur l'Histoire universelle* qui aurait craint pour l'Apocalypse qu'en recevant son interprétation contemporaine, les plus importants de l'Histoire, et où le doigt de Dieu apparaît en tout et partout, ce livre divin ne perdît du respect dont les interprétations mystiques et reçues l'ont laissé entouré jusqu'à ce jour.

Acceptons un moment l'interprétation que Nostradamus donne de l'Apocalypse, et voyons si rien ne la renverse par la base.

On s'accorde à reconnaître que les prophéties de l'ancien Testament renferment deux sens : l'un qui s'applique d'une manière expresse à l'évènement qui est l'objet de la prophétie, et l'autre qu'on appelle sens mystique, au travers duquel apparaît des vues d'ensemble sur la ruine ou la prospérité d'un peuple, la persécution ou le triomphe de l'Eglise. Bossuet ne doutait pas que l'Apocalypse ne fût susceptible de diverses interprétations.

« La chute de Rome est la grande catastrophe à laquelle viennent aboutir, selon M. Bossuet, les prédictions de saint Jean... On ne peut nier la vérité de ce premier sens. Mais il est certain, qu'il est compatible, de l'aveu même de M. Bossuet, avec un autre accomplissement qui peut avoir lieu dans des siècles plus éloignés. C'est à cette occasion que cet illustre Prélat établit le principe de la fécondité des prophéties, qui s'est vérifiée à différentes reprises, en sorte qu'un premier sens ne doit point exclure les autres, qui peuvent avoir lieu dans d'autres circonstances. » (*Commentaire sur l'Apocalypse*. Avignon, t. p. XIX).

La prophétie de Nostradamus n'a QU'UN SEUL SENS ET UNIQUE INTELLIGENCE, et jamais un quatrain ne s'appliquera à deux évènements différents ; l'Apocalypse, interprétée comme il le fait, n'a aussi qu'un *seul sens et unique intelligence*, car l'histoire du peuple ou de l'Eglise ne présentera pas une seconde fois dans l'ordre chronologique l'ensemble des faits qu'il nous fait lire dans l'Apocalypse. Rien ne s'oppose cependant à ce qu'on admette que ce livre renferme un sens mystique indépendant du premier. L'Apôtre a imité et copié en divers endroits les prophéties du peuple juif qui font partie des livres sacrés des chrétiens; sa prophétie, comme les prophéties anciennes, a inspiré jusqu'à ce jour la doctrine de l'Eglise, a consolé les fidèles, a excité les courages; enfin, elle a produit avant son accomplissement, l'effet que les anciennes produisent encore des siècles après qu'elles ont reçu le leur.

Faites la part de l'exagération propre au style oriental, de l'emphase prophétique, du désir de renfermer un sens mystique dans la prophétie d'évènements qui ne sont pas purement profanes, et vous ne serez pas surpris de reconnaître, à l'aide du contexte, de simples mortels sous des images que l'on pourrait encore appeler de NATURELLE FACTION. Les rois sont les dieux de la terre..., pourquoi ne verrait-on pas Napoléon dans l'ange de l'abîme, Louis XVIII dans l'ange qui porte un livre ouvert et qui crie comme un lion ? Cyrus, quoique prince infidèle, n'en est pas moins nommé le *Christ*, eu égard à son autorité et à sa mission.

« 1. Voici ce que dit le Seigneur à Cyrus, qui est mon Christ, que j'ai pris par la main pour lui assujétir les nations, pour mettre les rois en fuite, pour ouvrir devant lui toutes les portes sans qu'aucune lui soit fermée. — 2. Je marcherai devant vous, j'humilierai les grands de la terre, je romprai les portes d'airain et je briserai les gonds de fer. — 3. Je vous donnerai les trésors cachés et les richesses secrètes et inconnues, afin que vous sachiez que je suis le Seigneur, le Dieu d'Israël qui vous ai appelé par votre nom. » (*Isaïe*, XLV, Trad. de Le Maistre de Sacy). — « Le mot Cyrus se prononce en hébreu *Goren* ou *Giren*. » (*L'abbé Massé*).

Nostradamus a dit du Cyrus moderne qu'il appelle par son nom : CHYREN.

Au regne grand du grand regne regnant,
Par force d'armes les grands portes d'airain
Fera ouvrir, le Roy et Duc joignant,
Port demoly, nef à fons, jour serain.   x. 80.

Les simulachres au lac seront trouvez, ... IN. 12.
Les simulachres d'or et d'argent enfl.... VIII. 28-30.

L'Apocalypse, c'est une leçon de morale dominant le fait exposé avec détail; Nostradamus, c'est le fait sans phrase avec une morale qui ressort de la manière même dont le fait est présenté.

L'Apocalypse devra son interprétation à Nostradamus ; Nostradamus devra peut-être à l'Apocalypse d'être élevé, sans conteste, au rang d'homme de Dieu.

L'une et l'autre prophéties révèlent le jugement de Dieu sur les faits accomplis et sur les faits qui se poursuivent; l'une et l'autre rendront la lumière et montreront la droite voie aux esprits aveuglés et dévoyés lors des évènements que Dieu prépare. Ces deux prophéties se répondent, se complètent; elles se fondent si bien l'une dans l'autre qu'on ne trouve ni détail, tant petit serait-il, ni jugement, le moins indispensable sur le fait le plus important, en désaccord avec l'ensemble de l'autre prophétie. — Cette concordance n'est pas le fait du Traducteur, elle n'a pas été cherchée, on n'a pas mené de front l'interprétation des deux prophéties : l'idée fixe, cette tyrannie dont on ne se rend jamais compte, n'a point fait claquer le quatrain qui détruisait l'harmonie... Non, le 2ᵉ volume de l'*Histoire prédite et jugée* était imprimé aux trois quarts avant que le Traducteur ne fût convaincu que Nostradamus interprétait l'Apocalypse tout en prophétisant lui-même. L'étude du quatrain 166ᵉ (p. 207), lui ôta tout doute; en moins d'une heure il eut dans la tête ce travail qu'il jettera en moins de quinze jours sur le papier, parce qu'on veut se hâte et qu'il croit lui-même que cette précipitation donnera à son travail un certain mérite qu'il serait fort embarrassé de remplacer par un autre.

On peut, l'Apocalypse en main, et j'en ai fait l'expérience, étonner au suprême degré toute personne sérieuse en lui montrant seulement les jalons que l'Apôtre a placés dans son livre pour guider ses commentateurs. Ouvrez ce livre divin au chap. XII, et lisez ces mots du v. 4 : « *Le dragon s'arrêta devant la femme qui devoit enfanter afin de dévorer son fils... Son fils fut enlevé à Dieu et à son trône. Michel et ses anges combattoient contre le dragon* » Nostradamus dit de l'enfant né le jour de la fête de S. Michel : UN SERPENT VEU PROCHE DU LICT ROYAL... LORS NAISTRE EN FRANCE UN PRINCE... DU CIEL VENU. » Supposons que ces deux prophéties si semblables se rapportent, au même évènement et que cet évènement soit la naissance du duc de Bordeaux en 1820, l'histoire qui a précédé nous est connue. Jetons un regard sur le chapitre qui précède celui-ci et l'Apocalypse :

Chap. XI. On mesure le temple, on abandonne aux Gentils ce qui est en dehors. Deux hommes, paraissent en témoignage à blouse et qui sont deux oliviers et deux chandeliers, sont mis à mort dans la grande ville par la bête qui sort de l'abîme ; ils restent morts durant trois jours et demi; ils ressuscitent et le règne de ce monde passe à Dieu.

Le traité de 1814 mesura le temple du Prophète (ou la France, *templum*) et l'on abandonna aux étrangers toutes les conquêtes extérieures. Louis XVIII et son frère, son lieutenant-général du royaume, (Nostradamus les appelle les DEUX GRANDS LUMINAIRES, DEBONNAIRES) avaient ramené la paix, (olivier) et ils éclataient la nation par les véritables intérêts lorsque Napoléon, sorti du fond de la mer, les chassa du grande ville pour cent jours ou trois mois, (les trois semaines de Daniel sont des années), des jours peuvent être des mois), Après ils reparurent, et un règne conforme à la doctrine de J.-C. et non à celle du monde commença.

Remontons au chapitre précédent :

Chap. X. Un ange apparaît un petit livre à la main: il a un pied sur la mer et l'autre sur la terre, il fait serment qu'il n'y aura plus de temps. Ce livre est doux à la bouche et amer au ventre.

Louis XVIII apparaît en 1814. la Charte à la main ; il revient d'Angleterre : il a un pied sur la mer et l'autre sur la terre : il fait serment qu'il ne sera question ni de charte ni de l'ancienne Constitution. Cette Charte, du goût des peuples et des Bourbons, à la fin, causera de nouveaux malheurs pour les Bourbons et pour le peuple.

Avant l'arrivée de Louis XVIII, c'était Napoléon qui régnait. Voyons le chapitre précédent :

Chap. IX. L'Apollyon ou l'*Exterminateur* sort du fond de l'abîme avec des sauterelles ; ils ont le pouvoir de tourmenter longtemps les hommes, mais non de les tuer. Quatre anges prêts pour l'heure, le jour, le mois, l'année les combattent par le feu, la fumée et ce qu'il sort servivront ne se repentent: point de leurs œuvres, ne cessent point d'adorer les démons, ne font pénitence ni de leurs meurtres, ni de leur impudicité, ni de leurs vols.

Napoléon est sorti du fond de la Méditerranée en 1793 comme il en sortira en 1815 ; il a des armées fde sauterelles, d'après Nostradamus); il fatigue les nationalités sans parvenir jamais à les détruire. Quatre puissances signataires du traité de Chaumont, en 1814, et qui étaient sous les armes depuis longtemps, attendant le moment de la guerre des armées icon donneront la victoire, le renversent à force de poudre qui se manifeste par le feu, la fumée et le soufre. Ceux qui restent aux affaires conservent les principes révolutionnaires, la liberté des cultes, l'immunité des régicides et des meurtriers de la révolution, maintiennent la loi du divorce et ne se désaisissent pas des biens qu'ils ont pris et chargé et la noblesse.

C'est alors que Louis XVIII, ayant un pied sur la mer et l'autre sur la terre, apparaît un livre à la main. Au-dessus de ce chapitre sur l'*Apollyon*, je vois dans le dernier verset du chapitre qui précède, ces mots : *Je vis et j'entendis la voix d'un Aigle qui voloit par le milieu du ciel et qui disoit à haute voix : Malheur! malheur! malheur aux habitants de la terre!*... Cet Aigle est l'Aigle de Napoléon sans doute. Continuons donc à remonter dans l'Apocalypse et dans le passé. Avant Napoléon, le Tiers ou la Montagne gouvernait la France.

Chap. VIII. Un ange offre à Dieu les prières des saints, et les sept frappent la troisième partie de la terre (la *troisième partie*, pour chaque fléau). Une grande montagne, toute de feu est jetée dans la mer... et un Aigle vol par le milieu du monde.

Le sang des martyrs de la révolution crie vers Dieu. Les nouveaux malheurs n'atteignent pas précisément le clergé et la noblesse qui n'existent plus en fait, mais le Tiers seul. De la mort bruyante, Napoléon renverse la Montagne toujours en feu et dépose les plus ardents montagnards au-delà des mers. C'est alors que l'Aigle prend son essor pour le malheur du genre humain.

Peut-être trouverons-nous dans le chapitre précédent les premiers malheurs de la révolution :

Chap. VII. Quatre anges arrêtent le souffle, mais un n'a et qui prend du côté de l'Orient, ayant le sceau de Dieu, leur crie : « Attendez que le nombre des serviteurs de Dieu soit rempli. Ceux-ci apparaît toutes les parties de la France, à tous les rangs de la société, jouiront à la fois du bonheur du ciel.

Quatre puissances, en 1789, arrêtent un souffle révolutionnaire en tournant la France jusqu'à deux ou trois reprises; mais Bonaparte, qui s'avait alors en Orient et qui avait une mission divine à remplir, leur crie d'attendre que la révolution ait subi son cours et terminé son œuvre : la révolution sera arrêtée le jour où les quatre puissances triverseront triompherent en 1814.

Ce que ces six chapitres renferment est un encouragement pour poursuivre une étude aussi facile qu'elle est pleine d'aperçus nouveaux.

Chap. VI. Un cavalier apparaît sur un cheval blanc, il est couronné et victorieux. Un cheval roux lui ôte la paix de dessus la terre, la famine vient après, puis la mort et enfin l'enfer. La quatrième partie des hommes est frappée. Le soleil devient noir comme un sac de poil, la lune est comme un sang, les grands et les puissants sont prosterés et couchés des montagnes et aux rochers des substitutions : « Tombez sur nous et cachez-nous à la colère de l'Agneau, le grand jour de la colère est arrivé.

Louis XVI, ayant la couronne en tête, fait triompher le drapeau blanc dans la guerre contre l'Angleterre, l'internat amena de la France ; bientôt apparu la misère, puis la famine de la couronne du roi par la bonne rouge, puis viens la famine, la mort; la religion de l'enfer s'établit pour un temps, à la suite de Louis XVI et des trois lévres de France anglais. Nostradamus donne pour MARQUE le SOLEIL, tombe dans une sac souillé de sang, la LUNE paraît nager dans le sang, la famille royale et les grands du royaume sont prosternés et mis à mort par la Montagne, les nouveaux prosperes ils trouvent que les supplices de la colère de l'Agneau, de la colère est arrivé.

Ce chapitre commence au début de la grande Révolution française et de la grande persécution de l'Église. Celui qui précède nous montre l'ouverture du livre prophétique, mais ne renferme aucune prophétie. Si nous nous reportons au chapitre qui vient après celui-ci où nous avons cru voir la naissance du duc de Bordeaux, nous le trouvons rempli de la description de trois monstres révolutionnaires où nous croyons voir la révolution de 1830, de 1848 et la révolution italienne. La fin de ce chapitre nous frappe singulièrement : « *Personne ne puisse ni acheter, ni vendre, que celui qui aura le caractère ou le nom de la bête, ou le nombre de son nom. C'est ici la sagesse. Que celui qui a l'intelligence compte le nombre de la bête. Car son nombre est le nombre d'un homme, et ce nombre est six cens soixante six.* » La marche de ces huit chapitres prophétiques m'amène à voir Napoléon III dans l'homme dont il est parlé ici. J'ouvre le *Lexique* d'Auguste Delalain, à l'Alphabet grec qui marque la valeur numérique des lettres, et j'écris : N= 50 ; A= 1, P= 90, O= 70, L= 30, E= 5, O= 70, N= 50. Ce qui me donne à l'addition 366. Le *caractère* ou marque est exprimé toujours par le T ou (To), qui vaut 300; le nombre du caractère et le nombre du nom font le nombre de l'homme. 300+ 366 = 366. S. Jean a connu le nom de Napoléon, puisqu'il nomme Apollyon, son oncle. En voilà assez pour piquer la curiosité du lecteur. Il peut être assuré que, grâce à Nostradamus et à l'histoire bien connue de l'époque révolutionnaire, chaque mot de l'Apocalypse va recevoir une interprétation naturelle et pleine d'enseignements.

APOCALYPSE

DE SAINT JEAN, Apostre (1).

CHAPITRE PREMIER.

1. La révélation de Jésus-Christ, qu'il a reçue de Dieu, pour découvrir à ses serviteurs les choses qui doivent arriver bientôt, et qu'il a manifestées par le moyen de son Ange envoyé à Jean son serviteur;

2. qui a annoncé la parole de Dieu, et a rendu témoignage de tout ce qu'il a vû de Jésus-Christ.

3. Heureux celui qui lit et qui écoute les paroles de cette prophétie, et qui garde les choses qui y sont écrites : car le tems est proche.

4. Jean aux sept Eglises, qui sont en Asie : La grace et la paix soient avec vous par celui qui est, qui étoit, et qui doit venir, et par les sept Esprits qui sont devant son trône;

5. et par Jésus-Christ, qui est le témoin fidèle, le premier-né d'entre les morts, et le Prince des Rois de la terre, qui nous a aimés et nous a lavés de nos péchés dans son sang;

6. et nous a fait être le royaume et les prêtres de Dieu son Père : à lui soit la gloire et l'empire dans les siècles des siècles. Amen.

7. Le voici qui vient sur les nuées. Tout œil le verra, et ceux-mêmes qui l'ont percé, et tous les peuples de la terre se frapperont la poitrine en le voyant. Il n'y a rien de plus vrai. Amen.

8. Je suis l'Alpha et l'Omega, le commencement et la fin, dit le Seigneur, qui est, qui étoit, et qui doit venir, le Tout-puissant.

9. Moi Jean, qui suis votre frère et qui ai part avec vous à la tribulation, au royaume et à la patience en Jésus-Christ, j'ai été dans l'Ile nommée Patmos, pour la parole du Seigneur, et pour le témoignage que j'ai rendu à Jésus.

10. Un Dimanche, je fus ravi en esprit, et j'entendis derrière moi une voix forte et éclatante comme d'une trompette,

11. qui disoit : Ecrivez dans un livre ce que vous voyez, et envoyez-le aux sept Eglises qui sont dans l'Asie, à Ephèse, à Smyrne, à Pergame, à Thyatire, à Sardes, à Philadelphe, et à Laodicée.

12. Aussitôt je me tournai pour voir de qui étoit la voix qui me parloit, et étant tourné je vis sept chandeliers d'or.

13. Et au milieu des chandeliers d'or, je vis quelqu'un qui ressembloit au Fils de l'homme, vêtu de l'homme, vêtu d'une longue robe, et ceint au dessous des mamelles d'une ceinture d'or.

14. Sa tête et ses cheveux étoient blancs comme de la laine blanche, et comme de la neige ; et ses yeux paroissoient comme une flamme de feu.

15. Ses pieds étoient semblables à l'airain fin quand il est dans une fournaise ardente, et sa voix égaloit le bruit des grandes eaux.

16. Il avoit en sa main droite sept étoiles, et de sa bouche sortoit une épée à deux tranchans, et son visage étoit aussi brillant que le soleil dans sa force.

17. Au moment que je l'apperçûs, je tombai comme mort à ses pieds ; mais il mit sur moi sa main droite, et me dit : Ne craignez point, je suis le premier et le dernier,

18. et celui qui vit. Car j'ai été mort, mais maintenant je suis vivant dans le siècle des siècles, et j'ai les clefs de la mort et de l'enfer.

19. Ecrivez donc les choses que vous avez vûes, et celles qui sont, et celles qui doivent arriver ensuite.

20. Voici le mystère des sept étoiles que vous avez vûes dans ma main droite, et des sept chandeliers d'or. Les sept étoiles sont les *sept* Anges des sept Eglises : et les sept chandeliers sont les sept Eglises.

CHAPITRE II.

1. Ecrivez à l'Ange de l'Eglise d'Ephèse : Voici ce que dit celui qui tient les sept étoiles dans sa main droite ; qui marche au milieu des sept chandeliers d'or.

2. Je sçai quelles sont vos œuvres, votre travail et votre patience ; que vous ne pouvez souffrir les méchans, et qu'ayant éprouvé ceux qui se disent apôtres, et ne le sont point, vous les avez trouvés menteurs.

---

(1) *Le Maistre de Sacy* est l'auteur de cette traduction (Paris, 1762).
En choisissant une version ancienne et répandue dont on conserve rigoureusement l'orthographe et la ponctuation, on prouve déjà qu'on ne veut pas plier à tout prix l'Apocalypse à l'interprétation que Nostradamus donne de la seconde partie. L'interprétation de la première ou des cinq premiers chapitres est empruntée aux Pères de l'Eglise, nouvelle preuve qu'on ne veut pas torturer la manière de l'auteur.

1. *Révélation.* C'est la même chose en grec que révélation en français. » (*Migne*, 1203).

4. *Sept Eglises.* « Il ne faut pas croire que parmi ces églises il n'y en ait précisément que sept pour qui l'Apocalypse fut écrite. Une prophétie aussi auguste, et qui parlé visiblement à tous les siècles, a été composée pour les Eglises de tous les lieux, et de tous les temps ; et le nombre de *sept* est un nombre mystérieux, destiné à désigner l'universalité des églises. C'est en ce sens que ce nombre est pris dans la suite de ce livre. » (*Avignon*, t. 7). — *Sept esprits.* Les uns entendent les sept dons du Saint-Esprit, et voient la Sainte-Trinité dans ces mots : Par celui qui est, qui étoit, etc..., et par *sept esprits*...., et par Jésus-Christ (au chap. III, v. 1, il est dit : Voici ce que dit celui qui a les sept esprits de Dieu), les autres entendent sept anges qui sont représentés comme les premiers.

6. *Amen* ; manière d'assurer parmi les Hébreux.

8. *Alpha, Omega.* Ces deux lettres, dont l'une commence et l'autre finit l'alphabet grec, sont prises par l'Eglise de Dieu comme étant une image *du commencement et de la fin de toutes choses* ; et en particulier comme étant le symbole des Ecritures qui, depuis les premiers mots de ces divins livres jusqu'aux derniers, se rapportent à Jésus-Christ et à son corps mystique. (Voir XXI. 6, XXII. 13).

9. *Tribulation.* Le martyre de Saint-Jean lorsqu'il fut jeté dans une chaudière bouillante.

12-13. *Sept chandeliers d'or... Fils de l'homme.* Jésus-Christ paraît dans cette prophétie sous diverses formes, qui toutes ont leurs raisons particulières...; ici, il marche au milieu des sept chandeliers qui sont les sept églises, pour les gouverner (voir II. 5). — *Longue robe.* Cette robe est sacerdotale, comme celle d'Aaron, dont il est dit qu'elle descendoit jusqu'en bas, et qu'elle renfermoit tout l'univers. « *In veste autem poderis habebat* (Pontifex) *totus erat orbis terrarum* » (Sap. XVIII, 24). — *Ceint d'une ceinture d'or.* L'Eglise interprète cette ceinture de la troupe des saints dont Jésus-Christ est environné et comme ceint.

14. *Sa tête et ses cheveux étoient blancs comme de la laine blanche.* — L'ancien des jours, dans la vision de Daniel (VII. 9), a de même les cheveux blancs de la laine la plus pure. Le Fils est coéternel au Père. — *Yeux comme une flamme*, terribles et pénétrants.

15. *Ses pieds... Airain*; ils étaient fermes, ils étaient lumineux et éclatants (Voir chap. X. 1).

16. *Sept étoiles; sept anges* (voir le verset 20). — *Epée à deux tranchans*; parole de Dieu, nommée par Nostradamus LES DEUX GLAIVES (tome II, p. 26). « Car la parole de Dieu est vivante et efficace, et elle perce plus qu'une épée à deux tranchans » (aux Hébreux, IV. 12). — *Visage... Soleil*; comme au jour de la Transfiguration.

18. *Les clefs de la mort*, pour lier les puissances des ténèbres. (Voir XX. 2).

---

1. « Nous devons écouter avec beaucoup d'attention et avec un profond respect les avertissements qui nous sont donnés aux Eglises par le ministère de saint Jean. J.-C. paraît dans ces avertissements comme scrutateur des cœurs, comme juge souverain des consciences, comme assis sur un tribunal d'où il prononce sur les œuvres des hommes, ce qu'elles sont aux yeux de Dieu. On voit les différentes altérations qu'éprouve la piété dans ceux mème qui en font profession ; les défauts avec lesquels elle est unie ; les pertes qu'elle fait ; les dehors qu'elle conserve lorsqu'elle n'a qu'une vaine apparence. Les Pasteurs des Eglises sont repris, exhortés, consolés, et avec eux les Eglises elles-mêmes. Car le peuple n'est point séparé de son Evêque. C'est un même corps, dont le chef et les membres sont envisagés sous un seul point de vue ; et si la parole est adressée aux Anges d'Ephèse, de Smyrne, de Pergame et des autres villes, elle ne l'est pas moins *aux Eglises* de ces différens lieux. » (Avignon, I. 52).

3. que vous êtes patient, que vous avez souffert pour mon nom, et que vous ne vous êtes pas découragé.

4. Mais j'ai un reproche à vous faire, qui est que vous vous êtes relâché de votre première charité.

5. Souvenez-vous donc de l'état d'où vous êtes déchu, et faites-en pénitence, et rentrez dans la pratique de vos premières œuvres. Que si vous y manquez, je viendrai bientôt à vous, et j'ôterai votre chandelier de sa place, si vous ne faites pénitence.

6. Mais vous avez ceci de bon, que vous haïssez les actions des Nicolaïtes, comme je les hais moi-même.

7. Que celui qui a des oreilles entende ce que l'Esprit dit aux Eglises : Je donnerai aux victorieux à manger du fruit de l'arbre de vie, qui est au milieu du paradis de mon Dieu.

8. Ecrivez aussi à l'Ange de l'Eglise de Smyrne : Voici ce que dit celui qui est le premier et le dernier, qui a été mort et qui est vivant.

9. Je sçais quelle est votre affliction et quelle est votre pauvreté ; mais vous êtes riche, et vous êtes noirci par les calomnies de ceux qui se disent Juifs et ne le sont pas, mais qui sont la synagogue de satan.

10. Ne craignez rien de ce qu'on vous fera souffrir. Le diable dans peu de temps mettra quelques-uns de vous en prison, afin que vous soyez éprouvés, et vous aurez à souffrir pendant dix jours. Soyez fidèle jusqu'à la mort, et je vous donnerai la couronne de vie.

11. qui a des oreilles entende ce que l'Esprit dit aux Eglises : Celui qui sera victorieux ne recevra point d'atteinte de la seconde mort.

12. Ecrivez à l'Ange de l'Eglise de Pergame : Voici ce que dit celui qui porte une épée à deux tranchans.

13. Je sçais que vous habitez où est le trône de satan, que vous avez conservé mon nom, et n'avez point renoncé ma foi, lors même qu'Antipas mon témoin fidèle a souffert la mort parmi vous, où satan habite.

14. Mais j'ai quelque chose à vous reprocher, qui est que vous avez parmi vous des hommes qui tiennent la doctrine de Balaam, lequel enseignoit à Balac à mettre comme des pierres d'achoppement devant les enfans d'Israël, pour leur faire manger de ce qui a été offert aux idoles et les faire tomber dans la fornication.

15. Vous en avez aussi parmi vous qui tiennent la doctrine des Nicolaïtes.

16. Faites pareillement pénitence. Que si vous y manquez, je viendrai bientôt à vous, et je vous combattrai contre eux avec l'épée de ma bouche.

17. Qui a des oreilles, entende ce que l'Esprit dit aux Eglises : Je donnerai au victorieux la manne cachée, et je lui donnerai encore une pierre blanche, sur laquelle sera écrit un nom nouveau, que nul ne connoît que celui qui le reçoit.

18. Ecrivez à l'Ange de l'Eglise de Thyatire : Voici ce que dit le Fils de Dieu, dont les yeux sont comme une flamme de feu, et les pieds semblables à l'airain le plus fin.

19. Je sçais quelles sont vos œuvres, votre foi, votre charité, l'assistance que vous rendez aux pauvres, votre patience, et que vos dernières œuvres ont surpassé les premières.

20. Mais j'ai quelque chose à vous reprocher, qui est que vous souffrez que Jézabel, cette femme qui se dit prophétesse, enseigne et séduise mes serviteurs pour les faire tomber dans la fornication, et leur faire manger de ce qui est sacrifié aux idoles.

21. Je lui ai donné du tems pour faire pénitence, et elle n'a point voulu se repentir de sa présomption.

22. Mais je m'en vais la réduire au lit, et accabler de maux et d'afflictions ceux qui commettent adultère avec elle, s'ils ne font pénitence de leurs mauvaises œuvres.

23. Je frapperai de mort ses enfans, et toutes les Eglises connoîtront que je suis celui qui sonde les reins et les cœurs, et je rendrai à chacun de vous selon ses œuvres. Mais je vous dis à vous,

24. et à tous ceux de vous autres qui êtes à Thyatire et qui ne suivez point cette doctrine, et ne connoissez point les profondeurs de satan, comme ils les appellent, que je ne mettrai point de nouvelle charge sur vous.

25. Mais gardez bien seulement ce que vous avez jusqu'à ce que je vienne.

26. Et quiconque aura vaincu et aura persévéré jusqu'à la fin dans les œuvres que j'ai commandées, je lui donnerai puissance sur les nations.

27. Il les gouvernera avec un sceptre de fer, et elles seront brisées comme des vases d'argile ;

28. selon que j'ai reçu moi-même ce pouvoir de mon Père ; et je lui donnerai l'étoile du matin.

29. Qui a des oreilles entende ce que l'Esprit dit aux Eglises.

CHAPITRE III.

1. Ecrivez à l'Ange de l'Eglise de Sardes : Voici ce que dit celui qui a les sept esprits de Dieu, et les sept étoiles. Je sçais quelles sont vos œuvres ; vous avez la réputation d'être vivant, mais vous êtes mort.

2. Soyez vigilant, et confirmez le reste *de votre peuple* qui est près de mourir : car je ne trouve point vos œuvres pleines devant Dieu.

3. Souvenez-vous donc de ce que vous avez reçu, et de ce que vous avez entendu, et gardez-le, et faites pénitence : car si vous ne veillez, je viendrai à vous comme un larron, et vous ne sçaurez à quelle heure je viendrai.

4. Vous avez néanmoins à Sardes quelque peu de personnes qui n'ont point souillé leurs vêtemens. Ceux-là marcheront avec moi habillés de blanc : car ils en sont dignes.

5. Celui qui sera victorieux, sera ainsi vêtu d'habits blancs et je n'effacerai point son nom du livre de vie, et je confesserai son nom devant mon Père, et devant ses Anges.

---

5. *J'ôterai ton chandelier de sa place.* « Je l'ôterai le nom d'église, et je transporterai ailleurs la lumière de l'Evangile. Lorsqu'elle cesse quelque part, elle ne s'éteint pas pour cela ; mais elle est transportée ailleurs, et passe seulement d'un peuple à un autre. » (*Migne*, 1215).

6. *Nicolaïtes :* « Hérétiques très impurs qui condamnaient le mariage. » (*Id.*).

11. *Seconde mort.* C'est l'enfer et la mort éternelle (v° XX. 6, 14).

« *Balaam :* après avoir béni les Israelites, malgré lui, il donna des conseils pour les corrompre par des festins où ils mangeaient des viandes immolées aux idoles, et par des femmes perdues. (*Nombres*, ch. XXIV. 14 ; XXV. 1, 2). » (*Migne*, 1217).

20. *Jézabel.* « C'est sous le nom de Jézabel, femme d'Achab, quelque femme considérable, vaine et impie, qui appuyait les Nicolaïtes comme l'ancienne Jézabel appuyait les adorateurs de Balaam » (*Id.*).

21. *Les reins et les cœurs :* « Dans les reins sont marquées les secrètes voluptés, et dans le cœur les secrètes pensées. » (*Béd.*).

24. *Les profondeurs de Satan :* « Sa profonde et impénétrable malice. Lorsqu'il tâche de tromper les hommes par une apparence de piété et qu'il couvre de ce bel extérieur les plus grossières erreurs. » (*Migne*, 1220).

27. *Sceptre de fer :* « Jésus-Christ associe les saints à son empire. » (voir III. 21-22, et XIX, 15).

28. *Etoile du matin.* « Je lui ferai commencer un jour éternel, où il n'y aura point de couchant, et qui ne sera suivi d'aucune nuit. » (*Béd.*).

1. *Sept esprits.* « La liaison des sept Esprits, avec les sept Etoiles, qui sont les Anges des Eglises, fait voir que le ministère extérieur de ces derniers a des proportions avec le ministère invisible des Esprits célestes préposés à la garde du peuple de Dieu. » (*Avignon*, t. 103. (Voir Nostradamus, tome II, p. 144 : CORPS, FRONT COMPRISS SENS, CHEFS ET INVISIBLES, DIMINUANT LES SACRÉES ORAISONS). — *Vous êtes mort.* (Voir Nostradamus, tome II, p. 42 : PLUS AUX ROCHERS QU'AUX VIVANS VIENDRA NUIRE).

4. *Habillé de blanc.* « La couleur blanche signifie la sainteté, la gloire éternelle et le triomphe. » (*Migne*, 1224).

6. Qui a des oreilles entende ce que l'Esprit dit aux Eglises.

7. Ecrivez à l'Ange de l'Eglise de Philadelphe : Voici ce que dit le Saint et le véritable, qui a la clef de David ; qui ouvre et personne ne ferme, qui ferme, et personne n'ouvre :

8. Je sçais quelles sont vos œuvres. Je vous ai ouvert une porte que personne ne peut fermer; parce que vous avez peu de forces, et que vous avez gardé ma parole, et n'avez point renoncé mon nom.

9. Je vous amenerai bientôt quelques-uns de ceux qui sont de la synagogue de satan, qui se disent Juifs et ne le sont point, mais qui sont des menteurs. Je les ferai bientôt venir se prosterner à vos pieds, et ils connoîtront que je vous aime.

10. Parce que vous avez gardé la patience ordonnée par ma parole, je vous garderai aussi de l'heure de la tentation qui viendra dans tout l'univers, pour éprouver ceux qui habitent sur la terre.

11. Je viendrai bientôt. Conservez ce que vous avez, de peur qu'un autre ne prenne votre couronne.

12. Quiconque sera victorieux, je ferai de lui une colonne dans le temple de mon Dieu ; et il n'en sortira plus, et j'écrirai sur lui le nom de mon Dieu, et le nom de la ville de mon Dieu, de la nouvelle Jérusalem, qui descend du ciel venant de mon Dieu, et mon nom nouveau.

13. Qui a des oreilles entende ce que l'Esprit dit aux Eglises.

14. Ecrivez à l'Ange de l'Eglise de Laodicée : Voici ce que dit celui qui est la vérité même, le témoin fidèle et véritable, le principe des œuvres de Dieu.

15. Je sçais quelles sont vos œuvres, que vous n'êtes ni froid ni chaud. Que n'êtes-vous ou froid ou chaud ?

16. Mais parce que vous êtes tiède, et que vous n'êtes ni froid ni chaud, je suis prêt de vous vomir de ma bouche.

17. Vous dites : Je suis riche, je suis comblé de biens, et je n'ai besoin de rien, et vous ne savez pas que vous êtes malheureux et misérable, et pauvre, et aveugle et nu.

18. Je vous conseille donc d'acheter de moi de l'or éprouvé au feu, pour vous enrichir ; et des vêtemens blancs, pour vous habiller, et pour cacher votre nudité honteuse, et un colire, pour vous l'appliquer sur les yeux, afin que vous voyiez clair.

19. Je reprens et châtie ceux que j'aime; animez-vous donc de zèle, et faites pénitence.

20. Me voici à la porte, et j'y frappe. Si quelqu'un entend ma voix et m'ouvre la porte, j'entrerai chez lui, et je souperai avec lui, et lui avec moi.

21. Quiconque sera victorieux , je le ferai asseoir avec moi sur mon trône ; comme ayant été moi-même victorieux, je me suis assis avec mon Père sur son trône.

22. Qui a des oreilles entende ce que l'Esprit dit aux Eglises.

CHAPITRE IV.

1. Après cela, je regardai et je vis une porte ouverte dans le ciel, et la première voix que j'avois ouïe, et qui m'avoit parlé avec un son aussi éclatant que celui d'une trompette, me dit : Montez ici-haut, et je vous montrerai les choses qui doivent arriver à l'avenir.

2. Et ayant été soudain ravi en esprit, je vis au même instant un trône dressé dans le ciel, et quelqu'un assis sur ce trône.

3. Celui qui étoit assis paroissoit semblable à une pierre de jaspe et de sardoine ; et il y avoit autour de ce trône un arc-en-ciel, qui paroissoit semblable à une émeraude.

4. Autour de ce même trône il y en avoit vingt-quatre autres, sur lesquels étoient assis vingt-quatre vieillards vêtus de robes blanches avec des couronnes d'or sur leurs têtes.

5. Il sortoit du trône des éclairs, des tonnerres et des voix, et il y avoit devant le trône sept lampes allumées, qui sont les sept Esprits de Dieu.

---

7. *Clef de David*, « la puissance royale, le souverain domaine sur tous les biens de la maison de Jacob. *Qui ouvre, et personne ne ferme* les trésors de cette Maison. *Qui ferme, et personne n'ouvre* ni ces trésors, ni les appartemens du Prince qui sont un sanctuaire, et le temple du Dieu vivant. » (*Voir* Isaïe, XXII. 22. Avignon, I. 115).

11. *Couronne*. La couronne du martyre ou la *couronne de vie* (*voir* II. 10). (Migne).

12. *Colonne*, par sa fermeté : C'est pourquoi *il ne sortira plus du temple* ; il y sera affermi éternellement par la grâce de la prédestination et de la persévérance. (*Id*). — C'est dans ce sens que Nostradamus a dit : Lorsque colonne a Rome changera, X. 65. — *Le nom de la ville de mon Dieu* : la ville où Dieu est, dont il est écrit : *En ce jour le nom de la ville sera : Le Seignour est ici* (Ezech., XLVIII. 35). Cette ville est l'Eglise catholique dont les martyrs confessent la foi. — *Nouvelle Jérusalem* (voir XXI. 2). — *Mon nouveau nom* ; le nom de Jésus, le nom du Christ donné au Verbe. — « Les deux colonnes de l'ancien temple des Juifs sur lesquelles étaient écrits les noms de Jachin et de Booz, qui tous deux signifient *la stabilité et la force*, n'étaient qu'une faible image de ceux dont on admirera éternellement la constance dans la foi, la fermeté dans la vertu, l'appui qu'ils auront prêté à tout bien au milieu de la diversité des épreuves et de la variété des combats. » (*Avignon*, I. 123).

18. *Or éprouvé au feu*, « c'est la charité épurée de toutes les affections qui lui sont contraires, et rendue brillante par l'ardeur que lui communique le Saint-Esprit. Le feu des tribulations et des persécutions sert encore à éprouver le saint amour. » (*Id*., 132). — *Vêtemens blancs*. « Les bonnes œuvres couvrent nos défauts et nous donnent une beauté qui nous honore et nous rend respectables. La blancheur de l'innocence, de la simplicité, de la droiture qui ne cherche que Dieu et le salut du prochain, a un éclat capable d'attirer l'admiration même des pécheurs. (*Id*.). — *Colire, « afin que tu*

voies ta misère et ta pauvreté que tu ne veux pas considérer. » (*Migne*, 1228).

On a vu dans ces trois chapitres, pleins d'avertissemens pour tous les Etats et pour tous les temps, l'annonce d'évènements prochains : *Le Diable dans peu de tems mettra quelques-uns de vous en prison* (II. 10)... *Je m'en vais réduire Jézabel au lit..., je frapperai de mort ses enfants* (II. 22)... *Je vous amènerai bientôt quelques-uns de ceux qui sont de la Synagogue* (III. 9)... *Je viendrai bientôt* (III. 11). Ainsi s'expliquent les premiers mots d'une prophétie faite *pour découvrir les choses qui doivent arriver bientôt* (I. 1), dont *le tems est proche* (I. 3). Dieu dira à saint Jean à la fin de la vision : *Ne scellez point les paroles de la prophétie de ce livre, car le tems est proche* (XXII. 10). Mais toute la prophétie n'aura point son accomplissement dans un tems prochain. Pour séparer les deux parties si distinctes de sa prophétie, saint Jean, après avoir parlé de ce qui allait s'accomplir, s'élance au plus haut des cieux pour pénétrer avec son regard d'aigle les temps les plus reculés de l'avenir.

---

1. *Première voix* (voir I. 10). « Cette voix me dit : *Montez ici-haut* ; entrez dans le secret de Dieu que je te vais découvrir, et je te montrerai les choses qui doivent arriver ci-après. Remarquez que c'est toujours Jésus-Christ qui explique tout au prophète ; de sorte que c'est toujours la révélation et la prophétie de Jésus-Christ même, ainsi qu'il a été dit au commencement. » (*Migne*, 1241). — Non-seulement Nostradamus dit : *Quand à nous qui sommes humains, ne pouvons rien de notre naturelle cognoissance de Dieu le créateur* (Lettre à César) ; mais il écrit en tête de ses Centuries : SPLENDEUR DIVINE, LE DIVIN PRES S'ASSIED (voir t. II, p. 70) et il nomme sa prophétie LE DIVIN VERBU (id. p. 6).

3. *Pierre* : La pierre indique la fermeté, la stabilité. — *Arc-en-ciel* : « Signe de l'alliance que Dieu contracte avec les hommes, et de la promesse qu'il leur fait de ne pas les exterminer par le déluge de sa colère. » (*Avignon*, 144). — *Jaspe, sardoine, émeraude* : « Dans toutes les douces couleurs de ces pierreries et de l'arc-en-ciel, on voit Dieu revêtu d'une majesté douce et d'un éclat agréable aux yeux. » (*Migne*, 1242).

4. *Vingt-quatre vieillards* : « Les douze patriarches et les douze apôtres qui représentent l'universalité des saints de l'ancien et du nouveau Testament. » (*Id*.).

5. *Il sortoit du trône des éclairs, des tonnerres et des voix* : « Ce sont les marques de la majesté et de la justice de Dieu. » (*Id*.). — *Sept lampes... sept Esprits* : « Les sept anges exécuteurs des décrets de Dieu. » (*Id.*, voir I. 4 et VIII. 2).

6. Vis-à-vis du trône il y avoit une mer *transparente* comme le verre, et semblable à du cristal; et au milieu *du bas* du trône et alentour, il y avoit quatre animaux pleins d'yeux devant et derrière.

7. Le premier animal étoit semblable à un lion, le second étoit semblable à un veau, le troisième avoit le visage comme celui d'un homme, et le quatrième étoit semblable à un aigle qui vole.

8. Ces quatre animaux avoient chacun six ailes; ils étoient pleins d'yeux alentour et au dedans, et ils ne cessoient jour et nuit de dire : Saint, saint, saint est le Seigneur Dieu tout puissant, qui étoit, et qui est, et qui doit venir.

9. Et lorsque ces animaux rendoient gloire, honneur et action de grâces à celui qui est assis dans le trône, qui vit dans les siècles des siècles;

10. les vingt-quatre vieillards se prosternoient devant celui qui est assis sur le trône, et ils adoroient celui qui vit dans les siècles des siècles, et ils jettoient leurs couronnes devant le trône, en disant :

11. Vous êtes digne, ô Seigneur notre Dieu, de recevoir gloire, honneur et puissance, parce que vous avez créé toutes choses, que c'est par votre volonté qu'elles subsistent et qu'elles ont été créées.

CHAPITRE V.

1. Je vis ensuite dans la main droite de celui qui étoit assis sur le trône un livre écrit dedans et dehors, scellé de sept sceaux.

2. Et je vis un ange fort et puissant qui disoit à haute voix : Qui est digne d'ouvrir le livre et de lever les sceaux?

3. Mais nul ne pouvoit, ni dans le ciel, ni sur la terre, ni sous la terre, ouvrir le livre ni le regarder.

4. Je fondois en larmes de ce que personne ne s'étoit trouvé digne d'ouvrir le livre, ni de le regarder.

5. Alors un des vieillards me dit : Ne pleurez point; voici le lion de la tribu de Juda, le rejetton de David, qui a obtenu par sa victoire le pouvoir d'ouvrir le livre et d'en lever les sept sceaux.

6. Je regardai et je vis au milieu du trône et des quatre animaux et au milieu des vieillards un Agneau comme égorgé, qui étoit debout et avoit sept cornes et sept yeux, qui sont les sept Esprits de Dieu envoyés par toute la terre.

7. Et il vint prendre le livre de la main droite de celui qui étoit assis sur le trône.

8. Et après qu'il l'eût ouvert, les quatre animaux et les vingt-quatre vieillards se prosternèrent devant l'Agneau, ayant chacun des harpes et des coupes d'or pleines de parfum qui sont les prières des Saints.

9. Et ils chantoient un cantique nouveau, en disant : Vous êtes digne, Seigneur, de prendre le livre et d'en ouvrir les sceaux, parce que vous avez été mis à mort, et que par votre sang vous nous avez rachetés pour Dieu, de toute tribu, de toute langue, de tout peuple, et de toute nation,

10. et que de plus vous nous avez faits rois et prêtres pour notre Dieu, et nous règnerons sur la terre.

11. Je regardai encore, et j'entendis autour du trône, et des animaux et des vieillards, la voix de plusieurs anges, et il y en avoit des milliers de milliers,

12. qui disoient à haute voix : L'Agneau qui a été égorgé est digne de recevoir puissance, divinité, sagesse, force, honneur, gloire et bénédiction.

13. Et j'entendis toutes les créatures qui sont dans le ciel, sur la terre, sous la terre, et dans la mer, et tout ce qui est dans ces lieux, qui disoient : A celui qui est assis sur le trône et à l'Agneau, bénédiction, honneur, gloire et puissance dans les siècles des siècles.

14. Et les quatre animaux disoient : Amen. Et les vingt-quatre vieillards tombèrent sur leurs visages et adorèrent celui qui vit dans tous les siècles des siècles.

---

6. *Mer transparente* : « Le trône de Dieu est inaccessible, comme un lieu séparé des autres par des eaux immenses. » (*Id.*). Il n'est pas nécessaire que l'agitation des flots protége la majesté divine. — *Quatre animaux* : « Les quatre évangélistes. » (*Id.*). — *Pleins d'yeux devant et derrière* : « Cela signifie leur pénétration. Ils racontent ce qui s'est passé, et sont pleins des prophéties de l'avenir. » (*Id.*). C'est par une image semblable que l'on a donné à Janus deux visages.

7. *Lion* : S. Marc. — *Veau* ; S. Luc. — *Homme* ; S. Mathieu. — *Aigle* : S. Jean.

8. *Six ailes* : Comme les seraphins d'Isaïe, VI. 2 ; ceux d'Ezéchiel, n'en ont que quatre, I. 6.

Le chapitre IV, on le voit, ne renferme aucune prophétie; il est tout entier sur la description du ciel.

« La vision rapportée dans le chapitre V nous montre la grande et solennelle ouverture d'un *Livre* que Dieu tient en sa main, qui est scellé de sept sceaux, mais que personne n'est digne d'ouvrir... L'Agneau seul a le pouvoir de lever les sceaux du Livre, et de manifester ce qui y est écrit... Le Livre scellé est le Livre prophétique, où sont comprises les destinées des hommes, les desseins de Dieu sur eux, et la parfaite et divine économie de ses desseins. » (*Avignon*, I. 169).

1. *Main droite*. « Ce Livre est *dans la main droite de celui qui est assis sur le trône*, parce qu'il renferme ce que cette puissante main doit opérer. » (*Id.*). — *Livre écrit dedans et dehors*, « à la manière des anciens livres qui étoient des rouleaux où l'on écrivoit au dedans et encore sur le revers. » (*Id.*, voir Ezéch., II. 9; VI. 14). — *Scellé de sept sceaux*. « Les saints docteurs ont remarqué que le nombre de sept étoit consacré dans ce livre, pour signifier une certaine universalité et perfection. C'est pourquoi on a vu d'abord les sept esprits qui sont devant le trône, I. 4, sept chandeliers, sept étoiles, sept Eglises, pour désigner toute l'unité catholique. On a vu les sept lampes brûlantes, qui sont encore les sept esprits, IV. 5. Dans le chapitre que nous expliquons, on signifie ces mêmes sept esprits par les *sept cornes* et les *sept yeux* de l'*Agneau*, V. 6. C'est que dans le nombre de sept on entend une certaine perfection, soit à cause des sept jours de la semaine, marqués dès la création, où la perfection est dans le septième, soit pour quelque autre raison, Ici

il y a sept sceaux. On entendra sept anges avec leurs trompettes et sept tonnerres. Sept anges porteront les fioles ou les coupes pleines de la colère de Dieu. Le dragon et la bête qu'il animera auront sept têtes. Enfin tout y est par sept dans ce livre divin, jusqu'à donner à l'Agneau en le bénissant sept glorifications, V. 12, et autant à Dieu, VII. 12 ; ce qui fait observer d'abord, de peur qu'on ne croie pas que ce soit partout un nombre préfix, mais qu'on remarque au contraire que c'est un nombre mystérieux, pour signifier la perfection. On sait aussi que c'est dans le langage de parler de la langue sainte, de signifier un grand nombre et indéfini par le nombre défini de sept. » (*Migne*, 1248).

2. *Ange fort et puissant*. Cet ange est peut-être bien Louis XVI, dont le sort apparaît dès l'ouverture du livre. Louis XVIII est dit ange *fort et puissant* au début du chapitre X.

5. *Le lion de la tribu de Juda, le rejetton de David*. « Selon ce qui est écrit dans la prophétie de Jacob : *Juda est un jeune lion* (*Gen.* XLIX, 9). Jean dit bien que c'est J.-C. fils de David, que S. Jean appelle un lion, à cause de sa force invincible, et qui va paraître comme un agneau, à cause qu'il a été immolé. » (*Id.*). Il est important de remarquer que le même personnage se cache dans l'Apocalypse sous divers symboles.

6. *Un Agneau comme égorgé qui étoit debout*. « Il est debout et vivant ; mais il paroit comme mort ou immolé, à cause de ses plaies à portées dans le ciel. » (*Migne*, 1249). — *Sept esprits* (voir I. 4). — *Sept cornes*. La corne est le symbole de la puissance, et J.-C. le divin Agneau a dit : Toute puissance m'a été donnée sur la terre et dans le ciel. — *Sept yeux*. Jésus-Christ, comme Dieu, connaît tous les temps.

Après avoir séparé par ce chapitre et le précédent, qui, l'un et l'autre, ne renferment aucune prophétie, les deux parties prophétiques de l'Apocalypse, S. Jean annonce dans les quatre chapitres suivants la révolution politique et la persécution religieuse que Nostradamus renferme dans l'époque 1789-1814 (voir tome II. p. 153), et dont il a dit : SERA FAICTE PLUS GRANDE PERSÉCUTION A L'EGLISE CHRESTIENNE QUE N'A ÉTÉ FAICTE EN AFFRIQUE... L'AN MIL SEPT CENT NONANTE DEUX QUE L'ON CUIDERA ÊTRE UNE RÉNOVATION DE SIÈCLE... (t. II, p. 150). PAR AUTRE LOIX TOUTE LA CHRESTIENTÉ... (118ᵉ) EN EGLISE OU PLUS PURE (127ᵉ), etc.

CHAPITRE VI.

1. Après cela, je vis que l'Agneau avoit ouvert l'un des sept sceaux; et j'entendis l'un des quatre animaux qui dit avec une voix comme d'un tonnerre : Venez et voyez.

2. En même tems je vis paroître tout d'un coup un cheval blanc. Celui qui étoit monté dessus avoit un arc, et on lui donna une couronne, et il partit en vainqueur pour continuer ses victoires.

3. Lorsqu'il eut ouvert le second sceau, j'entendis le second animal qui dit : Venez et voyez.

4. Il sortit aussitôt un autre cheval qui étoit roux; et le pouvoir fut donné à celui qui étoit dessus d'enlever la paix de dessus la terre, et de faire que les hommes s'entretuassent, et on lui donna une grande épée.

5. Quand il eut ouvert le troisième sceau, j'entendis le troisième animal qui dit : Venez et voyez. Et je vis paroître tout d'un coup un cheval noir; et celui qui étoit dessus avoit en sa main une balance.

6. Et j'entendis une voix du milieu des quatre animaux, qui dit : Le litron de blé vaudra une dragme, et trois litrons d'orge, une dragme; mais ne gâtez ni le vin ni l'huile.

7. Lorsqu'il eut ouvert le quatrième sceau, j'entendis la voix du quatrième animal qui dit : Venez et voyez.

8. En même tems je vis paroître un cheval pâle, et celui qui étoit monté dessus s'appelloit la mort, et l'enfer le suivait, et le pouvoir lui fut donné sur la quatrième partie de la terre, pour y faire mourir les hommes par l'épée, par famine, par mortalité, et par les bêtes sauvages.

9. Lorsqu'il eut ouvert le cinquième sceau, je vis sous l'autel les âmes de ceux qui avoient souffert la mort pour la

---

« Une suite de malheurs, qui viennent aboutir au *grand jour de la colère de Dieu*, est l'objet de la prophétie renfermée dans ce chapitre. » (*Avignon*, I. 194).

1. *L'un des sept sceaux*. L'ouverture des six premiers sceaux est faite dans ce chapitre sans interruption; celle du septième est renvoyée deux chapitres plus loin. Il y a lieu de supposer que ce chapitre renferme une époque nettement déterminée, et dont tous les événements naissent les uns des autres. Nostradamus va nous y faire voir la première époque révolutionnaire de 1789-1793.

2. *Un cheval blanc* ... Au chap. XIX, ŷ. 11, S. Jean voit de nouveau « *un cheval blanc, et celui qui étoit dessus s'appelloit le Fidèle et le Véritable*..., *il avoit sur la tête plusieurs diadèmes*..., *il étoit vêtu d'une robe teinte de sang*, *et il s'appelle le Verbe de Dieu.* » — On a vu déjà (chap. I, 2) que le blanc signifie la sainteté, la gloire éternelle et le triomphe. Nostradamus n'emploie le mot BLANC que pour le principe de la légitimité, et le mot ROUGE que pour le principe révolutionnaire : le roi légitime est le ROI BLANC et la NEUFVE BABYLONE, Paris, est LA VILLE ROUGE, CITÉ LIBRE ASSISE DANS UNE AUTRE EXIGUE MÉSOPOTAMIE. S. Jean voit la Babylone de l'Apocalypse *assise sur une bête couleur d'écarlate*, XVII, 3. — Jésus-Christ, sur le cheval blanc, porte plusieurs couronnes; ici, celui qui est sur le cheval blanc n'en a qu'une; c'est Louis XVI dont Nostradamus dit : LE JUSTE A TORT A MORT L'ON VIENDRA METTRE (42e) et dont il compare la mort à celle de Jésus-Christ : LA MORT ET PASSION DE J.-C. (*Lettre*, 22e). — *Celui qui étoit monté dessus avoit un arc.* « Il ne paraît rien de sinistre dans cette ouverture du premier sceau. Le vainqueur est monté sur un cheval blanc, et sa tête est ornée d'une couronne. La gloire et la paix l'accompagnent. Il a un arc et il part pour remporter des victoires. Mais c'est sans doute pour les intérêts de la vérité et de la justice qu'il veut régner. » [*Avignon*, I. 202]. Nostradamus a parlé des triomphes de Louis XVI sur les Anglais : HEUREUX AU REGNE DE FRANCE (1er), GRAND EXCESSÉ POUR N'ESTRE FAVORABLE, QU'À PAIX NEPTUNE NE SERA INCITÉ, DU CONDUCTEUR DE LA GUERRE NAVALE... LA CITÉ AU GLAIVE (3e, 4e, 5e). — LE SAINCT NOUVEAU QUI RECONQUIERT SON TRÔNE, est armé de l'arc et du bouclier : SOUTIENT ARC ET COUVERT (IX, 30).

4. *Cheval roux.* « Voici le commencement des calamités. Le fléau de la guerre vient désoler le monde. *La paix est enlevée*, *les hommes s'entretuent*. Une grande épée est tirée pour répandre le sang. C'est le sang versé de toutes parts, qui est désigné par la couleur rousse du cheval qui va courir et porter la terreur. » *Avignon*, I. 203]. — *Le cheval blanc*, c'est la guerre, mais la guerre légitime que protège le Dieu des armées. Le *cheval roux*, c'est la guerre civile; et Nostradamus a dit pour le temps de la terreur : PLAINDRE HOMME, FEMME SANG D'INNOCENT PAR TERRE, ET CE SERA DE FRANCE A TOUTE BANDE (49e-52e). — Le bonnet rouge a remplacé la couronne. Après Louis XVI qui sur le *cheval blanc* est couronné, apparaît sur le cheval roux un cavalier sans couronne; il sera suivi de deux autres également sans couronnes. On doit remarquer qu'au début de cette seconde moitié de l'Apocalypse se trouve l'opposition des couleurs consacrées par Nostradamus pour la désignation des deux grands partis de l'époque révolutionnaire; après le *blanc* apparaît le *roux* qui fait naître de grands maux et en entraînera d'autres à sa suite; au début des Centuries, dans le premier quatrain prophétique, il est dit pour 1789 : LORS BLANCS ET ROUGES JUGERONT A L'ENVERS (29e). — On verra au chapitre XII que le *dragon roux* est le monstre révolutionnaire qui s'insurge contre le droit divin des rois.

Roux. Ce mot est pour rouge. — Il n'est qu'une fois dans Nostradamus, qui lui donne ce sens dans le portrait qu'on fait du Traducteur : DANS LA MAISON DU TRADUCTEUR DE BOURC, SERONT LES LETTRES TROUVÉES SUR LA TABLE, BORGNE, ROUX, BLANC, CHENU TIENDRA DE COURS, QUI CHANGERA AU PROCHAIN CONNÉTABLE (IX. 1). Dans la maison du Traducteur qui habite la Chatte (*Bourcs* et *Chatte* sont synonymes, *Glossaire*), la traduction (LES LETTRES DU GRAND PROPHÈTE, II, 36, sera prise sur sa table. Le Traducteur est inconnu, quoiqu'il habite un fréquenté *collège borgne, café borgne*. Ce mot est opposé à *voyant* : VIENDRA LESPRIN DU TRADUCTEUR SAILLIR, IX, 81 ; la *célébrité*, *lampros*, de ce travail de traduction éclatera au moment fixé); il est *rouge* de visage (Le mot ROUGE est consacré pour le parti révolutionnaire); il est BLANC d'opinion, chauve ou CHENU, *il tient de cours* son travail de traduction, *il changera d'allure* un peu avant le rétablissement de la charge de connétable.

---

3. *Cheval noir*..., *balance*, *le litron de blé vaudra une dragme*. « C'est la famine marquée par la couleur noire ; tous les visages seront noirs comme des chaudrons noircis au feu, dit Joël dans la description d'une famine, II. 6. *Le litron de blé*, petite mesure. On donne le pain à la mesure ; la mesure est petite et on l'achète bien cher. » (*Migne*, 1254). Nostradamus a dit pour 1789 : FAIM, FEU, SANG, PESTE ET DE TOUS MAUX LE DOUBLE, 7e ; et à la disparition de Louis XVI : QUAND LE DÉFAUT DU SOLEIL LORS SERA, CHERTÉ N'A GARDE NUL N'Y AURA POURVEU (34e, voir 93e). — *Mais ne gâtez ni le vin ni l'huile*, ils devaient être ce qui restait de l'huile ne devaient être gâtés qu'en 1815. MIS EN PLANCURES..., VIN MIEL ET HUYLE (177e). C'est qu'alors on épuisera les dernières ressources de la France : VASTANT TOUT UNG NUL TEMPS SI AMER (188e). Le vin (le miel) et l'huile désignent la force ; et il est dit des Français en 1793 : TELLE SERA LEUR PUISSANCE QUE CE QUI SE FERA PAR CONCORDE ET UNION INSEPARABLE DES CONQUESTES BELLIQUES (13e) ; en 1815, on leur refuse le droit de se protéger.

8. *Cheval pâle*, c'est la *peste* qui est prédite sous les symboles qu'on vient de voir. » (*Avignon*, I. 222). La peste libérale s'empara du pouvoir en 1789. Nostradamus a dit d'après Nostradamus : AU PORT DE AGDE TROIS FUSTES ENTRERONT, PORTANT L'INFECT NON FOY ET PESTILENCE (11e) ; FAIM, FEU, SANG, PESTE ET DE TOUS MAUX LE DOUBLE (7e). SANG, TERRE, PESTE, FAIM, FEU, D'EAU AFFOLÉE (93e) (voir PAR PESTILENCE, 132e, 163e. etc.). — *Celui qui étoit monté dessus s'appelloit la mort, et l'enfer le suivoit*. Il est dit au milieu de 24 vers sur les événements de 1793-1814, que l'on rejettera la religion chrétienne tout en proclamant la liberté des cultes : CHASSANT NON TOUT DES SAINTS LE CULTEMENT (94e-99e). En 1793, la France, d'après Nostradamus et l'histoire, était un *enfer*. (*Voir* 89e, 64e, etc.). « Ce n'est point par hasard, qu'au ciel horriblement impie a retenti à Lyon et dans presque toute la France (en 1815) : Vive l'enfer !!! La Providence l'a permis pour mieux caractériser celui qui, dans la prophétie, est appelé *l'ange de l'abîme*. » (*Histoire prophétique de la révolution*). — *Et le pouvoir lui fut donné sur la quatrième partie de la terre*. Nostradamus a dit pour 1789 : PIS QUE NE FIT NÉRON (15e) ; BARBARE EMPIRE PAR LE TIERS USURPÉ, LA PLUS GRAND PART DE SON SANG METTRA A MORT. PAR MORT SENILE PAR LUY LE QUART FRAPPÉ, POUR PEUR QUE SANG PAR LE SANG NE SOIT MORT (18e) (voir 4e, 45e, 51e, etc.). Nostradamus dit donc comme S. Jean, que *la mort avoit le pouvoir sur la quatrième partie*, LE QUART FRAPPÉ. — *Pour y faire mourir les hommes par l'épée*. Nostradamus appelle le règne de la terreur ou du TIERS AU POUVOIR, le règne du JOYNE CHAULVERON (*Chaulveron* signifie *épée bien trompée*, 45e). La fin de ce verset dépeint énergiquement les suites de la guerre civile parmi les vaincus et les proscrits. On sait avec quels détails et quelle précision Nostradamus a raconté cette partie lugubre de notre histoire. Les partis révolutionnaires sont LE LOUP ET L'OURS (*Vie de L.-Philippe*, p. 35).

9. *Sous l'autel des âmes de ceux qui avoient souffert la mort pour la parole de Dieu*. Nostradamus a dit pour cette même époque : OUY SOUS TERRE SAINTE D'AME VOIX SAINTE, HUMAINE FLAMME POUR DIVINE VOIR LUIRE, FERA DES SEULS DE LEUR SANG TERRE TEINCTE, ET LES SAINTS TEMPLES POUR LES IMPURS DÉTRUIRE (100e-112e) ; SERONT MEURTRIS ET MIS DEUX LES SCINTILES, QUI DE PARLER NE SERONT ESTÉ PARQUES (124e). — *Et pour la confession de son nom dans laquelle ils étoient demeurés fermes jusqu'à la fin* : CONTREVENANS SERONT MIS A MARTYRE, PLUS NE SERONT MOYNES, ABBEZ NE NOVICES (90e). Le mot autel est cinq fois dans l'Apocalypse (VIII. 3 ;

parole de Dieu, et pour la confession de son nom, dans laquelle ils étoient demeurés fermes jusqu'à la fin.

10. Et ils crioient d'une forte voix en disant : Seigneur qui êtes saint et véritable, jusqu'à quand différerez-vous à nous faire justice, et à venger notre sang de ceux qui habitent sur la terre ?

11. Alors on leur donna à chacun une robe blanche, et il leur fut dit qu'ils attendissent en repos encore un peu de tems, jusqu'à ce que soit rempli le nombre des serviteurs de Dieu et de leurs frères, qui doivent aussi bien qu'eux souffrir la mort.

12. Je vis aussi que lorsqu'il eut ouvert le sixième sceau, il se fit tout d'un coup un grand tremblement de terre : et le soleil devint noir comme un sac de poil, la lune devint comme du sang;

13. et les étoiles du ciel tombèrent sur la terre, comme lorsque le figuier étant agité par un grand vent laisse tomber ses figues vertes.

IX. 13 ; XI. 1 ; XIV. 17 ; toujours pour la France qui est le *temple de Dieu*, d'après S. Jean (*voir* XI. 1). On sait que le TEMPLE, dans Nostradamus, est la France (t. II, p. 51).

10. *Et ils crioient...! différerez-vous à nous faire justice?..* — DEVANT LE PEUPLE SANG SERA RESPANDU..., QUE DU HAUT CIEL NE VIENDRA ESLONGNER, MAIS D'UN LONG TEMPS NE SERA ENTENDU (109e). Ce n'est qu'après 23 ans d'exil, que Louis XVIII revient : TARD ARRIVÉ PLUS TOT QU'IL CUIDERA (22e), QUI RENOUVELLERA TOUTE L'EGLISE CHRÉTIENNE (28e).

11. *Robe blanche.* « C'est la gloire des saintes âmes en attendant la résurrection. Jésus-Christ a dit lui-même des bienheureux : qu'ils marcheront avec lui revêtus de blanc parce qu'ils en sont dignes (Apoc., III. 4). — *Encore un peu de tems.* Nostradamus a dit en parlant de la persécution religieuse de MIL SEPT CENS NONANTE DEUX : AVANT LONG TEMPS LE TOUT SERA RANGÉ (96e), LES TEMPLES DES COULEURS, etc. (93e), EN BREF SERONT DE RETOUR SACRIFICES (90e). — *Jusqu'à ce que soit rempli le nombre des serviteurs de Dieu.* On verra au chapitre suivant que Napoléon, en arrivant d'Orient, compte *le nombre des serviteurs de Dieu,* qui ont souffert la mort et qui doivent la souffrir, et il se charge de compléter ce nombre.

12. *Il se fit un grand tremblement de terre.* — Nous l'avons dit déjà, tous ces fléaux arrivent à la fois, et Nostradamus a dit de la mort de Louis XVI, au milieu de 48 vers sur les événements de 1789-1814 : PAR GRAND DISCORD LA TROMBE TREMBLERA, ACCORD ROMPU DRESSANT LA TÊTE AU CIEL, BOUCHE SANGLANTE DANS LE SANG NAGERA, AU SOL SA FACE OINGTE DE LAICT ET MIEL (122e). — *Le soleil devint noir comme un sac de poil.* Louis XVI est le soleil des trois frères de France : LUNE, LYON, SOLEIL EN MARQUE (33e) ; QUAND LE DEFAUT DU SOLEIL LORS SERA (34e), ECLIPSE SOLAIRE LE PLUS OBSCUR ET LE PLUS TÉNÉBREUX QUI SOIT ÉTÉ DEPUIS LA CRÉATION DU MONDE JUSQUES A LA MORT ET PASSION DE J.-C., ET DE LA JUSQUES ICY (22e). — *La lune devint comme du sang.* Le frère de Louis XVI est désigné par le mot LUNE : LUNE, LYON, SOLEIL EN MARQUE (33e) ; LUNE OBSCURCIE AUX PROFONDES TÉNÈBRES, SON FRÈRE PASSE DE COULEUR FERRUGINE (39e). Il n'est pas parlé ici de Louis XVIII, le Lyon des trois frères rois, mais on le verra à son retour de l'exil, et il criera *comme un lion* (voir X. 3). Il est plus naturel de voir l'épouse de Louis XVI dans le mot LUNE.

13. *Les étoiles du ciel tombèrent sur la terre...* « J'ai cru voir en songe, dit Joseph, que le soleil et la lune, et onze étoiles m'adoraient... Est-ce que votre mère, vos frères et moi nous vous adorerons sur la terre? dit le père de Joseph. » (Gen., XXXVII. 9). — La tête de Louis XVI (SOLEIL) disparut dans le sac noirci dans le sang de la guillotine : *Le soleil devint noir comme un sac de poil*; sa femme subit le même sort : *La lune devint comme du sang.* Plusieurs membres de la famille royale, la maison du roi et les grands du royaume périrent du même supplice : *Les étoiles du ciel tombèrent sur la terre.* Nostradamus a dit : LE REGNE PRINS (*La mort et le pouvoir lui fut donné*, † 8) LE ROY CONJURERA, LA DAME PRINSE A MORT JURÉS A SORT, A ROYNE FILS LA VIE ON DESNIERA, ET LA PELLIX AU FORT DE LA CONSORT (45e-46e) ; DE MORT FAMILLE SERA PRESQUE ACCABLÉE (9e) ; VUIDEZ VAILLANT FUY SANG DUHAIN RESPANDRE (8e), etc.—*Comme lorsque le figuier étant agité par le vent laisse tomber ses figues vertes.* Nostradamus emploie une image semblable lorsqu'il dit des DEUX PETITS ROYAUX DU PERE ROY AU TEMPLE ou des deux enfants de Louis XVI : NONNAIN MALLODS AVALLER VERTS NOYAUX (21e).

14. Le ciel se retira comme un livre que l'on roule, et toutes les montagnes et les îles furent ébranlées de leur place :

15. Et les rois de la terre, les princes, les officiers de guerre, les riches, les puissans, et tous les hommes esclaves ou libres se cachèrent dans les cavernes et dans les rochers des montagnes.

16. et ils dirent aux montagnes et aux rochers : Tombez sur nous, et cachez-nous de devant la face de celui qui est assis sur le trône, et de la colère de l'Agneau.

17. parce que le grand jour de leur colère est arrivé ; et qui pourra subsister en leur présence ?

14. *Le ciel se retira comme un livre qu'on roule.* La France, sous le gouvernement absolu des Bourbons était, dit Nostradamus, à l'abri des tempêtes : AU PORT DE AUDE (11e) ; en déchirant la constitution ancienne QUI ESTOIT L'ORNEMENT DE SON TEMS (III. 94), le Tiers (ET LE PONT ROMPRE A TIERCE RÉSISTANCE, 11e) plongea la nation tout entière dans les plus grands malheurs. BONTÉ DISTANT PLUS DE FELICITÉ (47e) ; LE TIERS PREMIER PIS QUE NE FIT NÉRON..., SIÈCLE D'OR MORT, NOUVEAU ROY GRAND ESCLANDRE (15e). On verra au chapitre X, que Louis XVIII, en octroyant la Charte, jura... *qu'il n'y auroit plus de tems* : DE CINQ CENS ANS PLUS COMPTE NE TIENDRA (III. 94) ; LA GRANDE CAPPE FERA PRÉSENT NON SIEN (23e). — *Et toutes les montagnes et les îles furent ébranlées de leur place...* Il est dit pour la même époque : PEU TROUVERONT QU'A SON RANG VEUILLE ÊTRE (94e-99e) ; DE NATURE SERONT ÉGAUX (14e) ; LES LIEUX PEUPLÉS SERONT INHABITABLES ; POUR CHAMPS AVOIR GRANDE DIVISION (103e) (*voir Lettre*, 46e). — LES BIENS ASSEZ SUBIT SERONT DESMIS (7e). — *Voir* chap. XVI, 20 : *Toutes les îles s'enfuirent et les montagnes disparurent.* — Les montagnes, c'est ce qu'il y a de plus élevé ; les îles, ce qu'il y a de plus bas en fait de terre, car les îles sont les parties des continents qui atteignent à peine le niveau des eaux. Nostradamus a dit de la Révolution : QUAND LA LICTIÈRE DU TOURBILLON VERSÉE (20e) ; DE BAS EN HAULT PAR LE BAS AU PLUS HAULT. (*Voir* t. II, p. 69). Le bas devint montagne, et au dix-huit brumaire la *montagne* tout en feu fut jetée dans la mer (Chap. VIII, 8).

15. *Et les rois de la terre, les officiers de guerre, les riches, les puissans et tous les hommes esclaves ou libres se cachèrent.* Emigration, proscription. Louis XVIII prend en exil le titre de roi... ; le peuple qui a acclamé le règne de la liberté a le même sort que la noblesse et le clergé : QUAND MONSTRE HIDEUX NAISTRA PRÈS DE ORGON (52e) ; DE POL MANSOL AVONS CAVERNE CAPRINE (65e) : *Dans les cavernes et les rochers des montagnes.*

16. *Et ils diront aux montagnes, et aux rochers : tombez sur nous.* Les trois ordres de l'État qui avaient attiré sur leurs têtes les justes châtiments de Dieu, demandent à la mort l'expiation de leurs fautes.

17. *Le grand jour de la colère* (de Dieu et de l'Agneau) *est arrivée.* Nostradamus a dit pour cette époque : LES DIEUX FERONT AUX HUMAINS APPARENCE, CE QU'ILS SERONT AUTEURS DE GRAND CONFLIT, AVANT CIEL VEU SURAIN ESPÉE ET LANCE, QUE VERS MAIN GAUCHE SERA PLUS GRAND AFFLICT (53e). Le quatrain est précédé de ce vers sur la naissance du monstre révolutionnaire au *grand jour de la colère* : QUAND MONSTRE HIDEUX NAISTRA PRÈS DE ORGON (52e) ; LE DARD DU CIEL FERA SON YSTENDUE (203e).

L'HISTOIRE D'APRÈS L'APOCALYPSE.

Louis XVI, le cavalier couronné, poursuivra ses victoires sous le drapeau blanc ; le cavalier coiffé du bonnet rouge s'emparera du pouvoir, enlèvera la paix de dessus la terre et armera la coalition contre le français; la famine arrivera à sa suite ; la France, malgré ces malheurs, conservera sa prépondérance sur les contrées voisines. La mort régnant en souveraine et frappera le quart de la nation; la religion aura ses martyrs : les prêtres, pour s'être refusés jusqu'à la fin à rompre avec l'unité catholique, monteront sur l'échafaud. Tout sera ébranlé, le roi, le SOLEIL des trois frères, sera décapité, la reine périra dans le sang, les membres de la famille royale mourront ou seront dispersés en exil ; l'ancien état de choses tombera dans le néant, les ordres privilégiés disparaîtront. La proscription frappera les trois ordres de l'État qui, sous le gouvernement de la Montagne, expieront leurs fautes dans les supplices ; le grand jour de la colère sera arrivé. — Ce chapitre forme un tout complet, embrassant une période historique importante et nettement déterminée.

Aucune époque historique ne présente cet ensemble de faits : guerre extérieure, guerre civile, persécution religieuse, famine, proscription, etc. Tous ces maux sont extrêmes ; ils se produisent tout à coup et à la fois. A peine un sceau est-il levé, que le cheval apparaît, en même temps, tout d'un coup. Ce que Nostradamus exprime ainsi)

CHAPITRE VII.

1. Après cela, je vis quatre anges aux quatre coins de la terre, qui retenoient les quatre vents du monde, afin que le vent ne soufflât point sur la terre, ni sur la mer, ni sur aucun arbre.

2. Je vis encore un autre ange qui montoit du côté de l'Orient, ayant le sceau du Dieu vivant, et il cria d'une forte voix aux quatre anges qui avoient reçu le pouvoir de frapper de plaies la terre et la mer,

3. en disant : Ne frappez point la terre, ni la mer, ni les arbres, jusqu'à ce que nous ayons marqué au front les serviteurs de notre Dieu.

4. Et j'entendis que le nombre de ceux qui avoient été marqués, étoient de cent quarante-quatre mille, de toutes les tribus des enfans d'Israël.

5. Il y en avoit douze mille de marqués de la tribu de Juda, douze mille de la tribu de Ruben, douze mille de la tribu de Gad,

---

* au milieu de 48 vers sur cette époque : VOUS VERREZ TOST ET TARD FAIRE GRAND CHANGE (121°). — En renvoyant à la fin la mort de Louis XVI, l'apôtre suit une marche ascendante dans son récit, et ne sépare pas le sort de ce monarque de celui de ses défenseurs. Il agit de même au chapitre VIII. 11, pour la mort de Pie VI.

Si le lecteur a bien compris la valeur des renvois à la prophétie de Nostradamus, il ne peut être déjà que fort surpris de cette concordance où le GRAND PROPHÈTE moderne emploie les mêmes mots que l'Apôtre pour raconter les mêmes faits.

1. *Après cela.* Ces mots indiquent déjà que le chapitre précédent forme un tout complet. On y trouve l'unité de temps, de lieu et d'action. Si le Prophète ne passe pas à un autre ordre d'idées ou de choses, nous devons voir ici ce qui fut la conséquence de tout ce qu'il vient d'annoncer. — *Je vis quatre anges aux quatre coins de la terre.* Nostradamus désigne la France par le mot UNIVERS (30°) et le mot terre doit être entendu ici de la France, comme dans cette phrase du chapitre précédent : *Le pouvoir lui fut donné (à la mort) sur la quatrième partie de la terre.* Durant le fort de la tourmente révolutionnaire, la France résista avec succès à ses ennemis extérieurs, car, dit l'Apocalypse (VI. 6), *le vin et l'huile ne furent pas gâtés;* mais vaincue en 1799 et ramenée dans ses frontières, elle fut assiégée de toutes parts. On vit *aux quatre coins de ce pays,* lui refusant toute communication avec les pays voisins, *les quatre ennemis* (Angleterre, Autriche, Prusse et Russie) qui, en 1814, signèrent au nombre de *quatre* le traité de Chaumont (voir tome II, p. 112) pour imposer à la France leur volonté, comme la marque plus loin l'Apocalypse à l'endroit même où l'ordre chronologique place cet événement : *On délia ces quatre anges, qui étaient prêts pour l'heure, le jour, le mois et l'année où ils devoient tuer la troisième partie des hommes* (X. 13). — *Anges.* La suite de cette interprétation fera reconnoître des hommes dans plusieurs anges de l'Apocalypse. Ce mot signifie messager ou envoyé. « Tous les anges, dit S. Paul, *Hébr.,* c. 1, ŷ. 14, *ne sont-ils pas des esprits chargés d'une administration et envoyés pour l'utilité de ceux qui ont part à l'héritage du salut?* C'est par la même raison que ce nom est quelquefois donné aux hommes dans l'Écriture. » (*Bergier, Ange*). — *Qui retenoient les quatre vents du monde*, etc... Nostradamus dit par une image sensible qu'en 1814 le vent souffla enfin pour délivrer la France d'un air empesté. Napoléon s'embarque pour l'île d'Elbe : APRÈS PLOMBIN LE VENT A BON ESCIENT (236).

2. *Je vis encore un autre ange qui montoit du côté de l'Orient.* — Cet ange est nommé plus loin *l'Ange de l'abîme, l'Apollyon* (IX. 11). C'est Napoléon qui, par sa conquête d'Orient, acquéroit dans ce moment-là même une gloire de plus en plus grande : SON BRUIT AU RÈGNE D'ORIENT PLUS CROISTRA (140°), L'ORIENTAL SORTIRA DE SON SIÈGE, PASSER LES APPENNINS VOIR LA GAULE (74°), etc. — *Ayant le sceau du Dieu vivant.* Il est l'ANDROGIN PROCRÉÉ (193°), PLUS QUE SA CHARGE NE PORTE PASSERA (143) ; il a en main l'épée de Dieu : LE DARD DU CIEL FERA SON ESTENDUE (203°) ; Dieu ne l'abandonne qu'à la fin : LE DIVIN MAL SURPRENDRA LE GRAND PRINCE (143°) ; enfin, comme la marque la *Lettre à Henry II*, revenant d'Orient (17° et 37°), il commence LE GRAND EMPIRE DE L'ANTECHRIST, lui qui a avec lui le SAINT-ESPRIT (19°-20°). — *Il cria d'une voix forte aux quatre Anges.* Napoléon à la voix puissante : GRAND PEUPLE PAR LANGUE ET FAIT DUIRA (141°), PAR SA LANGUE SÉDUIRA GRANDE TROUPE (140°), DENT AIGUE ET FORTE (140°). — *Qui avoient reçu le pouvoir de frapper de plaies la terre et la mer.* Dieu avait donné la victoire aux ennemis pour rendre possible l'élection du successeur de Pie VI ; l'Église fut TARD DU SECOURS POURVEU (104°) ; mais ce pouvoir de battre la France fut lié après une première victoire jusqu'en 1814 par le retour de Napoléon accouru de *l'Orient.*

3. *Ne frappez point la terre, ni la mer, ni les arbres, jusqu'à ce que nous ayons marqué au front les serviteurs de notre Dieu.* — Quatre anges ont reçu le pouvoir de frapper ; mais un cinquième qui s'élève en *Orient* leur crie : *Ne frappez point.* N'arrêtez pas encore cette révolution qui n'a pas immolé ses dernières victimes ; attendez que le *nombre marqué* soit rempli (VI. 11). Ils mourront eux aussi POUR LA CONFIRMATION DE L'ÉGLISE CATHOLIQUE (10°), qui POUR DISGRACE SERA POSÉ POUR PLUS AMPLE SÉJOUR (100°). Le pouvoir que les quatre anges ont reçu restera *lié* jusqu'à *l'heure, au jour, au mois et à l'année* (1814), où ils triompheront de *l'Apollyon* qui s'élève en *l'Orient* (voir chap. X. 13). — *Marqué au front.* On lit dans *Migne* (1264) à la suite de ces mots : « Ainsi, dans Ezéchiel (IX, 4), il est dit dans l'ordre donné pour exterminer ceux qui étaient destinés à la vengeance, il est ordonné de marquer sur le front à la marque *Thau,* ceux qui devaient être épargnés : *Marquez un thau sur le front des hommes qui gémissent, et qui sont dans la douleur de voir toutes les abominations qui se font au milieu de Jérusalem... Ne tuez aucun de ceux sur le front desquels vous verrez le thau écrit.* La marque TAU, qui était un T, figuroit la croix de Jésus-Christ ; mais la marque de ce chapitre est plus clairement expliquée au chapitre XIV, 1, où il est dit que les cent quarante-quatre mille avaient *le nom de l'Agneau et celui de son Père sur le front*, c'est-à-dire qu'ils avaient fait une haute et persévérante profession de l'Évangile. C'est la même chose que nous avons ouïe de la bouche de Jésus-Christ (Apoc. III. 12) : « *J'écrirai sur lui le nom de mon Dieu... et mon nouveau nom.* » — On lit dans le même auteur, à l'explication du passage d'Ezéchiel (*Scriptura sacræ cursus completus,* XIX, p. 723) : « SIGNA THAU (*Marquez du thau*) ; Omnes fere Hebræi, ut refert R. David, interpretantur, signa signum. Quin etiam Sept., Aquila et Symmachus ita verterunt, quasi non jubeat certam in frontibus notam ponere ; sed signum aliquod quod velit. » Presque tous les Hébreux interprétent ainsi ces mots : marquez-le d'un signe (quelconque), sentiment que partagent plusieurs commentateurs chrétiens. On verra plus loin (chap. XIII, 18 et chap. XIV, 1), dans deux versets qui se suivent, que les partisans de la *bête* révolutionnaire portent son caractère sur le front, et que les fidèles de l'Agneau et de son Père sont également marqués au front. Le THAU est une lettre de l'Alphabet hébreu et grec ; il désigne une marque quelconque : « Hoc est in significat *to* en frontibus *d* [Migne, 1343], et signifie : Cet objet qui porte ma marque est le mien (To, le — o, è, to, le ; ce ; cet, celui. O, è tiennent souvent lieu de fils, frère, fille, mère, etc. *Maria* è *Hèn,* Marie, mère de Dieu : les mots fils, mère, etc., ne sont point comme on le croit, sous-entendus, *Lexique*). — Que le lecteur remarque bien tout ce qui est dit ici du THAU, *to* , parce que S. Jean a tiré, comme on le verra plus loin, le plus grand parti de cette lettre pour voiler et éclaircir tout à la fois sa prophétie (XIII. 18).

4. *Le nombre de ceux qui avoient été marqués étoit de cent quarante-quatre mille.* « Ce seul endroit devrait faire voir combien se trompèrent ceux qui voudraient toujours s'imaginer un nombre exact et précis dans les nombres de l'Apocalypse ; car, faudra-t-il croire qu'il y ait précisément dans chaque tribu douze mille élus, ni plus ni moins, pour composer ce nombre de cent quarante-quatre mille ? Ce n'est pas par de telles minuties, ni avec cette scrupuleuse petitesse d'esprit que les oracles divins doivent être expliqués. Il faut entendre dans les nombres de l'Apocalypse une certaine raison mystique à laquelle le Saint-Esprit nous veut rendre attentifs. Le mystère qu'il veut ici nous faire entendre, c'est que le nombre douze, sacré dans la synagogue et dans l'Église, à cause des douze patriarches et des douze apôtres, se multiplie par lui-même jusqu'à douze mille dans chaque tribu, et douze fois douze mille dans toutes les tribus ensemble, afin que nous voyions la foi des patriarches et des apôtres multipliée dans leurs successeurs, et dans la solidité d'un nombre si parfaitement carré, l'éternelle immutabilité de la vérité de Dieu et de ses promesses. C'est pourquoi nous verrons ensuite (Apoc. XIV. 1, 3), ce même nombre de cent quarante-quatre mille, comme un nombre consacré à représenter l'universalité des saints, dont aussi les Juifs *sont la tige, et le tronc béni sur lequel les autres sont entés* (Rom. XI. 16). » (*Migne,* 1263). — *De toutes les tribus d'Israël.* Ces mots et l'énumération qui suit des tribus d'Israël sont pour rappeler aux chrétiens entés sur les Juifs sont eux aussi les enfans d'Abraham, d'Isaac et de Jacob, ce que marque clairement ce qu'on lit aussitôt après dans le verset 9, où une *multitude de toute nation, de toute tribu, de tout peuple et de toute langue* est appelée à confesser la même foi et à participer à la même récompense après un même triomphe.

6. douze mille de la tribu d'Aser, douze mille de la tribu de Nephthali, douze mille de la tribu de Manassé,

7. douze mille de la tribu de Siméon, douze mille de la tribu de Lévi, douze mille de la tribu d'Issachar,

8. douze mille de la tribu de Zabulon, douze mille de la tribu de Joseph, douze mille de la tribu de Benjamin.

9. Je vis ensuite une grande multitude, que personne ne pouvoit compter, de toute nation, de toute tribu, de tout peuple et de toute langue. Ils étoient debout devant le trône et devant l'Agneau, vêtus de robes blanches et ayant des palmes à la main.

10. Ils chantoient à haute voix : Gloire à notre Dieu, qui est assis sur le trône, et à l'Agneau *pour nous avoir sauvés.*

11. Et tous les anges étoient debout autour du trône, et des vieillards, et des quatre animaux, et s'étant prosternés sur le visage devant le trône, ils adorèrent Dieu,

12. en disant : Amen. Bénédiction, gloire, sagesse, action de grâces, honneur, puissance, et force à notre Dieu dans *tous* les siècles des siècles : Amen.

13. Alors un des vieillards prenant la parole, me dit : Qui sont ceux-ci qui sont vêtus de robes blanches ? Et d'où sont-ils venus ?

14. Je lui répondis : Seigneur vous le sçavez. Et il me dit : Ce sont ceux qui sont venus ici après avoir passé par de grandes afflictions, et qui ont lavé et blanchi leurs robes dans le sang de l'Agneau.

15. C'est pourquoi ils sont devant le trône de Dieu, et ils le servent jour et nuit dans son temple; et celui qui est assis sur le trône les couvrira comme une tente.

16. Ils n'auront plus ni faim ni soif, et le soleil ni aucune chaleur ne les incommodera plus :

17. parce que l'Agneau qui est au milieu du trône sera leur pasteur, et il les conduira aux fontaines des eaux vivantes, et Dieu essuiera toutes les larmes de leurs yeux.

CHAPITRE VIII.

1. Lorsque l'Agneau eut ouvert le septième sceau, il se fit un grand silence dans le ciel d'environ une demi-heure.

2. Et je vis les sept anges qui sont devant la face de Dieu, et on leur donna sept trompettes.

3. Alors il vint un autre ange, qui se tint devant l'autel, ayant un encensoir d'or, et on lui donna une grande quantité de parfums, afin qu'il offrît les prières de tous les Saints sur l'autel d'or qui est devant le trône de Dieu.

16. *Ils n'auront plus ni faim ni soif, et le soleil ni aucune chaleur ne les incommodera plus.* Il est dit pour 1792 : LA PITIÉ GRANDE SERA SANS LOING TARDER, CEUX QUI DONNOIENT SERONT CONTRAINTS DE PRENDRE, NUDS, AFFAMEZ, DE FROID, SOIF FOY BANDER, LES MONTS PASSER COMMETTANT GRAND ESCLANDRE (80e).

L'HISTOIRE D'APRÈS L'APOCALYPSE.

Les quatre grandes puissances qui, plus tard, en 1814, arrêteront la révolution, refouleront, dès 1799, la France en deçà de ses frontières et retiendront le souffle empesté qui excite la guerre civile et ruine toute prospérité. Après une première victoire, ils ne pourront user encore du pouvoir qu'ils ont reçu de punir la France de ses crimes, car Napoléon, alors en Orient, aura à remplir auparavant sa mission. Le Directoire devra compléter le nombre des victimes de la révolution avant d'être renversé par Napoléon. Le ciel s'ouvrira devant ceux qui auront confessé leur foi au prix de leur sang. — Ce chapitre encore forme un tout complet, embrassant une période historique importante et nettement déterminée.

1. *Grand silence.* « C'est un silence d'étonnement, dans l'attente de ce que Dieu allait décider, comme lorsqu'on attend en silence les juges qui vont se résoudre, et enfin prononcer leur jugement, et pour marquer aussi le commencement d'une grande action et la soumission profonde de ceux qu'on doit employer à l'exécution, qui attendent en grand silence l'ordre de Dieu, et se préparent à partir au premier signal. » (*Migne*, 1269). — Pendant que Napoléon était en Orient (19 mai 1798-9 octobre 1799) et que les *quatre* ennemis cerniront la France *aux quatre coins*, ce pays jouissait depuis peu d'un calme relatif : CONTRE LES ROUGES SECTES SE BANDERONT, FEU, EAU, FER, CORDE PAR PAIX SE MINERA, AU POINT MOURIR CEUX QUI MACHINERONT, FORS UN QUE MONDE SURTOUT RUYNERA (49e-51e); mais, le 4 septembre 1798, se fit la révolution du 18 fructidor. « Cette révolution eut pour la religion le contre-coup le plus funeste; la persécution recommença presque aussi violente que sous la terreur... Et pour combler toutes les mesures d'iniquité, le Directoire qui faisait déporter les prêtres et emprisonner les fidèles pour cause d'obéissance aux lois de l'Église, faisait enlever de Rome le vicaire de Jésus-Christ. » (*Voir* tome II, p. 119, 73e).

2. *Et je vis les sept anges qui sont devant la face de Dieu,* « c'est-à-dire, ces sept esprits principaux, dont nous avons si souvent parlé. » (*Id.*). — Nostradamus, en réunissant l'action du SAINT-ESPRIT et du premier ANTECHRIST (19e-20e), semble interpréter du Saint-Esprit les sept Anges de ce chapitre qui sont les sept esprits des chapitres I. 4 et IV. 5. Le Fils est venu sur la terre pour faire la volonté de son Père. Les trois personnes distinctes de la Sainte-Trinité exécutent leur œuvre telle qu'elle a été résolue dans l'unité de pensées et de vues d'un Dieu en trois personnes. — *Et on leur donna sept trompettes;* « elles signifient le son éclatant de la justice de Dieu, et le bruit que veut faire ses vengeances partout l'univers. » (*Migne*, 1270).

3-5. *Alors il vint un autre ange, qui se tint devant l'autel ayant un encensoir d'or...* La marche du récit fait voir dans cet ange le grand prêtre de la loi nouvelle (*Aaron brûlera devant l'autel de l'encens d'excellente odeur,* Exode, XXX, 7), Pie VI, qui honora les victimes de la révolution et prononça que la mort de Louis XVI avait assuré à ce prince la palme du martyre. C'est encore Pie VI qu'on voit dans ce même chapitre sous la forme d'*une grande étoile ardente comme un flambeau qui tombe du ciel sur la troisième partie des fleuves et sur le cours des eaux.* Nostradamus, pour sa prophétie sur Pie VI, emploie ces mêmes figures : FLAMBEAU ARDENT A CIEL SOIR SERA VEU, PRÈS DE LA FIN ET PRINCIPE DU RHÔNE... Ro-

---

3-8. *Il y en avoit douze mille de marqués de la tribu de Juda.* « Il commence par la tribu de Juda, comme par celle qui, selon les conseils de Dieu, avait donné son nom à toutes les autres, et les avait recueillies comme dans son sein; celle qui avait reçu des promesses spéciales touchant le Messie, et de la bouche de Jacob en la personne de Juda même (*Gen.* XLIX, 10), et de la bouche du prophète Nathan, en la personne de David (2. *Reg.* 7); celle enfin d'où le Sauveur venait de sortir : c'est pourquoi on l'a nommé le lion de la tribu de Juda, ỷ. 5. Il n'y a plus rien de remarquer dans tout le reste du dénombrement, sinon que Dan y est omis, et que Joseph y paraît deux fois pour accomplir le nombre des douze tribus : une fois en sa personne, ỷ. 8, et une autre fois en celle de Manassé, son fils. Quelques Pères ont cru que Dan était omis exprès, parce que l'Antechrist devait naître de sa race. » (*Migne,* 1265). — On sait que Nostradamus appelle PRINCE DANEMARC, ROY DE ROME ET DANEMARC (112e, 113e; ce nom de pays est tiré de celui de Dan, fils de Jacob, *Mordré*), Napoléon, le maître du GRAND EMPIRE DE L'ANTECHRIST (10e). — Saint Jean appelle *peuple de Dieu*, le peuple français, et ces *Gentils*, ceux qui sont en dehors de la France (XI. 1-2.), n'emploie ici cette nomenclature des tribus de l'ancien peuple de Dieu, que pour désigner celles des victimes de la révolution qui appartenaient aux provinces de la France. La *grande multitude de nations, de toute langue* qui apparaît au verset suivant, est formée de celles des victimes des guerres européennes qui périront en vue de Dieu pour la défense de l'autel et de leur nationalité (voir XI. 9).

9-13. Le ciel, qui se réjouit de la conversion d'un seul pécheur, salue l'arrivée de cette multitude innombrable des victimes de la révolution.

14. *Ce sont ceux qui sont venus ici après avoir passé par de grandes afflictions.* SERA FAICTE PLUS GRANDE PERSÉCUTION A L'ÉGLISE CHRESTIENNE QUE N'A ÉTÉ FAICTE EN AFFRIQUE... L'AN MIL SEPT CENS NONANTE DEUX (tome II. 150), QUE VERS MAIN GAUCHE SERA PLUS GRAND AFFLICT (52e, 55e). — *Et qui ont lavé et blanchi leurs robes dans le sang de l'Agneau.* S. Jean, au chap. XIX. 13, voit Jésus-Christ vêtu d'une robe teinte du sang qu'il a répandu jusqu'à la dernière goutte, pour laver les péchés des hommes. Le baptême, par les mérites attachés à la mort de Jésus, rend à l'âme couverte du péché originel la blancheur de l'innocence, et le nouveau chrétien est revêtu d'une robe blanche; s'il la salit dans la corruption du monde, les autres sacrements auxquels Jésus-Christ attache également les mérites de sa passion et de sa mort pourront la laver de nouveau pour l'éternité.

15. *Ils sont devant le trône de Dieu...* Nostradamus a dit des victimes de la révolution : LE CORPS SANS AME PLUS N'ESTRE EN SACRIFICE, JOUR DE LA MORT MIS EN NATIVITÉ, L'ESPRIT DIVIN FERA L'AME FÉLICE, VOYANT LE VERBE EN SON ÉTERNITÉ (*voir* 94e-99e).

4. Et la fumée des parfums composée des prières des saints s'élevant de la main de l'ange, monta devant Dieu.

5. L'ange prit ensuite l'encensoir et l'emplit du feu de l'autel, et l'ayant jeté sur la terre, il se fit du bruit dans l'air, des tonnerres, des voix et des éclairs, et un grand tremblement de terre.

6. Alors les sept anges qui avoient les sept trompettes se préparèrent pour en sonner.

7. Le premier ange sonna de la trompette; et il se forma une grêle et un feu mêlé de sang, qui tombèrent sur la terre, et la troisième partie de la terre et des arbres fut brûlée, et le feu consuma toute l'herbe verte.

MAIS PONTIFE GARDE DE T'APPROCHER DE LA CITÉ QUE DEUX FLEUVES ARROUSE, TON SANG VIENDRA AUPRÈS DE LA CRACHER, TOY ET LES TIENS QUAND FLORIRA LA ROSE. CELUY DE SANG REPERSE LE VISAGE DE LA VICTIME PROCHE SACRIFIÉE, TONANT EN LEO, AUGURE PAR PRÉSAGE, MIS ESTRE A MORT LORS POUR LA FIANCÉE (104°-106°, voir 109°). La mort de Pie VI, cet ange de vertu et de douceur, fera déborder la colère de Dieu; le nombre fixé des victimes sera rempli; en présence de l'autel sous lequel crient les *âmes de ceux qui ont souffert* (VI. 9), le feu s'échappe de l'encensoir de Pie VI, qui entend cette parole d'Ézéchiel (X. 2) : *Prenez plein votre main des charbons de feu qui sont entre les Chérubins et répandez-les sur la ville;* et Dieu purifie la France par le feu des tribulations. — Le mot *Autel* indique la France (voir XI. 1).

5. *Il se fit un grand tremblement de terre.* La révolution de 1789 est un tremblement de terre : PAR GRAND DISCORD LA TROMBE TREMBLERA (122°), et cet évènement est ainsi annoncé dans l'Apocalypse : *Il se fit un grand tremblement de terre* (VI. 12). La révolution de 1814 ébranle le monde : LORSQUE DANS MAY SERONT TERRES TREMBLÉES (153°). Le retour des Bourbons, en 1815, cause un nouveau *grand tremblement de terre* (XI. 13). Ici il s'agit de la révolution du dix-huit brumaire causée par l'*Ange qui montoit du côté de l'Orient*. Nostradamus a dit pour ce grand évènement : QUAND LES COLONNES DE BOIS GRANDE TREMBLÉE, D'AUSTER CONDUICTE COUVERTE DE RUBRICHE, TANT VUYDERA DEHORS GRANDE ASSEMBLÉE, TREMBLER VIENNE ET LE PAÏS D'AUTRICHE (73°).

6. *Alors les sept anges qui avoient les sept trompettes se préparèrent pour en sonner.* Quatre anges seulement ne sonneront de leurs trompettes avant qu'un *Aigle vole par le milieu du ciel, en disant à haute voix : Malheur ! Malheur ! Malheur aux habitans de la terre à cause du son des trompettes dont les trois autres anges doivent sonner.* Tous les maux qui accompagnent le bruit des trompettes des quatre premiers sept anges se trouvent résumés dans ces mots du verset précédent : *Ayant jeté sur la terre le feu de l'autel, il se fit des bruits dans l'air, des tonnerres, des voix et des éclairs*; le *grand tremblement de terre*, qui termine le tout, a lieu lorsque l'*Aigle* jette son cri à travers le monde. (Toutes ces images se trouvent dans Nostradamus, qui dit : BRUIT D'ARMES AU CIEL (207°), TONANT EN LEO (106°), CLARTÉ FULGURE A LYON APPARENTE, VIII. 6, etc.).

7. *Le premier ange sonna de la trompette; et il se forma une grêle et un feu mêlé de sang...* Le Psalmiste a dit dans le même sens : *Le Seigneur a tonné du haut du ciel ; le Très-Haut a fait entendre sa voix, et il a fait tomber de la grêle et des charbons de feu. Et il a tiré ses flèches contre eux*; et il les a dissipés; *et il a fait briller partout les éclairs; et il les a tout troublés et renversés.* La révolution du 18 fructidor rompit le calme dont la France commençoit à jouir, renouvela la persécution religieuse et précipita les évènements vers le dénoûment. — *Troisième partie de la terre.* Ce qui est bien digne de remarque, c'est que les quatre fléaux de ce chapitre n'atteignent tous que la *troisième partie de la terre*; pour le faire remarquer, l'Apôtre répète ces mots quatre fois, et dans l'annonce de chaque fléau. C'est qu'alors le *Tiers était devenu tout* ; la noblesse et le clergé n'étaient plus rien, et c'est le Tiers coupable que Dieu poursuit seul aujourd'hui. '— *Et des arbres.* Les quatre anges qui se tiennent en dehors de la France (VIII. 1), ne frapperont *la terre, la mer et les arbres* de la sainte contrée qu'en 1814; mais la guerre civile cause déjà ces fléaux. Au son des quatre premières trompettes le pays est ruiné dans toutes ses parties. — Ces mots *la troisième partie de la terre et des arbres fut brûlée* font voir avec quel soin le Prophète s'efforce de faire remarquer le rôle des quatre anges qui, en apparaissant deux fois, déterminent le commencement et la fin de la guerre extérieure. Tout ce qui se trouve entre leurs deux apparitions a eu lieu entre le commencement et la fin de cette guerre. — *Le feu consuma toute l'herbe verte.* On avait jeté en terre une nouvelle semence, la récolte fut détruite en herbe : les prêtres rappelés de l'exil furent proscrits de nouveau.

8. Le second ange sonna de la trompette, et il parut comme une grande montagne tout en feu qui fut jettée dans la mer, et la troisième partie de la mer fut changée en sang.

9. La troisième partie des créatures qui étoient dans la mer, et avoient vie, mourut; et la troisième partie des navires périt.

10. Le troisième ange sonna de la trompette, et une grande étoile ardente comme un flambeau, tomba du ciel sur la troisième partie des fleuves, et sur les sources des eaux.

11. Cette étoile s'appelloit Absynthe; et la troisième partie des eaux ayant été changée en absynthe, un grand nombre d'hommes mourut pour en avoir bu, parce qu'elles étoient devenues amères.

8. *Le second Ange... Une grande montagne tout en feu fut jettée dans la mer.* A peine arrivé de l'*Orient*, Napoléon jette enfin dans la mer la *Montagne* toujours *en feu* qui couvrait la France et la dévorait. Les rouges les plus ardents furent déportés au-delà de la mer (voir 98°). Pour Nostradamus, la *Montagne*, sous le règne de la Liberté, est le mont Aventin qui se déchire lui-même : ISTRA DE MONT GAULFIER ET AVENTIN, QUI PAR LE TROU ADVERTIRA L'ARMÉE, ENTRE DEUX ROCS SERA PRINS LE BUTIN, DE SEX MANSOL FAILLIR LA RENOMMÉE (162°). Le farouche Amar de la *Montagne* est le MONT AYMAR (60°), etc.

9. *La troisième partie des créatures qui étoient dans la mer et avoient vie, mourut; et la troisième partie des navires périt.* Napoléon, en accourant d'Orient pour VOIR LA GAULE et faire le dix-huit brumaire, compromit le succès de sa conquête. S. Jean rappelle ici le sort d'une entreprise commencée par la *Montagne*, et dont Nostradamus a dit : PEUPLE INFINI PAR LA MER PASSERA, SANS ESCHAPPER LE QUART D'UN MILLION (102°) (voir pour le poste de la flotte à Aboukir, 70° et 50°).

10. *La troisième Ange... Une grande étoile ardente comme un flambeau tomba du ciel sur la troisième partie des fleuves.* On a vu plus haut que Nostradamus emploie les mêmes expressions que S. Jean pour annoncer le sort de Pie VI qui, *flambeau ardent*, tomba à Valence sur le Rhône, et proche de la Saône. Dans le chapitre suivant (IX. 1), une étoile tombe encore du ciel, mais elle n'est point dite *flambeau*, non plus que les étoiles du verset 12 et des chapitres VI. 13, XII. 1, etc.; c'est que les ministres de J.-C., vraie lumière éclairant *tout homme venant dans le monde*, seuls peuvent être dits : CORPS SUBLIMES SANS FIN A L'ŒIL VISIBLE (110°). Or ceux qui auront été savans, dit Daniel, *brilleront comme les feux du firmament; et ceux qui en auront instruit plusieurs dans la voie de la justice luiront comme des étoiles dans toute l'éternité* (XII. 3). — *Et sur les sources des eaux.* Les deux premiers vers de douze sur Pie VI, rappellent *les sources des eaux* : FLAMBEAU ARDENT A CIEL SOIR SERA VEU, PRÈS DE LA FIN ET PRINCIPE DU RHÔNE, et ceux-ci encore du même récit : ROMAIN PONTIFE GARDE DE T'APPROCHER DE LA CITÉ (Lyon), QUE DEUX FLEUVES ARROUSE.

11. *Cette étoile s'appeloit Absynthe... Amères.* Noémi étant retournée à Bethléem, « les femmes disoient : Voilà cette Noémi. *Noémi leur dit : Ne m'appelez plus Noémi, c'est-à-dire belle; mais appelez-moi Mara, c'est-à-dire, amère; parce que le Tout-puissant m'a toute remplie d'amertume. Je suis sortie d'ici pleine, et le Seigneur m'y ramène vuide. Pourquoi donc m'appelez-vous Noémi, puisque le Seigneur m'a humiliée, et que le Tout-puissant m'a comblée d'affliction*». Pie VI régna 24 ans; l'humiliation et les douleurs de ses dernières années égalèrent la gloire et les joies des premières. — *La troisième partie des eaux ayant été changée en absynthe.* Les malheurs de l'Eglise furent pour plusieurs une occasion de scandale, ne trouvant plus le même goût aux sources d'eau vive où l'on ne pouvait puiser qu'au prix des plus grands sacrifices, ils abandonnèrent la vraie foi : *Un grand nombre d'hommes mourut pour en avoir bu, parce qu'elles étoient devenues amères.* S. Jean renvoie à ce passage de l'Exode (XV. 22) : « *Après donc que Moïse eut fait partir les Israélites de la Mer rouge, ils entrèrent au désert de Sur, et ayant marché trois jours dans la solitude, ils ne trouvoient point d'eau. 23. Ils arrivèrent à Mara, et ils ne pouvoient boire des eaux de Mara, parce qu'elles étoient amères. C'est pourquoi on lui donna un nom qui lui étoit propre, en l'appellant Mara, c'est-à-dire, amertume. 24. Alors le peuple murmura contre Moïse, en disant : Que boirons-nous ? 25. Mais Moïse cria au Seigneur; lequel lui montra un certain bois, et il jetta dans les eaux, et les eaux, d'amères qu'elles étoient, devinrent douces. Dieu leur donna en ce lieu des préceptes et des ordonnances, et il y éprouva son peuple.* »

12. Le quatrième ange sonna de la trompette; et le soleil, la lune et les étoiles ayant été frappés *de ténèbres* dans leur troisième partie, la troisième partie du soleil, de la lune et des étoiles fut obscurcie, et le jour fut privé de la troisième partie de sa lumière, et la nuit de même.

13. Alors je vis et j'entendis la voix d'un aigle qui voloit par le milieu du ciel, et disoit à haute voix : Malheur ! Malheur ! Malheur aux habitans de la terre, à cause du son des trompettes dont les trois autres anges doivent sonner.

---

12. *Le quatrième Ange.. le soleil, la lune et les étoiles ayant été frappés de ténèbres dans leur troisième partie...* Ces astres qui éclairent le monde le jour et la nuit sont les lumières de l'Eglise de France dont Nostradamus a dit pour le temps de la persécution de 1792 et du concordat passé entre Pie VII, le successeur de *l'étoile tombée à Valence*, et Napoléon dont l'*Aigle* allait apparaître *par le milieu du ciel*. : CORPS SUBLIMES SANS FIN A L'OEIL VISIBLES, OBNUBILER VIENDRA PAR CES RAISONS, CORPS, FRONT COMPRINS, SENS CHEFS ET INVISIBLES, DIMINUANT LES SACRÉES ORAISONS, LOU GRAND ESSAME SE LEVERA D'ABEILHOS, etc. (109°-112°). L'Eglise perdit de sa splendeur par le Concordat : AVANT LONGTEMPS LE TOUT SERA RANGÉ, NOUS ESPÉRONS UN SIÈCLE BIEN SENESTRE, L'ÉTAT DES MASQUES (*du Tiers*) ET DES SEULS (*des Prêtres*) BIEN CHANGÉ (94°-99°) ; GRANDE PERSÉCUTION... L'AN MIL SEPT CENS NONANTE DEUX..., APRÈS COMMENCERA LE PEUPLE ROMAIN SE REDRESSER ET DE CHASSER QUELQUES OBSCURES TÉNÈBRES (tome II, p. 150°. — *La troisième partie du soleil, de la lune et des étoiles fut obscurcie, et le jour fut privé de la troisième partie de la lumière, et la nuit de même*. Le Concordat réduisit à 9 archevêchés et 41 évêchés le nombre des sièges épiscopaux, qui était de 135 avant la révolution. Le refus de 36 évêques de se démettre de leur siège forma le schisme de la *petite Eglise*, et les fidèles ne surent de quel côté chercher la lumière ; les ordres religieux qui demeurèrent supprimés n'apportèrent plus leurs lumières à la direction des âmes, la prédication et l'enseignement.

Résumé des quatre premiers fléaux. — Le premier frappe la France en renouvelant la guerre civile et la persécution religieuse ; le second frappe le gouvernement de ce pays ; le troisième, le chef de l'Eglise que ce gouvernement retenait prisonnier ; le quatrième, l'Eglise de France par le Concordat. — S. Jean rapproche la mort de Pie VI de l'humiliation de son Eglise par le Concordat, comme il a rapproché la mort de Louis XVI de l'humiliation des grands de son royaume par la révolution (VI. 12-13).

13. *Alors je vis...* Il n'y a pas d'interruption dans la vision, le récit le déclare : immédiatement après les fléaux des quatre premiers des sept anges, et avant que les trois derniers sonnent de la trompette, *je vis et j'entendis la voix d'un Aigle*. Cette Aigle, suivie de l'*Apollyon*, précédé d'une montagne renversée, d'un roi *Soleil* décapité, rappelle l'AIGLE CELTIQUE de Nostradamus (207°), l'Aigle du PLUS HORRIBLE TRÔNE DE COQ ET D'AIGLE DE FRANCE FRÈRES TROIS, l'Aigle des GUERRES CIVILES EN FRANCE : OUTRE LE COURSE DU CASTULON MONARQUE (Montagne), VICTOIRE INCERTE TROIS GRANDS COURONNERONT, AIGLE, COQ, LUNE, LYON, SOLEIL EN MARQUE (33°. — *Qui voloit par le milieu du monde, et qui disoit à haute voix*. Cet Aigle traversa le monde d'un vol élevé et puissant, et sa voix est si forte, qu'on l'entend encore qu'on a cessé de le voir. — *Malheur ! Malheur ! Malheur aux habitans de la terre, à cause du son des trompettes dont les trois autres anges doivent sonner*. Des maux plus grands que ceux qui précédent vont affliger le monde, Nostradamus l'a déclaré d'une manière aussi formelle que l'Apôtre, quand il a dit pour l'arrivée de Napoléon au pouvoir : APRÈS GRAND TROUBLE HUMAIN PLUS GRAND S'APPRESTE, LE GRAND MOTEUR LES SIÈCLES RENOUVELLE (on 1800), PLUYE, SANG, LAICT, FAMINE, FEU ET PESTE (194°-197°) ; DE SANG ET FAIM PLUS GRAND CALAMITÉ, SEPT FOIS S'APPRESTE A LA MARINE PLAGE (193°) ; AVANT LONGTEMPS LE TOUT SERA RANGÉ, NOUS ESPÉRONS UN SIÈCLE BIEN SENESTRE (96°), NOUVEAU ROY GRAND ESCLANDRE (15°, 117°, etc.).

L'HISTOIRE D'APRÈS L'APOCALYPSE.

Après la première persécution religieuse de 1792-1794, un temps de calme précédera les vengeances de Dieu. Pie VI, pour avoir honoré publiquement la mémoire des victimes de la révolution, attirera sur lui la colère du Directoire (1796). Pour compléter le nombre des martyrs et punir leurs meurtriers, la révolution de Fructidor éclatera (4 septembre 1797) ; le Tiers seul au pouvoir, seul en France, sera seul en cause ; l'espérance de la religion sera détruite. Enfin, au dix-huit brumaire (9-10 novembre 1799), la Montagne, souillée de sang, sera renversée et ses membres les plus ardents seront déportés au-delà des mers. Le retour de Napoléon causera la ruine de

---

CHAPITRE IX.

1. Le cinquième ange sonna de la trompette, et je vis une étoile qui étoit tombée du ciel sur la terre, et la clef du puits de l'abîme lui fut donnée.

2. Elle ouvrit le puits de l'abîme, et il s'éleva du puits une fumée semblable à celle d'une grande fournaise ; et le soleil et l'air furent obscurcis de la fumée de ce puits.

3. Ensuite il sortit de la fumée du puits des sauterelles qui se répandirent sur la terre, et la même puissance qu'ont les scorpions de la terre leur fut donnée.

4. Et il leur fut défendu de faire aucun tort à l'herbe de la terre, ni à tout ce qui étoit vert, ni à tous les arbres ; mais seulement aux hommes qui n'auront pas la marque de Dieu sur le front.

---

l'expédition d'Egypte, entreprise par la Montagne, qui y aura perdu la plus grande partie de sa flotte. Pie VI, l'étoile de la Catholicité, tombera à Valence sur le Rhône, deux mois auparavant, et la foi de plusieurs périra à la vue des douleurs amères des derniers jours d'un pontificat longtemps honoré. Un concordat (15 juillet 1801) rétablira, en France, la religion qui n'aura plus la même splendeur qu'auparavant, et 36. évêques causeront le schisme de la *petite Eglise*. Alors, l'Aigle et l'Apollyon s'élèvera au plus haut du ciel, et, traversant le monde, annonça l'arrivée imminente de maux plus grands que ceux du moment. — Ce chapitre encore forme un tout complet, embrassant une période historique, importante et nettement déterminée.

---

1. *Le cinquième Ange... Une étoile tomba du ciel.* Cette étoile n'est pas ardente, elle n'est pas un *flambeau* comme celle du chapitre précédent qui représento Pie VI ; elle tombe comme sont tombées les étoiles du chapitre VI. 13, lorsque le *Soleil* (Louis XVI) *devint noir comme un sac de poil, et que la Lune devint comme du sang*. Cette étoile, comme ces dernières, est un grand de la terre, un membre encore de la famille royale, c'est le duc d'Enghien. — *Et la clef du puits de l'abîme lui fut donnée*. Ces mots étaient nécessaires pour faire reconnaître dans *l'étoile* le duc d'Enghien. C'est lui qui a ouvert la longue liste des victimes de l'ambition de l'*Aigle* ou de l'*Ange de l'abîme*, nommé plus bas *Apollyon*. Nostradamus, comme S. Jean et comme tous les historiens, a dit que Napoléon s'est fait du corps du duc d'Enghien un marche-pied pour s'élever au trône : CELUY QU'ESTOIT BIEN AVANT DANS LE REGNE, AYANT CHEF ROUGE PROCHE A HIÉRARCHIE, ASPRE ET CRUEL ET SE FAISANT TANT CRAINDRE, SUCCÉDERA A SACRÉE MONARCHIE (44°) ; UN EMPEREUR NAISTRA PRÈS D'ITALIE, QUI A L'EMPIRE SERA VENDU BIEN CHER, DIRONT AVEC QUELS GENS IL SE RALIE, QU'ON TROUVERA MOINS PRINCE QUE BOUCHER (118°-120°). — Le 20 mars 1804, le duc d'Enghien *tombe* fusillé dans les fossés de Vincennes ; le 18 mai 1804, le Sénat défère au premier Consul le titre d'Empereur (Voir t. II. p. 89).

2. *Elle ouvrit le puits de l'abîme*. — De ce puits sortiront les sauterelles et leur ange, l'*Ange de l'abîme*, Apollyon, qui, en 1815, montera de l'*abîme* (XI. 7). Pour rendre dans l'avenir la paix au monde, le dragon sera jeté dans l'abîme (chap. XX. 3). — Ces images se voient dans Nostradamus. Napoléon naît DU PLUS PROFOND DE L'OCCIDENT D'EUROPE (140°), et meurt ATTACHÉ AU PLUS PROFOND BARATRE (30°) ; son fils, AU PUYS BRISEZ EST PLONGÉ VIF MORT DEDANS LE PUYS (204°). — *Et il s'éleva du puits une fumée semblable à celle d'une grande fournaise*. Tous les esprits sont en feu, ne respirant que la guerre et la *fumée* de la poudre (S. Jean parle des armes à feu, comme on voit le verset 18°. — *Et le soleil et l'air furent obscurcis de la fumée de ce puits*. Même image que Nostradamus exprime ainsi : BRUITS D'ARMES AU CIEL (207°) ; PLANURE, AUSONNE FERTILE SPACIEUSE, PRODUIRA TANT ET TANT DE SAUTERELLES, CLARTÉ SOLAIRE DEVIENDRA NUBILEUSE, RONGER LE TOUT, GRAND PESTE VENIR D'ELLES (176°).

3. *Ensuite il sortit de la fumée du puits des sauterelles*. Nostradamus a deux fois le mot SAUTERELLES, et une fois le mot LOCUSTE (*locustæ*, sauterelles), et toujours pour les armées de Napoléon ou de l'*Apollyon*. D'abord, les bruits de guerre se répandent : *fumée d'une grande fournaise*, ensuite apparaissent les *sauterelles* (voir pour le mot SAUTERELLES, 176°, 178°, 209°), *qui se répandirent sur la terre et la même puissance qu'ont les scorpions de la terre leur fut donnée, c'est-à-dire leur queue étoit semblable à celle de scorpions* (voir plus bas, 10).

4. *Et il leur fut défendu de faire aucun tort à l'herbe de la terre* ; à la moisson du père de famille. — *Ni à tout ce qui étoit vert, ni à tous les arbres* ; à la religion détruite une fois en herbe,

4

5. Et on leur donna le pouvoir, non de les tuer, mais de les tourmenter durant cinq mois; et le mal qu'elles font est semblable à celui que fait le scorpion quand il a piqué l'homme.

6. En ce tems-là les hommes chercheront la mort, et ils ne la pourront trouver; ils souhaiteront de mourir, et la mort s'enfuira d'eux.

7. Or, ces espèces de sauterelles étoient semblables à des chevaux préparés pour le combat. Elles avoient sur la tête comme des couronnes qui paroissoient d'or. Leur visage étoit comme des visages d'hommes.

8. Elles avoient des cheveux comme des cheveux de femmes, et leurs dents étoient comme des dents de lion.

9. Elles avoient des cuirasses comme de fer, et le bruit de leurs ailes étoit comme un bruit de chariots à plusieurs chevaux qui courent au combat.

10. Leur queue étoit semblable à celle des scorpions, y ayant un aiguillon, elles avoient pouvoir de nuire aux hommes cinq mois durant.

11. Elles avoient pour roi l'ange de l'abîme appelé en hébreu Abaddon, et en grec Apollyon, c'est-à-dire l'Exterminateur.

12. Ce premier malheur étant passé, en voici encore deux autres qui suivent.

13. Le sixième ange sonna de la trompette, et j'entendis une voix qui sortoit des quatre coins de l'autel d'or, qui est devant Dieu;

14. et elle dit au sixième ange qui avoit la trompette : Déliez les quatre anges qui sont liés sur le fleuve de l'Euphrate.

15. Aussitôt on délia ces quatre anges, qui étoient prêts pour l'heure, le jour, le mois et l'année, où ils devoient tuer la troisième partie des hommes.

à la vigne, à l'olivier, à tout arbre qui porte de bons fruits comme cela venait d'avoir lieu : *La troisième partie des arbres fut brûlée, et le feu consuma toute l'herbe verte* (VIII. 7). Ces figures souvent employées dans l'Écriture ont bien ici ce sens, car il est dit aussitôt par opposition : *Mais seulement aux hommes qui n'auront pas la marque de Dieu sur le front*. La persécution religieuse a cessé, car il est rempli le nombre des serviteurs de Dieu, VI. 11, marqués au front, VII. 3, et Napoléon lui-même l'a dit : l'ère des martyrs est passée. Il n'y aura plus que des guerres extérieures, mais elles seront donc terribles, car S. Jean et Nostradamus ont déclaré que dans ce temps de malheurs les derniers maux seront pires que les premiers : *Malheur ! Malheur ! Malheur !*... etc. VIII. 13; Après grand trouble humain plus grand s'appreste (198°).

5. *Et on leur donna le pouvoir, non de les tuer, mais de les tourmenter*. Napoléon eut le pouvoir de frapper sans cesse durant tout son règne les nations, mais non de les anéantir. Après les longues et désastreuses guerres de l'empire, la France, comme le marque le chapitre XI. 1, 2, rentra dans ses frontières, et les conquêtes furent abandonnées. C'est ce que Nostradamus exprime ainsi dans son récit sur le *Soldat-Empereur* : Premier en Gaule, premier en Romanie, Par terre et mer aux Anglois et Paris, Merveilleux faicts par celle grand mesnie, Violent terax perdra le Norlaris (130°), etc... — *Durant cinq mois*. La vie des *sauterelles* n'est que de peu de mois, et les nuées de sauterelles produisent leurs ravages en peu d'heures. Les *cinq mois* du Prophète annoncent donc pour ces guerres une durée inusitée. Les semaines de Daniel sont des années, et, S. Jean dit trois jours et demi pour trois ans et demi (XI. 9), les *cinq mois* qui représentent 150 jours sont pour 15 années de guerre, de 1800-1815. — *Et le mal qu'elles font est semblable à celui que fait le scorpion, quand il a piqué l'homme*. Ce qu'il y a de fatal dans l'atteinte du scorpion n'est pas la douleur que cause sa piqûre, mais la décomposition du sang qui en est la suite. On reçoit un venin subtil, qui infecte toute la masse du sang avec une promptitude surprenante. En introduisant chez tous les peuples l'esprit révolutionnaire, les armées françaises ont laissé partout les éléments de décomposition morale, politique et religieuse.

6. *En ce tems-là les hommes chercheront la mort, et ils ne la pourront trouver*. Toutes les nations, pour repousser le joug, voudront vaincre ou mourir; elles seront vaincues et ne mourront pas. Au moment fixé par Dieu, elles prendront enfin leur revanche sur les *sauterelles*, ainsi qu'il est dit plus bas : *ces quatre anges étoient prêts pour l'heure, le jour, le mois et l'année, où ils devoient tuer la troisième partie des hommes*. Jamais triomphateur n'a eu autant d'espoir d'arriver à la monarchie universelle ; à aucune époque les peuples par les coalitions n'ont donné sujet plus grand d'appliquer le droit de conquête, et cependant à la fin, tout le bruit s'apaise, chaque peuple rentre chez soi, et Napoléon seul est proscrit. — *Ils souhaiteront de mourir et la mort s'enfuira d'eux*. Nostradamus a parlé de toutes les guerres de l'Empire (Voir 93°, 143°, 158°, etc.), et il a rappelé à Waterloo n'a voulu mourir : Sauf coup de feu (174°), blessé sans coup (133°).

7-10. *Or, ces espèces de sauterelles étoient semblables à des chevaux préparés pour le combat*. Il faut étudier cette description des *sauterelles à visage d'hommes*, de ces soldats de l'*Apollyon*, Napoléon, toujours à cheval d'après Nostradamus : Sur cheval rude voltigeant trainera (137°) le Français vif à la guerre (182°) jusqu'au jour où la fière gent sera rendue (203°). S. Jean ne voit également que des *sauterelles*, c'est-à-dire une cavalerie agile dans ces armées qui passent comme le vent, et il décrit le dragon, celui des cavaliers qui porte les plus rudes coups. Le voilà avec son casque d'or où pend une longue crinière, il court dévorer à belles dents son ennemi; sa cuirasse, ses armes de fer, ses pistolets, son long sabre dont le fourreau se dresse derrière lui, tous ses harnais qui s'entrechoquent épouvantant quand il vole au combat.

11. *Elles avoient pour roi l'ange de l'abîme appelé en hébreu Abaddon, et en grec Apollyon, c'est-à-dire l'Exterminateur*. Les sauterelles sorties du *puits de l'abîme* ont pour roi l'ange de l'abîme et son nom est en hébreu Abaddon. « Abad signifie perdre, Abaddon le perdant ou le destructeur, *perditor* » (Migne, 1287); en grec, *Apollyon*, d'*Apoleô*, dont le participe est *Apoleôn*, perdre, détruire (*Lexique*). On verra plus loin (chap. XIII. 18), que S. Jean a connu le nom *Napoléon*. Nostradamus aussi appelle l'Olestant (149°) pour *Oleôn*, d'*Apoleôn*, celui dont il a connu le nom NAPAVLAION. On voit clairement ici que l'Apôtre désigne un homme par le mot *Ange*. Nostradamus nomme le vieux cardinal Richelieu chargé du gouvernement de la France le vieux ange (t. II. p. 42).

12. *Ce premier malheur étant passé, en voici encore deux autres qui suivent*. Les sauterelles sous la conduite de l'Exterminateur ont tourmenté les nations et leur ont inoculé le venin révolutionnaire ; voilà le premier *malheur* annoncé par l'*Aigle* qui, dès son apparition, cria par trois fois : *Malheur !* (VII. 13).

13. *Le sixième ange... J'entendis une voix qui sortoit des quatre coins de l'autel d'or, qui est devant Dieu*. De tous les coins de la France on n'entendait plus qu'un cri à la fin des guerres de l'Empire : Si grand fureur et rage fera dire Qu'à feu et sang tout sexe tranchera (143°); De terre on crie avde secours cliques (38°) —Toute la terre est devant Dieu ; mais en particulier la France, qui est ici *l'autel d'or* au même titre que son trône est le trône doré d'après Nostradamus (164°). (*Aureus*, tout ce qui excelle dans son genre, *Wailly*). Ces mots : *Aux quatre coins* sont pour rappeler que les quatre anges du verset suivant sont les mêmes qui, dès le début des guerres extérieures, se sont tenus *aux quatre coins de la terre*. Aujourd'hui, alors que le peuple français crie vers Dieu, ils ne doutent plus du succès, Talleyrand fera sçavoir aux ennemis l'affaire (151°) et les Alliés arriveront bientôt jusque dans Paris.

14. *Et elle dit au sixième ange qui avoit la trompette : Déliez les quatre anges qui sont liés sur le fleuve de l'Euphrate*. Le 1er mars 1814 (t. II. p. 112), par un traité conclu à Chaumont, les quatre puissances (l'Autriche, la Grande-Bretagne, la Prusse et la Russie) en guerre contre la France dès la première coalition continentale (1793-1797, Napoléon *en son époque*) reçoivent enfin du Dieu des armées la force de rompre le joug de la *Babylone* de l'Apocalypse, Paris la neufve Babylone de Nostradamus (23°) : Cité libre constituée et assise dans une autre exigue Mesopotamia.

15. *Aussitôt on délia ces quatre anges qui étoient prêts*. Ils étoient *prêts* dès 1799; mais Napoléon qui montoit du côté de l'Orient leur avait crié d'attendre (chap. VII. 1-3); ayant toujours l'arme au bras *ils étoient prêts pour l'heure, le jour, le mois et l'année*. Dieu a son heure : Le divin mal surpuendra le grand prince (145°), et Napoléon tombe, comme il le dit, dans des « fautes grossières de diplomatie et en guerre » (t. II. p. 185), les Alliés triomphent : Le sol et l'aigle au victeur paroistront... Vindicte paix par mort si achève a l'heure (152°). « Je voyais clairement arriver l'heure décisive. L'étoile pâlissait ; je sentais les rênes m'échapper et je n'y pouvais rien. » (t. II. p. 194). — *Où ils devoient tuer la troisième partie des hommes*. Les sauterelles avoient le pouvoir de tourmenter les hommes, mais non de les tuer; les quatre anges, au contraire, tueront les hommes. En effet, comme nous l'avons dit plus haut (y 5), à la fin de ces guerres, les princes dépossédés par Napoléon reprirent leur gouvernement, et l'Empereur, au contraire, perdit le sien. Il fut a mort tué (160°), Tué par un beau-

16. Et le nombre de cette armée de cavalerie étoit de deux cents millions : car j'en ouïs dire le nombre.

17. Je vis aussi les chevaux dans la vision ; et ceux qui étoient montés dessus avoient des cuirasses *comme de feu, d'hyacinthe et de soufre* ; et les têtes des chevaux étoient comme des têtes de lions, et il sortoit de leur bouche du feu, de la fumée et du soufre.

18. Et par ces trois plaies, c'est-à-dire par le feu, par la fumée et par le soufre, qui sortoient de leur bouche, la troisième partie des hommes fut tuée.

19. Car la puissance de ces chevaux est dans leur bouche et dans leur queue : parce que leurs queues sont semblables à celles des serpens, et qu'elles ont des têtes dont elles blessent.

20. Et les autres hommes qui ne furent point tués par ces plaies, ne se repentirent point des œuvres de leurs mains, pour cesser d'adorer les démons et les idoles d'or, d'argent, d'airain, de pierres et de bois, qui ne peuvent ni voir, ni entendre, ni marcher.

21. Et ils ne firent point pénitence de leurs meurtres, ni de leurs impudicités, ni de leurs voleries.

COUP PLUS DÉBONNAIRE (93°). Il reviendra pour cent jours comme le marque l'Apocalypse (XI. 7-8) ; alors il FERA METTRE DE TOUS LES SIENS A MORT, et par cette chute définitive : PAR MORT GRAND PEUPLE SERA RECUEE (195°). — Ces mots : *la troisième partie*, répétés quatre fois au chap. VIII pour les maux qui ont frappé la France, alors que les trois ordres de l'État il ne restait plus que le Tiers, sont répétés ici pour signaler que cet état de choses durait encore. Nostradamus résume toutes les guerres de l'Empire dans un quatrain où on lit : MORTS ET CAPTIFS LE TIERS D'UN MILLION (34°).

16. *Et le nombre de cette armée de cavalerie étoit de deux cents millions.* Ainsi, ces quatre anges sont bien quatre puissances armées. Ici encore il n'est question que de cavalerie pour indiquer la rapidité des événements : LE GRAND EMPIRE SERA TOST TRANSLATÉ EN LIEU PETIT (165°), TARD ET TOST VIEND LE SECOURS ATTENDU (195°). Ces *deux cents millions* sont que les armées innombrables des Alliés qui ont fait dire à Nostradamus : TOUS CEUX DE ILER SERONT DANS LA MOZELLE, METTANT A MORT TOUS CEUX DE LOYRE ET SEINE (146°). — *Car j'en ouïs le nombre.* « Ce serait une erreur grossière de s'imaginer ici des nombres précis. » (*Migne*, 1290). Cette voix que l'Apôtre entend est celle qui a dit à Abraham : « Je multiplierai votre race comme les étoiles du ciel et comme le sable qui est sur le rivage de la mer » (Gen. XXII. 17). Le style oriental comporte une exagération qui n'obscurcit en rien le sens des saints livres.

17-19. *Je vis aussi les chevaux,* c.-à-d. *des cavaliers*, qui seront vainqueurs des *sauterelles*, paraissent mieux armés. Leurs cuirasses sont d'*hyacinthe* (c'est la couleur violette et celle du fer poli. *Migne*, 1290) ou de fer comme celles des *sauterelles*, mais on ne les voit qu'à travers le feu et la fumée de la poudre qui les protègent. Les *sauterelles* ont des dents de lions, les *chevaux* ont des têtes de lions et les décharges continuelles des cavaliers feraient croire que ces *chevaux* vomissent le feu et la fumée de la poudre. Une personne qui ne connaît pas la composition de la poudre (salpêtre, charbon et soufre. *Dict. des Orig.*), ne peut parler que du feu et de la fumée qu'elle voit et du soufre qu'elle sent. La queue des *sauterelles* est semblable à celle des *scorpions*, celle des *chevaux* est semblable à celle des *serpents*, et se termine par une *tête*, ce qui la rend en quelque sorte intelligente pour la défense. Les Alliés, en 1814, dans le temps que Napoléon VOURRE EN BOURGOGNE faisait CAS PORTENTEUX, QUE PAR ENGIN HOMME NE POURROIT FAIRE, épuisaient l'armée française en l'attaquant et en battant en retraite : SERA DEFFAITE PAR BANDE SA GRAND' TROUPE (157°).

20. *Et les autres hommes qui ne furent point tués par ces plaies ne se repentirent point des œuvres de leurs mains.* Ceux qui restèrent aux affaires en 1814 ne condamnèrent point les principes révolutionnaires introduits par eux dans diverses constitutions : LE GRAND SÉNAT DÉCERNERA LA POMPE (178°), à Louis XVIII, mais en maintenant le principe révolutionnaire de la souveraineté du peuple. — *Pour cesser d'adorer les démons.* L'*enfer* est venu sur la terre en 1789 (chap. VI. 8°). En 1814, on maintint la liberté des cultes : *et les idoles d'or, d'argent, d'airain, de pierres et de bois qui ne peuvent ni voir, ni entendre, ni marcher.*

21. *Et ils ne firent point pénitence de leurs meurtres.* Les régicides et les membres des tribunaux révolutionnaires marchèrent tête levée. — *Ni de leurs impudicités.* Ce n'est qu'en 1816, le 8 mai,

---

CHAPITRE X.

1. Alors je vis un autre ange fort et puissant qui descendoit du ciel, revêtu d'une nuée, et ayant un arc-en-ciel sur la tête. Son visage étoit comme le soleil, et ses pieds comme des colonnes de feu.

---

qu'une loi abolit le divorce (*Montg.*, VIII. 343). — *Ni de leurs voleries.* On ne restitua pas au clergé et à la noblesse les biens dont on les avoit injustement dépouillés. — Nostradamus l'a dit : En 1814, en octroyant la Charte, LA GRANDE CAPPE FERA PRÉSENT NON SIEN (23°). C'est ce que l'Apôtre développe dans le chapitre suivant.

L'HISTOIRE D'APRÈS L'APOCALYPSE

Le duc d'Enghien tombera dans les fossés de Vincennes, et cette mort, en ralliant à la cause de Napoléon tous les révolutionnaires, lui ouvrira l'accès au trône, où il montera deux mois après. On ne respirera que la guerre ; les armées courront de toutes parts ; elles ne s'attaqueront pas à la religion, étant au contraire les instruments de la colère de Dieu contre les violateurs de sa loi. La violence de ces guerres fera douter de leur durée, et elles dureront cependant quinze ans. Les peuples voudront vaincre ou mourir ; et toujours vaincus, ils conserveront toujours leur nationalité. Les dragons au casque étincelant, à la longue crinière, dévoreront leurs ennemis ; ils auront une cuirasse de fer et leur équipement fera grand bruit dans la marche, et leur sabre volera derrière eux. Leur roi, qui les conduira au combat, sorti comme eux du gouffre révolutionnaire, sera Napoléon ou l'Exterminateur. Lorsque le temps donné à ses armées pour ravager le monde sera passé, une voix criera vers Dieu des quatre coins de la France, et les quatre puissances alliées qui depuis l'ouverture de la révolution n'auront pu secouer entièrement le joug de la Babylone moderne, seront prêtes pour le moment fixé par Dieu où elles devront ruiner le pouvoir révolutionnaire du Tiers. Les Alliés viendront en grand nombre, mieux armés que les Français ; ils mettront hors de combat tous leurs ennemis par la décharge de leurs armes à feu dans l'attaque et la retraite. Ceux qui resteront aux affaires après la chute de Napoléon, ne condamneront pas les constitutions révolutionnaires, œuvres de leurs mains ; ils maintiendront le principe de la souveraineté du peuple en face de Louis XVIII, et proclameront de nouveau la liberté des cultes. Les régicides et les membres des tribunaux révolutionnaires iront tête levée. La loi du divorce sera maintenue, et on ne restituera pas leurs biens à la noblesse ni au clergé. — Ce chapitre encore forme un tout complet, embrassant une période historique, importante et nettement définie.

1. *Alors je vis un autre Ange fort et puissant qui descendoit du ciel.* Aussitôt après que l'Apollyon, l'ange sorti du puits de l'*abîme*, fut renversé par les quatre anges liés jusque-là sur le fleuve de l'Euphrate, on vit apparaître l'*ange qui descendoit du ciel*. Nostradamus dit de Louis XVIII, succédant à Napoléon : PAR MORT TROP TARD GRAND PEUPLE RECRÉE, TARD ET TOST VIENT LE SECOURS ATTENDU (195°). Dieu prend pour lui droit, qui devient ainsi *fort et puissant* : LE ROY FORT ET PUISSANT A REIMS ET AIX SERA RECEU ET OINCT APRÈS CONQUESTES (IV. 86) ; IL SOUSTIENT ARCS ET CHAPPEAUX DE SAINT NOUVEAU VENU (X. 30). — *Revêtu d'une nuée.* La majesté royale qui l'environne avait été longtemps voilée. Louis XVIII, le descendant des rois, revient après 23 ans d'exil. — *Et ayant un arc-en-ciel sur la tête.* S. Jean a vu dans le ciel, au début de sa prophétie (IV. 3), le trône de Dieu ; *il y avoit autour un arc-en-ciel.* « Arc de propitiation, arc d'alliance. » (*Migne*). Les Alliés reconnurent ce roi que les Français rappelaient tous d'une voix (IX. 13) et qui devint un gage d'alliance entre les peuples : LE ROY D'EUROPE (voir t. II. p. 227 et 208). — *Son visage étoit comme le soleil.* « Ce qui marque une vengeance éclatante. » (*Migne*, 1293). Et il est dit d'un des successeurs de Louis XVIII : OCCUPER REGNE SOUS OMBRE DE VENGEANCE (X. 26-27) ; il succéda à son frère Louis XVI, dont il est dit : *Le soleil devint noir comme un sac de poil*, VI. 12, et qui fut le SOLEIL des TROIS FRÈRES DE FRANCE (33°, 32°). Le roi est le soleil du monde ; Nostradamus appelle Henry II LE SOUVERAIN OEIL ET PREMIER MONARQUE DE L'UNIVERS, et les grenouilles qui demandent un roi auraient par leurs cris soulevé grands et petits contre l'œil de la nature, le Soleil. — *Et ses pieds comme des colonnes de feu.* Ses pieds portent les prédicateurs dans le monde entier, et ils sont fermes, ne vacillant pas dans la foi. » (*Migne*, 1293). Louis XVIII a parcouru l'Europe, ne désespérant jamais de sa cause ; il protesta contre le titre d'Empereur que prit Napoléon : CONTRE LA CAPPE DE LA GRAND' HIÉRARCIE (134°), APRÈS VIENDRA DES EXTRÊMES CONTRÉES PRINCE SUR LE TRÔNE DORÉ (164°). S. Jean a tracé dans ce style figuré le portrait physique de Louis XVIII au visage ouvert et vermeil, et, dit Al. Dumas, « aux jambes d'hippopotame. » (*Vie de L.-Philippe*, 1. 162). Louis XVIII était affligé de la goutte.

2. Il avoit à la main un petit livre ouvert, et il mit son pied droit sur la mer, et son pied gauche sur la terre.

3. Et il cria d'une voix forte comme un lion qui rugit. Et après qu'il eut crié, sept tonnerres firent éclater leurs voix.

4. Et les sept tonnerres ayant fait retentir leurs voix, je m'en allois écrire : mais j'entendis une voix du ciel qui me dit : Scellez les paroles des sept tonnerres, et ne les écrivez point.

5. Alors l'ange que j'avois vu qui se tenoit debout sur la mer et sur la terre, leva la main au ciel,

6. et jura par celui qui vit dans les siècles des siècles, qui a créé le ciel et tout ce qui est dans le ciel, la terre et tout ce qui est dans la terre, la mer et tout ce qui est dans la mer, qu'il n'y auroit plus de tems ;

7. Mais qu'au jour où la septième ange feroit entendre sa voix et sonneroit de la trompette, le mystère de Dieu s'accompliroit, ainsi qu'il l'a annoncé par les Prophètes ses serviteurs.

8. Et cette voix que j'avois ouïe dans le ciel s'adressa encore à moi, et me dit : Allez prendre le petit livre qui est ouvert, dans la main de l'ange qui se tient debout sur la mer et sur la terre.

9. Je m'en allai donc trouver l'ange, et je lui dis : Donnez-moi le livre. Et il me dit : Prenez ce livre, et le dévorez : il vous causera de l'amertume dans le ventre : mais dans votre bouche il sera doux comme du miel.

10. Je pris donc le livre de la main de l'ange, et le dévorai, et il étoit dans ma bouche doux comme du miel ; mais après que je l'eus avalé, il me causa de l'amertume dans le ventre.

11. Alors l'ange me dit : Il faut que vous prophétisiez encore devant les nations, devant les hommes de diverses langues, et devant plusieurs rois.

---

2. *Il avoit à la main un petit livre ouvert.* Louis XVIII se présenta la Charte à la main. Cette Constitution nouvelle était renfermée en quelques pages : LA GRANDE CAPPE FERA PRÉSENT NON SIEN (23°). — *Et il mit son pied droit sur la mer, et son pied gauche sur la terre.* Louis XVIII passa d'Angleterre en France : PASSANT LES PONTS VENIR PRÈS DES ROSIERS, TARD ARRIVÉ PLUSTÔT QU'IL CUIDERA (22°), et avec son frère, LES DEUX GRANDS DÉBONNAIRES PAR TERRE ET MER SECOURRONT TOUTESPARTS (36°).

« Les habitants de Calais décidèrent que, pour consacrer le souvenir de la journée du 24 avril, une plaque de bronze, où l'on traceroit l'empreinte du pied du Roi, seroit placée au lieu même où Louis XVIII avait touché le sol. » (*V* is *de Marie-Thérèse de France*. Al. Nettement, p. 284).

3. *Et il cria d'une voix forte.* Ses proclamations lui gagnent tous les esprits : MIS A SON LIEU SÇAVANT ET DÉBONNAIRE (189°). — *Comme un lion qui rugit.* Louis XVIII est le lieu des trois frères ayant LUNE, LYON, SOLEIL EN MARQUE (33°) ; et pour le fait du retour de l'île d'Elbe, il est LE GRAND LYON (166°). — *Et après qu'il eut crié, sept tonnerres firent éclater leurs voix.* Aussitôt que les quatre anges eurent renversé l'Apollyon, on ouvrit les préliminaires du congrès de Vienne, où huit puissances, la France comprise, réglèrent le sort de l'Europe, s'engageant à faire respecter par les armes leurs décisions. — « 3 novembre 1814. L'ouverture du congrès de Vienne a lieu en exécution de l'art. 32 du traité de Paris, du 30 mai. » (Montg., VIII. 70). L'année suivante, les sept puissances étrangères combattront Napoléon étant SEPT A PICQUE (191°), ou sous les armes, elles éteindront son canon au village de *sept lorn*, à toucher Waterloo : SEPT FUM. (sept canons allumés) EXTAINT AU CANON DES BORNEAUX (176°) ; alors SEPT POUR LA PAIX CAUTELEUX COMME MARTRES, FERONT ENTRÉE D'ARMÉE A PARIS CLAUSE (209°).

4. *Et les sept tonnerres ayant fait retentir leurs voix, je m'en allais écrire.* Il avait été dit à S. Jean (chap. I. 11) : *Ecrivez dans un livre ce que vous voyez.* — *Mais j'entendis une voix du ciel qui me dit...* Cette voix était celle du *Fils de l'homme* ou du *Verbe de Dieu* (chap. I. 13). — *Scellez les paroles des sept tonnerres et ne les écrivez point.* Les puissances imposèrent, dans le silence du cabinet, leur volonté à Louis XVIII. On n'a point su leurs paroles (voir LA GRANDE CAPPE FERA PRÉSENT NON SIEN, 23°). Ceci montre qu'une prophétie ne parle que des faits dont le public a connaissance. « Alexandre, qui avait visité Louis XVIII à Compiègne, insista fortement pour que le roi fît précéder son entrée dans la capitale d'une proclamation promettant aux Français une Constitution libérale : « Si cette proclamation et cette promesse n'étaient pas faites, on n'entrerait pas à Paris. » Alexandre corrigea deux ou trois passages, et répondit : « Maintenant vous pouvez entrer. » (Montg., VIII. 18).

5. *Alors l'Ange que j'avois vu qui se tenoit debout sur la mer et sur la terre, leva la main au ciel.* Louis XVIII, revenant d'Angleterre, avait un pied sur la mer et l'autre sur la terre, et on l'oblige à prendre le ciel à témoin qu'il tiendra ses promesses.

6. *Et jura qu'il n'y auroit plus de tems.* Il jura qu'il ne reviendrait pas sur le passé, même pour punir les régicides, et que la Constitution renfermée dans le *petit livre ouvert* ne tiendrait aucun compte des droits établis par l'ancienne Constitution du royaume. Il est dit d'un des successeurs de Louis XVIII : DE CINQ CENS ANS PLUS COMPTE NE TIENDRA (III. 94).

7. *Mais qu'au jour où la septième ange feroit entendre sa voix.* Au verset 15 du chapitre suivant il est dit : *Le septième ange sonna de la trompette, et on entendit de grandes voix dans le ciel qui disoient* : *Le règne de ce monde a passé à notre Seigneur et à son* CHRIST. La suite du récit, comme l'ordre chronologique des évènements, font voir dans ce qu'annonce le septième ange la seconde restauration des Bourbons en 1815, avec un pouvoir moins lié par la révolution (voir chap. XII. 10). — *Le mystère de Dieu s'accompliroit, ainsi qu'il l'a annoncé par les prophètes ses serviteurs.* Les secrets de Dieu sont impénétrables, et sa conduite dans les affaires du monde ne nous est révélée de loin en loin que par les prophéties. Louis XVIII avait trop de bon sens pour ne pas comprendre que la Charte préparait sa propre ruine. On connaît les difficultés qu'il fit de l'octroyer : LA GRANDE CAPPE FERA PRÉSENT NON SIEN (23°) ; il fallut que *sept tonnerres fissent entendre leurs voix* (ÿ. 3). Louis XVIII, lui-même ou l'ange qui tient le petit livre, ne déclare-t-il pas à S. Jean (ÿ. 9) que ce livre *doux comme du miel dans la bouche causera de l'amertume dans le ventre.* Il jure donc qu'il n'y aura plus de tems, mais il déclare que tout se prépare pour l'accomplissement des prophéties, et que bientôt on verra sa chute et son second retour. Les prophètes dont il est parlé ici, sont Louis XVIII et son frère, le comte d'Artois, si opposé à la Charte ; ils sont les *deux témoins de Dieu qui prophétiseront couverts d'un sac* (chap. XI. 3) ; c'est une prophétie ou action dont on trouve plusieurs exemples dans les Saintes-Ecritures : « Le Seigneur dit à Jérémie : Faites-vous des liens et des chaînes et mettez-les à votre cou » (chap. XXVII. 2) ; Charles X se lia par la Charte, et ensuite par un ministère hostile à cette Charte : SERRÉ DE CHAINES, APRÈS D'UN RUDE CABLE (213°). S. Jean, dans son Evangile (II. 51), observe avec quelle prophétisa en disant au sujet de Jésus-Christ qu'il était avantageux qu'un homme mourut pour le peuple ; Louis XVIII prophétisa en déclarant *que le mystère de Dieu s'accompliroit*, et les évènements des Cent-Jours, les plus extraordinaires de l'histoire, ont manifesté de la manière la plus évidente l'action de Dieu dans le monde. L'Apôtre S. Jean, et après lui le GRAND PROPHÈTE, ont réservé à ces évènements une place considérable dans leurs prophéties.

8-10. *Et cette voix que j'avais ouïe* (voir ch. I. 10)... Le peuple français éleva bien haut la Charte : LA NATURELLE A SI HAULT HAULT NON BAS, et les Bourbons, heureux de la joie de leur peuple, semblaient trouver de leur goût cette Constitution qui leur ralliait tous les cœurs. Bientôt, des conspirations se formèrent au nom de la Charte : LES FRÈRES A CHARTRES ORL. TRAHIRA (204°), CHARTRE TE FERA BIEN DU PYRE (139°).

11. *Alors l'ange me dit : Il faut que vous prophétisiez encore.* Louis XVIII qui vient de déclarer que *le mystère de Dieu s'accompliroit, ainsi qu'il l'a annoncé par les prophètes ses serviteurs*, dit à S. Jean que le moment est venu de faire cette prophétie sur les Cent-Jours. — *Il faut que vous prophétisiez encore devant les nations, devant les hommes de diverses langues, et devant plusieurs rois.* Vous prophétisez dans ce moment devant les *quatre anges* qui ont renversé l'Apollyon, devant les *sept puissances* qui feront partie du Congrès de Vienne et qui sont dans mon royaume où je rentre ayant encore un pied sur la mer et l'autre sur la terre (ÿ. 8) ; bientôt ces étrangers reviendront en plus grand nombre, annoncez donc les évènements qui se préparent : LES CINQ ESTRANGES ENTREZ DEDANS LE TEMPLE (212°), FERA SUÈVE RAVIR LEUR GRAND CONTRAT (126°), PAR LES SUÈVES ET LEURS CIRCONVOISINS (209°), SEPT POUR LA PAIX CAUTELEUX COMME MARTRES, FERONT ENTRÉE D'ARMÉE A PARIS CLAUSE (200°), PAR LANGUES ESTRANGES SERA TENDUES TENTES (216°), ACCOMPAGNEZ D'ESTRANGES NATIONS (176°), etc., etc.

L'HISTOIRE D'APRÈS L'APOCALYPSE.

Après la chute de Napoléon et l'établissement d'un gouvernement provisoire qui maintiendra les principes révolutionnaires (X. 21), un roi fort des droits qu'il tient de Dieu et d'une longue succession d'aïeux apparaîtra comme un secours envoyé du ciel ; il sera demeuré longtemps caché ; toute une génération ne l'aura pas connu ; il s'of-

CHAPITRE XI.

1. On me donna ensuite une canne semblable à une toise, et il me fut dit : Levez-vous, et mesurez le temple de Dieu, et l'autel, et ceux qui y adorent.

2. Pour le parvis qui est hors du temple, laissez-le, et ne le mesurez point, parce qu'il a été abandonné aux Gentils, et ils fouleront aux pieds la ville sainte pendant quarante-deux mois :

---

gage d'alliance entre le peuple français et les étrangers. Son visage qui resplendira de la majesté royale sera vermeil; ses pieds, qui auront porté de tous côtés ses protestations en faveur du droit, sembleront des colonnes que la goutte tourmente. Il aura à la main la Charte; son pied droit sera encore sur la mer et l'autre sur la terre, qu'il lancera déjà des proclamations qui retentiront partout. Les sept puissances qui feront plus tard le Congrès de Vienne lui imposeront leur volonté avec la force que donne la victoire; mais on ne saura pas quelles conditions lui auront été dictées. Louis XVIII fera serment « *que nul individu ne pourra être inquiété pour ses opinions et ses votes,* » qu'on ne rétablira pas la constitution du temps passé, mais il fera entendre que ce n'est point fermer l'ère des révolutions, et qu'en aucun moment donne les secrets desseins de Dieu seront manifestés. La Charte, d'abord du goût de tout le monde, engendrera à la fin de nouveaux malheurs, et les nations, les hommes de diverses fortunes, les rois de plusieurs royaumes qui auront été témoins de la rentrée de Louis XVIII, seront appelés à voir bientôt sa chute et son retour. — Ce chapitre encore forme un tout complet, embrassant une période historique importante et nettement définie.

1. *On me donna ensuite une canne..., mesurez le temple de Dieu, et l'autel, et ceux qui y adorent.* Au chap. XXI. 13, un ange mesure devant S. Jean avec *une canne d'or la ville, les portes et la muraille de la sainte Jérusalem,* et il fait connaître la mesure de la ville et des murailles, et le nombre des portes, et S. Jean ajoute : « *Je ne vis point le temple dans la ville, parce que le Seigneur Dieu tout-puissant et l'Agneau en est le temple*, ỹ. 22. » Ici on mesure *le temple, l'autel et ceux qui y adorent,* et on ne fait connaître aucun nombre. Le mot *autel* a été entendu forcément, à cause du contexte, de la terre qui a bu le sang du peuple de Dieu (VI. 9; VIII. 3 et 5, voir XIV. 18). Le mot *temple,* qui ne peut être pris pour le ciel, puisque l'Apôtre dit expressément qu'il n'y a pas de *temple* dans la sainte Jérusalem, se trouve au chap. XV. 5 : *Le temple du tabernacle du témoignage s'ouvrit dans le ciel.* Ce mot, employé souvent par Nostradamus pour la France, désigne ici la terre du peuple de Dieu du Nouveau-testament. On voit, deux versets plus bas, que Louis XVIII et son frère sont les *deux témoins de Dieu* (temple du tabernacle du témoignage). La France est le TEMPLE DU SOLEIL (VIII. 53), LE GRAND TEMPLE CELIQUE (VI. 21), LE TEMPLE HAULT DE BLOYS (IX. 21), et Nostradamus qui a copié l'Apocalypse dans 16 vers sur les événements de 1814-1815, a dit : DANS TEMPLE CLOS LE FOUDRE Y ENTRERA, LES CITADINS DEDANS LEUR FORT GREVEZ (37e, et encore : MIS TRÉSORS TEMPLE CITADINS HESPÉRIQUES, DANS ICELUY RETIRÉ EN SECRET LIEU, LE TEMPLE OUVRIR... (181e), SON TEMPLE OUVERT (180e). — En 1814, les Alliés mesurèrent la France et comptèrent ses habitants. — Prenons bonne note que l'Apôtre bien-aimé nous regarde comme le peuple de Dieu. S. Paul, II. Cor. VI. 16, dit aux Fidèles qu'ils sont le temple de Dieu, et il leur applique ce qui a été dit du tabernacle et du temple.

2. *Pour le parvis qui est hors du temple, laissez-le et ne le mesurez point, parce qu'il a été abandonné aux Gentils.* C'était une chose convenue entre les Alliés et Napoléon, que les conquêtes de la République et de l'Empire seraient abandonnées. Les Alliés poursuivant leurs succès, auraient obtenu de lui des cessions de territoire et d'habitants, mais le roi leur fait céder tout ce qu'ils occupent de l'ancienne France. *Mesurez donc le sol, et comptez tout ce qui fut français.* Abandonnez tout le reste aux *Gentils,* à ceux qui ne font pas partie du peuple de Dieu, mais qui sont à son héritage : *Je vis ensuite une grande multitude, que personne ne pouvait compter, de toute nation, de toute tribu, de tout peuple et de toute langue. Ils étoient debout devant le trône et devant l'Agneau,* vêtus de robes blanches (VII. 9). — *Et ils fouleront la ville sainte pendant quarante-deux mois.* Nostradamus a 12 vers de suite sur Paris, qui s'y trouve désigné ainsi : ..., LA GRANDE CITÉ..., PARIS..., TERRE ATTIQUE CHEF DE LA SAPIENCE, QUI DE PRÉSENT EST LA ROSE DU MONDE..., OU TOUT BON EST, TOUT BIEN... (V. 30-33). La ville sainte est dans ce chapitre : *La grande ville, qui est appelée spirituellement Sodome et Egypte* (ỹ. 8). Paris, que S. Jean et Nostradamus appellent Babylone, renferme tous les éléments de bien

---

3. mais j'ordonnerai à mes deux témoins, et couverts d'un sac ils prophétiseront durant mille deux cens soixante jours.

4. Ce sont deux oliviers et deux chandeliers posés devant le Seigneur de la terre.

---

et de mal qui se répandent dans le monde. — *Pendant quarante-deux mois,* ou trois ans et demi. Les Alliés, entrés à Paris le 31 mars 1814, y sont entrés de nouveau le 6 juillet de l'année suivante, et cette fois ont foulé le sol français jusqu'en octobre 1818. Du 31 mars 1814 au mois d'octobre 1818, on trouve quatre ans et sept mois. Du 6 juillet 1815 en octobre 1818, on trouve pour l'occupation du sol trois ans et quatre mois. Les témoins du verset suivant doivent prophétiser durant *mille deux cens soixante jours,* c'est-à-dire durant *quarante-deux mois,* à compter les mois de 30 jours. La femme du chapitre XII. 6, sera nourrie dans le désert durant *mille deux cens soixante jours...; elle y sera un tems, des tems et la moitié d'un tems* (ỹ. 14) ; c'est en style de l'Ecriture, une année, deux années et un demi année, en tout trois ans et demi. Et encore au chap. XIII. 5 : la guerre qu'on fera aux saints doit durer *quarante-deux mois.* Tout cela, sous différentes expressions, fait le même nombre d'années, de mois, et de jours ; car les quarante-deux mois et les mille deux cent soixante jours composent trois ans et demi, et le tout ensemble se réduit au nombre rond de douze fois trente jours. S. Jean retourne ce nombre en tant de façons, par années, par mois et par jours, afin que le lecteur attentif, en faisant sa supputation, et trouvant toujours le même nombre, sente enfin que c'est un nombre mystique consacré aux persécutions... L'ange détermine la persécution d'Antiochus (Dan., VII. 25) à un tems, deux tems et un demi-tems, c'est-à-dire comme tout le monde en convient, un an, deux ans et un demi-an. » (Migne, 1305).

3. *Mais j'ordonnerai à mes deux témoins, et couverts d'un sac, ils prophétiseront durant mille deux cens soixante jours,* « L'Ecriture appelle aussi *témoins* celui qui publie une vérité. Ainsi, J.-C. dit à ses Apôtres : « Vous serez *mes témoins.* » (Act. I. 8). — « *Sac.* On le prenait dans les moments de deuil, d'affliction, de calamité publique, ou pénitence. » (*Bergier*). — « *Prophète,* celui qui porte la parole au nom d'un autre (*Exode* VII). Dieu dit à Moïse : « Ton frère Aaron sera ton Prophète », il parlera pour toi. » (Id.). Ces *deux témoins* qui publient la vérité, ces Prophètes qui parlent au nom de Dieu sont les *deux chandeliers* du verset suivant, chargés d'éclairer la nation sur ses véritables intérêts. Ils ont rendu témoignage que Dieu protège la France, et ils ont prophétisé en annonçant leur prochain retour. Louis XVIII dit à ses serviteurs, en abandonnant son palais : « Je vous reverrai... Il ne désespère pas de la Providence. » (Tome 2, p. 212). Il prépare à Gand son retour lorsque la France entière a reconnu son rival et il s'avance jusqu'aux portes de GAND (183e).

4. *Ce sont deux oliviers et deux chandeliers posés devant le Seigneur de la terre.* « Il y aura donc alors des vérités auxquelles il sera nécessaire de rendre témoignage. La sainteté de la loi de Dieu, la cause de ceux qui sont demeurés fidèles aura besoin d'être hautement revendiquée par deux hommes extraordinaires, envoyés de Dieu avec tout l'éclat de la prophétie, sous un vêtement grossier et lugubre, pour inviter à la pénitence par leur extérieur, comme par leurs paroles et par leurs actions... Ceci est manifestement tiré de Zacharie, chap. IV, où Jésus, fils de Josédec, souverain Pontife, et Zorobabel, descendu des rois de Juda, sont désignés par *deux oliviers* qui versent leur huile dans un *chandelier d'or,* c'est-à-dire le peuple de Dieu destiné à briller dans le monde par la lumière dont il est dépositaire. Ces deux chefs soutinrent les Israélites, menacés et affligés dans l'époque importante du rétablissement qui avait été précédé d'une longue et dure captivité. Les peuples voisins des Juifs se réunissaient pour traverser ce rétablissement. Alors Dieu leur envoya ces deux grands consolateurs pour les instruire, les animer, les remplir de courage dans l'œuvre à laquelle ils devaient travailler avec zèle. » (*Avignon*, II. 11-14).

Zacharie, chap. IV. « *Voici la parole que le Seigneur adressa à Zorobabel : Vous n'espérerez ni avec une armée, ni en aucune force humaine, mais en mon Esprit, dit le Seigneur des armées. Qui êtes-vous, ô grande montagne, devant Zorobabel ? Vous serez applanie : et il mettra les principales pierres au temple, et il rendra le second aussi beau que le premier... Je lui dis : Que signifient ces deux oliviers qui sont auprès des deux becs d'or ? ils sont les canaux d'or par où coule l'huile ? Ne savez-vous pas, me dit-il, ce que cela signifie ? Je lui répondis : Non, mon Seigneur. Et il me dit : Ces deux oliviers sont les deux oints de l'huile sacrée, qui assistent devant le dominateur de toute la terre.* » (*Le Seigneur de la terre,* dit ici, S. Jean).

S. Jean a certainement fait allusion à ce passage de Zacharie pour développer sa prophétie, et Nostradamus renvoie aux passages de ces deux Prophètes lorsqu'il dit, pour les événements arrivés depuis la rentrée des Bourbons en avril 1814, et leur départ en mars 1815, et pour les cent jours de leur second exil et leur retour : PRÈS LOING

5. Que si quelqu'un leur veut nuire, il sortira de leur bouche un feu qui dévorera leurs ennemis : et celui qui les voudra offenser, il faut qu'il soit tué de cette sorte.

6. Ils ont le pouvoir de fermer le ciel, afin qu'il ne tombe point de pluie durant le tems qu'ils prophétiseront : et ils ont le pouvoir de changer les eaux en sang et de frapper la terre de toutes sortes de plaies toutes les fois qu'ils voudront.

7. Et après qu'ils auront achevé de rendre leur témoignage, la bête qui monte de l'abîme leur fera la guerre, les vaincra et les tuera :

8. et leurs corps demeureront étendus dans les rues de la grande ville, qui est appellée spirituellement Sodome et Egypte, où leur Seigneur même a été crucifié.

9. Et les hommes de diverses tribus, de peuples, de langues, et de nations différentes, verront leurs corps durant trois jours et demi , sans vouloir permettre qu'on les mette dans le tombeau.

10. Les habitants de la terre leur insulteront en cet état, ils en feront des réjouissances, et ils s'envoyeront des présens les uns aux autres, parce que ces deux Prophètes auront fort tourmenté ceux qui habitoient sur la terre.

11. Mais trois jours et demi après, Dieu répandit en eux un esprit de vie : ils se relevèrent sur leurs pieds; et ceux qui les virent furent saisis d'une grande crainte.

DÉFAUT DE DEUX GRANDS LUMINAIRES (chandeliers), QUI SURVIENDRA ENTRE L'AVRIL ET MARS, O QUEL CHERTÉ ! MAIS DEUX GRANDS DÉBONNAIRES (oliviers), PAR TERRE ET MER SECOURRONT TOUTES PARTS, DANS TEMPLE CLOS LE FOUDRE (bête de l'abîme, IX. 11 et XI. 7), Y ENTRERA. LES CITADINS DEDANS LEUR FORT GREVEZ, etc. (voir 38°-38°). Louis XVIII, dans sa proclamation du 9 mai 1814, dit : « Dans un court intervalle, l'olivier, gage du repos de l'Europe, paraîtra aux yeux de tous les peuples. » (Migne, VIII. 19).

5. Que si quelqu'un leur veut nuire, il sortira de leur bouche un feu qui dévorera leurs ennemis. « La paix! Les Bourbons seuls étaient en mesure de la procurer en 1814, parce que , seuls , ils pouvaient la conclure avec dignité... M. Thiers nous montre la France au sein du congrès de Vienne, toute mutilée qu'elle fût, reconquérant parmi ces souverains coalisés la première place. On s'était promis de régler, sans son aveu, la situation de l'Europe; et son représentant n'est pas encore à Vienne, que déjà tous les regards sont fixés sur lui. Blessés des projets des grandes puissances, qui semblent n'avoir d'autre vue que de reproduire pour leur propre compte les spoliations de Napoléon, les petits États saluent d'avance, dans la France transformée, la tutrice de leurs droits, et se réfugient sous sa garde. Bientôt la conduite habile et résolue de M. de Talleyrand met la division parmi les quatre; elles se confondent les unes les autres dans leurs prétentions, et la France, qu'elles voulaient exclure, voit deux d'entre elles invoquer son appui. Cette influence morale survivant à de si grands revers, Louis XVIII en avait toujours gardé le sentiment en présence des Alliés. » (Tome II. 205). — Et celui qui les voudra offenser, il faut qu'il soit tué de telle sorte. S. Jean donne la plus grande preuve que les Bourbons se trouvaient forts de l'appui de Dieu, et il signale le témoignage qu'ils en ont donné; car ce que Napoléon n'aurait pu obtenir avec toutes ses armées, les Bourbons l'ont exigé sur un mot de leur bouche, et leurs ennemis ont cessé de leur résister de crainte, pour les avoir offensés, d'être privés de toute participation à la vie politique de l'Europe.

6. Ils ont le pouvoir, etc. Ce verset développe ce qui vient d'être dit. Ils font la pluie et le beau temps. Ils sont les arbitres de la paix et de la guerre. S. Jean fait allusion à plusieurs passages des Saintes-Écritures : « Il sortira de la bouche d'Élie un feu qui dévorera ses ennemis. IV. Rois, IV. 1, 10)... Il ne tombera pendant ces années ni rosée, ni pluye, que selon la parole qui sortira de ma bouche (d'Élie, (III. Rois, XVII. 1). » Moyse avait au secours du peuple de Dieu, en frappant l'Égypte d'une multitude de plaies, il demanda à Pharaon la liberté des Israélites soumis à son oppression, et sur le refus qui lui en fut fait à diverses reprises, il châtia ce prince et ses sujets par un enchaînement de maux qui détruisirent tout. » (Avignon, II. 43. Les deux Bourbons, en 1814-1815, eurent le pouvoir de rendre le calme à la France, et de l'exposer à de nouveaux malheurs en se retirant : la grande ville, pendant les Cent-Jours, figura Sodome et l'Egypte, ainsi que le dit l'Apôtre pour éclaircir cette partie de sa prophétie.

7. Et après qu'ils auront rendu leur témoignage. Après moins d'un an, pendant lequel la prospérité et le calme du pays , le retour à la religion témoignaient hautement que Dieu était avec ces deux témoins, la bête qui monte de l'abîme, l'Apollyon, l'ange de l'abîme reparaîtra s'élançant du fond de la mer : (ELDIPOLIQUE, PLANURE AUSONNE, 177°). — Leur fera la guerre : DEMIE OUVERTE GUERRE (180°). — Les vaincra : APRÈS SERA VAINCU CHASSÉ (178°). — Et les tuera. Les deux témoins perdent une première fois la vie politique comme Napoléon venait de la perdre : TUÉ PAR UN BEAUCOUP PLUS DÉBONNAIRE (93°).

8. Et leurs corps demeureront étendus dans les rues de la grande ville. Nostradamus emploie cette figure pour la chute de Charles X : GISANT LE CHEF AU MILIEU COMME UN TRONC (190°). — Qui est appellée spirituellement Sodome. Paris, durant la révolution, est LA CITÉ DE FERTSOD HOMICIDE (tome II, p. 135. De Fertus, rempli, riche, et de Sodome, pour vice); et peut-être bien EGYPTE : REGNE D'ÉGLISE PAR MER SUCCOMBERA, DISANCE EGYPTE, VER. SERP. INVADERA, V. 25). — Où leur Seigneur même a été crucifié. Au milieu de 48 vers sur la révolution de 1789-1814, où l'on voit : Louis XVI mis à mort : BOUCHE SANGLANTE DANS LE SANG NAGERA, AU SOL SA FACE OINGTE DE LAICT ET MIEL (122°), ce même souverain est dit : LE GRAND SEIGNEUR MEURTRY DEDANS SA SALLE (117°). Louis XVI : LE JUSTE A TORT A MORT ON VIENDRA METTRE (42°), a rappelé par sa mort celle de Jésus-Christ : SOLEIL des trois frères de France, il a eu UNE ÉCLIPSE SOLAIRE LE PLUS OBSCUR ET LE PLUS TÉNÉBREUX, QUI SOIT ÉTÉ DEPUIS LA CRÉATION DU MONDE JUSQUES A LA MORT ET PASSION DE J.-C. ET DE LA JUSQUES ICY (22°). Nostradamus rappelle également comme S. Jean, au moment de la chute de Louis XVIII et de son frère, le supplice de Louis XVI : NEUFVE BABYLONE, FILLE MISÉRABLE (AUGMENTÉE Fertsod) PAR L'ABOMINATION DU PREMIER HOLOCAUSTE (25°). « Cette ville , Sodome par son impureté, Egypte par sa tyrannie à l'égard du peuple de Dieu, est encore une Sodome par l'affliction qu'elle cause aux justes réduits à vivre au milieu de ses scandales ; et elle est une Egypte par le refus constant qu'elle fait de mettre en liberté les vrais Israélites... Quelques interprètes ont cru qu'il s'agissait de Jérusalem. Mais quand on considère avec soin les autres traits de la prophétie, on s'aperçoit qu'en suivant ce sens, on s'écarte de l'esprit qui règne dans cette prédiction. » (Avignon, II. 58).

9. Et les hommes de diverses tribus, de peuples, de langues et nations différentes. — Ces hommes sont les Alliés dont il vient d'être dit pour le premier retour des Bourbons : Il faut que vous prophétisiez encore devant les nations, devant les hommes de diverses langues et devant plusieurs rois (X. 11); ce sont les Gentils qui se tiennent en dehors du temple (XI. 2), ou la grande multitude de toute tribu, de tout peuple, et de toute langue (VII. 9) qui n'a pas été comptée parmi les enfants d'Israël. — Verront leurs corps durant trois jours et demi , sans vouloir permettre qu'on les mette dans le tombeau. Les semaines de Daniel sont des années; les jours ici sont des mois. Pendant trois mois et demi ou cent jours, les Alliés que du milieu d'eux, à Gand, ceux que le retour de la bête qui monte de l'abîme avait privés de la vie politique ; ils les virent sans vouloir permettre qu'on les mette dans le tombeau. Louis XVIII, à GAND (183°), resta roi de France aux yeux de l'Europe, et ROY D'EUROPE il revint ACCOMPAGNÉ DE CEUX D'AQUILON (186°).

10. Les habitants de la terre... « Ce sont les habitants de cette Sodome et Egypte spirituelles, de cette Babylone. Leur opposition à l'éclatant témoignage des deux Prophètes, leur haine pour les réformateurs pleins de l'esprit de Dieu (Nostradamus dit de la famille des Bourbons en 1815 : QUI RENOUVELLERA TOUTE L'ÉGLISE CHRESTIENNE, 28°), le désir presque universel d'être laissé en paix dans leurs égarements, les porteront à se réjouir de la mort de deux hommes dont le zèle aura tourmenté les pécheurs et démasqué une multitude d'hypocrites. On croira avoir remporté une grande victoire en fermant la bouche à ces intrépides prédicateurs, et l'on s'enverra des présens en témoignage une joie pareille à celle des fêtes publiques. O! joie du monde que tu seras courte, et que la tristesse des saints sera merveilleusement changée en joie , par la résurrection de ces mêmes prophètes, que l'on croyait humiliés pour toujours ! » (Avignon, II. 62). — Ces deux Prophètes auront fort tourmenté ceux qui habitaient sur la terre. S. Jean a dit qu'après la chute de l'Apollyon, ceux de son parti qui ne furent point tués ne firent point pénitence de leurs meurtres ni de leurs impudicités, ni de leurs voleries. C'est la crainte que des mesures déjà prises par les Bourbons inspirèrent qui leur fit applaudir à leur chute : ils redoutaient d'être dépossédés des biens de la noblesse et du clergé, de voir la Charte détruite, etc.

11. Mais trois jours et demi après... Après trois mois et demi les Bourbons reprirent vie et leurs ennemis tremblèrent. Des massacres

12. Alors ils entendirent une puissante voix qui venoit du ciel, et qui leur dit : Montez ici. Et ils montèrent au ciel dans une nuée à la vûe de leurs ennemis.

13. A cette même heure il se fit un grand tremblement de terre; la dixième partie de la ville tomba, et sept mille hommes périrent dans ce tremblement de terre, et les autres étant saisis de frayeur rendirent gloire à Dieu.

14. Le second malheur est passé, et le troisième viendra bientôt.

15. Alors le septième ange sonna de la trompette, et on entendit de grandes voix dans le ciel, qui disoient : Le règne de ce monde a passé à Notre-Seigneur et à son CHRIST, et il régnera dans les siècles des siècles. Amen.

16. En même tems les vingt-quatre vieillards, qui sont assis sur leurs trônes devant Dieu, tombèrent sur leurs visages, et adorèrent Dieu, en disant :

17. Nous vous rendons grâces, Seigneur, Dieu tout-puissant, qui êtes, qui étiez, et qui devez venir de ce que vous êtes entré en possession de votre grande puissance et de votre règne.

18. Les nations se sont irritées et le tems de votre colère est arrivé, le temps de juger les morts et de donner la récompense aux Prophètes vos serviteurs, et aux saints, et à ceux qui craignent votre nom, aux petits aux grands, et d'exterminer ceux qui ont corrompu la terre.

19. Alors le temple de Dieu s'ouvrit dans le ciel, et on

---

eurent lieu avant que le gouvernement paternel du DÉBONNAIRE LOUIS XVIII (189ᵉ) eût pu prendre des mesures pour empêcher toute réaction contre les révolutionnaires : DEDANS LE POIL ENTRERA DE MARSEILLE (188ᵉ). On craignit un retour de l'arbitraire : CONFLICT DONNÉ GRAND PEUPLE DUBITEUX (168ᵉ).

12. *Alors ils entendirent une puissante voix qui venoit du ciel et qui leur dit : Montez ici.* Les Alliés pénétrèrent en France et même à Paris avant les Bourbons, et leurs voix puissantes les invitèrent à reprendre leur place au trône. — *Et ils montèrent au ciel dans une nuée à la vue de leurs ennemis.* Et Louis XVIII, qui était venu une première fois *revêtu d'une nuée* (X. 4), revint avec son frère, et l'un et l'autre ne durent leur retour qu'au secours envoyé par Dieu lui-même. Les nuées n'obéissent qu'à Dieu, qui s'en sert souvent dans l'Écriture-Sainte. Jésus-Christ monta dans les nuées. — S. Jean appelle la France : *Le temple de Dieu* (X. 1), *le temple du tabernacle du témoignage qui s'ouvre dans le ciel* (XV. 5); ici, par ces expressions : *ciel... montez ici..., ils montèrent dans le ciel,* il continue la même image que Nostradamus rend ainsi : AU TEMPLE DU SOLEIL IL VOLERA (VIII. 53), TERRE DU GRAND TEMPLE CELIQUE (VI. 22), TEMPLE HAULT DE BLOYS (IX. 21).

13. *A cette même heure il se fit un grand tremblement de terre.* S. Jean et Nostradamus indiquent par cette image une révolution. On a vu qu'à la mort de Louis XVI : *Il se fit tout d'un coup un grand tremblement de terre* (VI. 12ᵉ). — *La dixième partie de la ville tomba et sept mille hommes périrent.* — *Dixième partie* est pour rappeler la vengeance qui DÉCIME, et sept mille la multitude qui périt (sept exprimant toujours un grand nombre indéterminé). Les événements de 1815 causèrent la mort d'un très grand nombre des défenseurs de l'Aigle : QUI FERA METTRE DE TOUS LES SIENS A MORT (183ᵉ), et Paris perdit momentanément de son influence sur la France. — *Et les autres étant saisis de frayeur rendirent gloire à Dieu :* LE TARD RETOUR FERA MARRIS CONTENTS (184ᵉ). Nostradamus exprime bien l'état des esprits après la seconde restauration, en disant ses ennemis même du trône légitime : ET SERA VEU LE ROYAUME DE BABIEUX QUI CONTREFERA LE SAGE (31ᵉ).

14. *Le second malheur est passé, et le troisième viendra bientôt.* L'Aigle a crié trois fois *malheur* (VIII. 13). Le premier malheur a été causé par les sauterelles de l'Aigle de *l'Apollyon*. A peine ce premier malheur est-il passé, qu'en voici encore deux autres qui suivent (IX. 12). Après les Cent-Jours, *le second malheur est passé et le troisième viendra bientôt.* Il éclatera dans 15 ans, en 1830. La troisième chute des Bourbons causera l'exil de *l'enfant mâle* (XII. 4-5), né devant le dragon; et ce malheur, qui a fait dire à S. Jean : *Malheur à la terre et à la mer, parce que le diable est descendu vers vous plein de colère, sçachant le peu de temps qui lui reste* (XII. 12), ce malheur durera jusqu'à ce que le dragon s'arrête sur le sable de la mer (XII. 18).

15. *Alors le septième ange sonna de la trompette* (VIII. 6), *et on entendit de grandes voix dans le ciel, qui disoient : Le règne de ce monde a passé à Notre-Seigneur et à son CHRIST...* Les ancêtres des Bourbons avaient ces mots sur leurs monnaies : *Christus vincit, Christus regnat, Christus imperat* (Vie de L.-Philippe, sans figures). Cette famille s'efforça, en 1815, de rétablir sur la terre le règne de Dieu. Nostradamus a dit pour le temps qui s'est écoulé entre la chute définitive de Napoléon Iᵉʳ et l'avènement de Louis-Philippe (Louis XVIII revint de GAND, 51ᵉ), à Paris, 48ᵉ) :

« *Procédant du cinquantiesme degré on renouvellera toute l'Eglise chrestienne... Il sera une le Royaume de Rabieux qui contreferu le sage et les contrées, villes, cités, règnes et provinces qui auront laissé les premières voyes pour les délivrer; et expliquant plus profondement seront secrettement faschés de leur liberté et parfaite religion perdue, commenceront à passer dans la partie gauche pour retourner à la dextre, et remettant la saincteté profligée de longtemps avec leur pristin écrit. Qu'après le grand chien sortira le plus gros mastin.* » (37-33ᵉ).

16. *En même temps les vingt-quatre vieillards...* (voir IV. 4).

17. *Dieu... qui devez venir* (voir XVI. 15 et XXII. 7, 20).

18. *Les nations se sont irritées.* — Ces nations sont celles des quatre anges qui ont renversé une première fois *l'ange de l'abîme, l'Apollyon* (IX. 15). Louis XVIII est monté au trône en leur présence : *devant les nations, devant les hommes de diverses langues et devant plusieurs rois* (X. 11). Au Congrès de Vienne, il a parlé en maître et défendu avec succès les intérêts de la France (XI. 5-6). Malgré le retour de *la bête de l'abîme,* ⚹. 7..., *ces homma de diverses tribus, de peuples, de langues et de nations différentes,* ⚹. 9, persistent à le reconnaître pour roi ; et après trois mois et demi, ces nations le rétablissent sur le trône : *Montez ici.* Mais ces nations sont irritées; elles exigent une contribution de guerre; elles occuperont le sol français durant trois ans : ONC NUL TEMS SI AMER s'écrie Nostradamus, représente ces Alliés VASTANT TOUT (188ᵉ). — *Et le temps de votre colère est arrivé.* La première Restauration ne coûta pas une larme aux familles. A la seconde, Louis XVIII se fit précéder de cette proclamation : « Nous nous hâtons de rentrer dans nos États..., pour récompenser les bons, mettre à exécution les lois existantes contre les coupables » (voir t. II, 234). — Et condamnation et proscription de plusieurs traîtres : LE VIEUX PLEIN BARBE SOUS LE STATUT SÉVÈRE (207ᵉ) ; UN COLONEL MACHINE AMBITION (205ᵉ) ; TRENTE ADHÉRANS DE L'ORDRE DES QUIRITES, BANNIS (179ᵉ) ; enfin, la colère du peuple se fit justice en divers lieux : DEDANS LE POIL ENTRERA DE MARSEILLE (188ᵉ). — *Le tems de juger les morts;* ceux dont le parti est mort à Waterloo. — *Et de donner la récompense aux Prophètes vos serviteurs :* aux deux Bourbons dont il est dit pour le temps qui précéda les Cent-Jours : MES DEUX TÉMOINS PROPHÉTISERONT XI. 3). — *Et aux saints.* Paris a été dite la ville sainte pour être rentrée dans le devoir en 1814 ; *les saints* sont ceux qui ont persévéré dans leur dévouement au droit persécuté : DE GAND..., DE ROUGES ET BLANCS CONDUIRA GRANDE TROUPE (186ᵉ). — *Et à ceux qui craignent votre nom, aux petits et aux grands.* L'Apôtre sépare les hommes en deux classes, ceux qui prennent le nom de la bête révolutionnaire (XIII. 17) (roux, écarlate, pourpre), et ceux qui prennent le nom de Dieu (XIV. 1) (blanc). Et ces deux opinions du prétendu droit révolutionnaire et du droit de la légitimité divisent en effet les hommes de toutes classes, *les grands et les petits.* — *Et d'exterminer ceux qui ont corrompu la terre.* En 1814, les Bourbons laissèrent en effet les mains des créatures du gouvernement tombé : MES TRÉSORS TEMPLES CITADINS HESPÉRIQUES, DANS ICELUY RETIRÉ EN SECRET LIEU (181ᵉ). Ces hommes ne firent point pénitence de leurs meurtres, ni de leurs impudicités, ni de leurs voleries (IX. 21); au contraire, ils corrompirent de nouveau l'opinion publique, et la bête, montée du l'abîme, s'empara du trône sans que DE BATAILLER n'ait été DONNÉ SIGNE (183ᵉ). Comme on vient de le voir, plusieurs des traîtres furent exterminés et les autres n'eurent plus de part au gouvernement.

19. *Alors le temple de Dieu s'ouvrit dans le ciel et on vit l'arche de son alliance dans son temple.* Le temple (élevé) *de Dieu,* où Louis XVIII a pénétré en revenant de l'exil une première fois (XI. 1), et où il est monté à son dernier retour (*montez ici..., ils montèrent au ciel,* XI. 12), *le temple s'ouvre aux yeux des peuples* qui vont y voir *l'arche de l'alliance.* Dieu se réconcilie avec les nations et l'enfant de l'Europe prend naissance (XII. 1-5).

« Lorsque les ambassadeurs de tous les souverains d'Europe furent introduits devant Louis XVIII, en 1820, au moment de la naissance de Mgr le duc de Bordeaux, le nonce, Mgr Macchi, parlant au nom de ses collègues, prononça les paroles suivantes : « *Cet enfant de douleurs,* de souvenirs et de regrets est aussi *l'enfant de l'Europe;* il est le présage et le garant de la paix et du repos qui doivent suivre tant d'agitation. » (Le bon Français, 1833, 175). — On avait décidé que la duchesse mettrait au monde un garçon, il porterait le titre *du duc de Bordeaux,* un mémoire des sentiments royalistes que Bordeaux fit éclater en 1814 et 1815. Les dames de la Halle de cette ville voulurent offrir le berceau destiné à l'enfant royal. Ce berceau qui était en forme d'arche, avec une colombe portant à son bec une branche d'olivier, symbole de la paix, fut apporté à Paris par trois de ces dames. » (*Muret,* 177). — Nostradamus a rappelé cette image, quand il a dit du duc de Bordeaux : LONGTEMPS AU CIEL SERA VEU GRIS OYSEAU, », PORTANT AU DUC UN VENDOYANT RAMEAU (I. 100).

vit l'arche de son alliance dans son temple; et il se fit des éclairs, des voix, un tremblement de terre, et une grosse grêle.

CHAPITRE XII.

1. Il parut encore un grand prodige dans le ciel : c'étoit une femme revêtue du soleil, qui avoit la lune sous ses pieds, et une couronne de douze étoiles sur sa tête.

Et il se fit des éclairs, des voix, un tremblement de terre et une grosse grêle. Comme l'Apôtre ne parle pas ailleurs de la chute des Bourbons, on doit croire qu'après avoir annoncé la naissance du duc de Bordeaux en montrant l'*arche d'alliance*, il prédit la révolution de 1830. En terminant ainsi son chapitre, il y renferme, comme dans les précédents, une époque complète : depuis le jour où les Bourbons sont remontés au trône, jusqu'au jour où ils en sont descendus. Le *tremblement de terre* a été entendu de la révolution de 1792 (VI. 12), de celle de fructidor (VIII. 5), de celle de 1815 (XI. 13) (*voir* XVI. 18)..., et on le voit souvent accompagné *des tonnerres, des voix, des éclairs* (VIII. 5 et XVI. 18) et *de grêle* (XVI. 21. — Les sept trompettes annoncent des malheurs (VIII. 6-13); l'avant-dernier *est passé*, le dernier *viendra bientôt* (XI. 14); la septième trompette se fait entendre aussitôt, et le triomphe de l'autel et du trône est suivi *bientôt* de la révolution de 1830.

L'HISTOIRE D'APRÈS L'APOCALYPSE.

Aussitôt que la Charte aura été octroyée, les Bourbons réclameront des Alliés toutes les anciennes limites de la France, et tous les Français des pays conquis et ceux qui seront prisonniers. On laissera aux étrangers tout ce qui, en dehors de la France, aura été conquis par la République et l'Empire, et déjà perdu. Les étrangers fouleront aux pieds la ville rentrée dans le devoir. Mais Dieu sera avec Louis XVIII et son frère qui feront connaître à tous ses volontés. Ils auront en main l'un et l'autre l'olivier de la paix, et ils éclaireront les peuples et les rois sur leurs communs intérêts. Chefs d'un peuple vaincu, ils parleront en maîtres au Congrès de Vienne, et un mot de leur bouche pourra faire perdre à qui voudra les offenser toute participation à la vie politique de l'Europe. Ils feront la pluie et le beau temps; ils seront les arbitres de la paix et de la guerre. Mais dès qu'ils auront montré la force que donne le droit et la protection divine, Napoléon qui montera du fond de la mer, les combattra, les vaincra, leur enlèvera le pouvoir. On les regardera comme morts dans Paris retombé dans la corruption et qui réduit la province à la plus dure servitude. Mais les gouvernements de l'Europe ne cesseront pas de regarder comme chefs du peuple français ceux qui, pendant trois mois et demi, sembleront morts pour toujours au pouvoir. Ceux qui sacrifient tout aux intérêts matériels, leur insulteront en cet état, et se réjouiront, se félicitant mutuellement parce que ces deux hommes de Dieu leur auront fait craindre pour la restitution des biens dits nationaux, pour la liberté des cultes. Mais après les Cent-Jours, Dieu leur donnera une nouvelle vie; ils apparaîtront debout, et ceux qui les verront couronneront les vengeances politiques. L'Europe entière les appellera au trône; ils s'élèveront portés sur le secours que Dieu leur aura envoyé. Dans le même temps, une grande révolution s'opérera. Paris perdra de son influence sur la province; les défenseurs de l'Aigle auront péri pour la plupart, et les autres, saisis de crainte, se rallieront au trône, légitime en rendant gloire à Dieu. Une seconde révolution est passée, une troisième n'est pas loin; elle suivra le triomphe momentané de l'autel et du trône. A leur seconde rentrée, les Alliés traiteront la France en pays conquis; le temps de la colère de Dieu est arrivé, le temps de juger ceux dont le parti vient de succomber, de récompenser ceux qui n'ont désespéré de la protection divine et qui sont demeurés fidèles au droit en vue de Dieu; il est temps d'exterminer ceux qui ont corrompu l'opinion publique en faveur du parti Napoléonien. Dieu se réconciliera avec les nations et donnera pour gage de son alliance l'enfant *Dieudonné*, l'enfant du miracle, l'enfant de l'Europe. Peu après, éclatera une nouvelle révolution qui renversera le trône. — Ce chapitre encore forme un tout complet, embrassant une période historique, importante et nettement déterminée.

Je me suis demandé souvent en jetant sur le papier le commentaire de ces six chapitres prophétiques, si c'était bien l'Apocalypse que j'avais sous les yeux; le livre le plus obscur devient le plus clair. Ce dernier chapitre surtout m'a donné l'intelligence de tout le livre; il amène le lecteur à reconnaître que le *Dragon* qui veut *dévorer l'enfant* est bien le SERPENT VEU DEVANT LE LICT ROYAL. Le lecteur ne croira certes pas que cette interprétation est bâtie sur la pointe d'une épingle, parce qu'un seul mot le lui a fait trouver!

1. *Il parut encore un grand prodige dans le ciel.* C'est dans le ciel que S. Jean a vu la partie de sa prophétie sur les évènements

2. Elle étoit grosse, et elle crioit *comme étant* en travail et ressentant les douleurs de l'enfantement.

3. Un autre prodige parut ensuite dans le ciel. Un grand dragon roux, qui avoit sept têtes et dix cornes, et sept diadèmes sur ses sept têtes.

qui ne devaient avoir lieu qu'à la fin des temps : *Je vis une porte ouverte dans le ciel et la première voix que j'avois ouïe* (voir chap. I. 10), *me dit : Montez ici-haut* (IV. 1). S. Jean, étant dans le ciel, verra *une bête s'élever de la mer* (XIII. 1), une autre *de la terre* (XIII. 11); mais ici le grand prodige se voit *dans le ciel.* Tout ce qui concerne la famille royale se passe dans le ciel. Louis XVIII revenant d'exil *descendroit du ciel* (X. 1); il habite le *temple de Dieu* (XI. 1); Paris, pendant qu'il y demeure, est *la ville sainte* (id. 2). Après les Cent-Jours, il monte *au ciel* (id. 12). C'est dans le ciel enfin qu'apparaît l'*Arche de l'alliance* (id. 19), figurant le *prodige* qui s'accomplit ici dans le ciel. — *C'étoit une femme revêtue du soleil*, qui avoit *la lune sous ses pieds et une couronne de douze étoiles.* La femme qui devient mère du duc de Bordeaux est environnée de tout l'éclat de la majesté royale; elle a sous les pieds le trône qu'occuperait une reine; car la reine n'est plus et en elle seule repose l'espoir de la famille royale. Tous les membres de cette famille, les grands du royaume l'entourent les yeux pleins d'espoir. — S. Jean déjà a comparé Louis XVI au soleil, son épouse à la lune et les grands du royaume aux étoiles (VI. 12), et l'on a vu ces images et leurs explications dans le songe de Joseph (p. 9). Jacob fait comparaison de douze fils, chefs de douze tribus. Jésus-Christ ont douze apôtres...; la duchesse de Berry est entourée de grands dont le nombre est fixé ici à douze comme nombre mystérieux. — Ce qui est bien significatif encore, c'est qu'on ne retrouve plus ces images dans la suite de l'Apocalypse, où il n'est plus parlé que du Soleil (XV. 8), et XIX. 17, et où il est dit à la fin qu'il n'y aura plus ni Soleil, ni Lune (XXI, 23, et XXII. 5). En effet, il n'y aura plus de grandes étoiles : TENANT UN PEU AUDELLA LES NORLARIS (IX. 50), plus de reine-mère (*Lune*); le Soleil paraîtra encore, mais s'éclipsera bientôt pour toujours.

2. *Elle étoit grosse*, *et elle crioit*, etc.

3. *Un autre prodige parut ensuite dans le ciel. Un dragon roux...* On a vu que *le cheval roux* succède au cheval blanc et enlève *la paix de dessus la terre* (VI 4. Ce *dragon*, ainsi qu'il est dit plus bas, est *l'ancien serpent qui est est appelé le diable et Satan* (V. 9). Il est dans le ciel ou dans le temple de Dieu, c'est-à-dire en France : TEMPLR HAULT. « *Les enfants de Dieu s'étant un jour présentés devant le Seigneur*, Satan se trouva aussi parmi eux. » (Job, I. 6). — *Qui avoit sept têtes et dix cornes, et sept diadèmes sur ses sept têtes. La bête s'élève de la mer et qui reçoit du dragon sa puissance* a, comme le dragon, *sept têtes et dix cornes*; mais ce sont chez elle les cornes et non les têtes qui sont couronnées (XIII.),. Une autre *bête s'élève de la terre*; elle a *deux cornes semblables à celles de l'Agneau*, mais elle parle *comme le dragon* (XIII. 11). Cette seconde bête est un *faux-prophète* (XVI. 13). On retrouve le dragon, la bête et le faux-prophète jusqu'à la fin de l'Apocalypse. La bête aux sept têtes disparaît pour reparaître bientôt (XVII. 8); elle et le fau. prophète sont *jetés tous vivans dans l'étang brûlant de feu et de soufre* (XIX. 20); le dragon a le même sort peu après (XX. 2); il reparaît seul (XX. 7), et il est jeté *dans l'étang de feu et de soufre*, *où la bête et le faux-prophète seront tourmentés jour et nuit dans les siècles des siècles* (XX. 9-10). Aussitôt a lieu le jugement dernier y. 11, 12...). — Le dragon est Satan, dit l'Apôtre, celui qui dès le commencement du monde s'insurgea contre le droit, et que l'ange S. Michel combattit; il pousse les hommes à l'imiter : PAR JEUNE ET VIEILLE BUEYRE (8°), et il est ici le symbole de la révolution française. La bête qui s'élève de la mer, qui ressemble fort au dragon et qui reçoit de lui *sa grande puissance*, est la révolution italienne qui, comprimée dans une quinzaine d'années, reprendra vie plus tard sous l'impulsion de Paris ; A L'OGMION SERA LAISSÉ LE REGNE DE GRAND SELIN... PAR LES ITALES ÉTENDRA SON ENSEIGNE (VI. 42, voir chap. XVII. 3... 8). La seconde bête ou le faux-prophète qui a *deux cornes semblables à celles de l'Agneau*, *mais qui parle comme le dragon*, personnifie le langage qu'on entend de toutes parts aujourd'hui et qui se fera entendre jusqu'à la fin du monde, employant, pour séduire les hommes, les enseignements mêmes de l'Agneau divin; ce que Nostradamus exprime ainsi :

« *Et dans iceluy temps, et en icelles contrées la puissance infernale mettra à l'encontre de l'Eglise de Jésus-Christ la puissance des adversaires de sa loy, qui sera le second Antechrist, lequel persécutera icelle Eglise et son vray Vicaire, par moyen de la puissance des Roys temporels, qui seront par leur ignorance séduicts par langues, qui trancheront plus nul glaive entre les mains de l'insensé.* » (Tome II. p. 164).

Il était nécessaire de donner cet ensemble des trois monstres impurs (XVI. 13) qui se partagent le règne de ce monde. On peut

4. Il entraînoit avec sa queue la troisième partie des étoiles du ciel, et il les fit tomber sur la terre. Ce dragon s'arrêta devant la femme qui devoit enfanter, afin de dévorer son fils aussitôt qu'elle en seroit délivrée.

5. Elle enfanta un enfant mâle, qui devoit gouverner toutes les nations avec une verge de fer, et son fils fut enlevé vers Dieu et vers son trône.

---

expliquer maintenant les sept têtes, les dix cornes et les diadèmes. La Révolution française personnifiée dans le dragon roux parle par sept bouches comme la Révolution italienne qui a également sept têtes ; ces deux monstres préconisent les sept péchés capitaux, et pour faire triompher leur doctrine emploient tous les moyens (dix cornes) ; mais la révolution française ne couronne pas les derniers instruments dont elle se sert ; la révolution italienne, au contraire, couronne les sociétés secrètes, le socialisme, le communisme, fait un héros d'un assassin, d'un régicide. Nostradamus appelle cette révolution : MONSTRE VAPIN (V. 20) ; son chef est un MYROM (VIII. 44) ; il déclare que c'est le socialisme qui en est l'âme : A NAPLES, PALERME, MARQUE D'ANCONE, ROME, VENISE PAR BARBE HORRIBLE CRIE (t. II. p. 151). L'Apôtre dit que les sept têtes de la bête sont sept montagnes et aussi sept rois (XVII. 9-12) ; les dix cornes dix rois (XVII. 9-12), mais pour le temps seulement où la bête mise à mort reprendra vie et sera soumise à la Babylone moderne (XVII. 1-8). On verra la révolution italienne personnifiée un moment dans l'homme dont le nombre est 666 (XIII. 18) ; la révolution française, qui apparut en 1820 au moment de la naissance du duc de Bordeaux, sous la forme d'un dragon, est personnifiée pour un temps en L.-Philippe. Puisque ces monstres doivent maintenant durer autant que le monde, il faut bien reconnaître en eux des êtres collectifs et des êtres qui se succèdent dans la vie. On dit : Le roi ne meurt pas. L'OGMION de Nostradamus qui renverse L.-Philippe (Vie de L.-Philippe, p. 61), qui est renversé par Napoléon III (Id., p. 77) et qui reparaîtra après le dernier roi de France, (VI. 42) est dans les mêmes conditions que les monstres de l'Apocalypse.

4. Il entraînoit avec sa queue la troisième partie des étoiles du ciel. L.-Philippe, sous la Restauration, personnifia la révolution ; il se fit des partisans jusque parmi ceux qui entouraient le trône : IL FERA TANT PAR VOYE SÉDUCTRICE, QUE DU COURT LONG LE FERA ATTAINER (Vie de L.-Philippe, p. 20). Au moment de triompher : LA PLUS GRAND' PART LE VOUDRA SOUSTENIR (id. 26), LA MOINDRE PART DUBIEUSE A L'AISNE (id. 25). On a vu que l'Apôtre consacre ces mots : La troisième partie à la révolution faite pour le triomphe du Tiers dans le temps où les trois ordres de l'État existaient ou qu'on leur accordait encore quelque influence ; mais loin sept anges répandront les sept coupes de la colère de Dieu (XVI. 1) ; et ces malheurs ne frapperont plus la troisième partie, mais la généralité des hommes et des choses, ces ordres n'ayant disparu ; DE CINQ CENS ANS PLUS COMPTE NE TIENDRA, III. 94. — Et il les fit tomber sur la terre. L.-Philippe n'usa pas de violence pour arriver à son but ; il entraîna peu à peu ces étoiles qui au ciel avec le soleil et la lune, et ces étoiles tombées dans l'oubli de leur devoir, séduites par l'appât de biens matériels, devinrent habitans de la terre (voir XI. 10).

— Ce dragon s'arrêta devant la femme qui devoit enfanter, afin de dévorer son fils aussitôt qu'elle en seroit délivrée. « Quelques moments après l'accouchement de S. A. R. Madame la duchesse de Berry, M. le duc et Madame la duchesse d'Orléans vinrent lui rendre visite. En entrant, la dernière dit à sa belle-sœur : « Enfin , il n'y avait personne!... » Quant à M. le duc d'Orléans, sa figure était renversée, son humeur visible et ses propos tellement offensants, que Mme de Gontaut, tout en larmes, s'écria : « Maréchal, venez donc répondre à M. le duc d'Orléans. » (Vie de L.-Philippe, p. 11). Le lendemain le duc d'Orléans fit une protestation contre la naissance de M. le duc de Bordeaux (voir id. 21). S. Jean voit L.-Philippe dans le dragon ou Satan. C'est ainsi que Nostradamus a fait naître Napoléon Ier DE L'AQUATIQUE TRIPLICITÉ (t. II. p. 152).

5. .... Avec une verge de fer. On voit au chap. XIX que le Verbe de Dieu établira son règne sur la terre et qu'il gouvernera les nations avec une verge de fer (v. 15). Nostradamus parle d'un règne semblable et il n'en fait pas celui d'un tyran : AU CHEF DU MONDE LE GRAND CHYREN SERA PLUS OUTRE APRÈS CRAINT AYMÉ REDOUTÉ (VI. 70) ; QUE TERRE ET MER FAUDRA QUE ON LE CRAIGNE (IV. 14), FAISANT TREMBLER TERRE ET MER CONTRÉES (X. 79). — Et son fils fut enlevé vers Dieu et vers son trône. « Que le Seigneur soit béni, lui qui ne nous a point donnés en proie à leurs dents. Notre âme s'est échappée comme un passereau des filets des chasseurs. Le filet a été brisé et nous avons été délivrés. Notre secours est dans le nom du Seigneur qui a fait le ciel et la terre (Ps. CXXIII. 6-8) : LONGTEMPS AU CIEL SERA VEU GRIS OYSEAUX (I. 100, voir chap. XIV. 14).

---

6. Et la femme s'enfuit dans le désert, où elle avoit une retraite que Dieu lui avoit préparée pour l'y faire nourrir durant mille deux cens soixante jours.

7. Alors il se donna une grande bataille dans le ciel. Michel et ses anges combattoient contre le dragon, et le dragon avec ses anges combattoient contre lui.

8. Mais ceux-ci furent les plus foibles ; et depuis ce tems-là ils ne parurent plus dans le ciel.

9. Et ce grand dragon, cet ancien serpent, qui est appellé le diable et satan, qui séduit tout le monde, fut précipité en terre, et ses anges avec lui.

10. Et j'entendis une grande voix dans le ciel, qui dit : C'est maintenant qu'est établi le salut et la force, et le règne de notre Dieu, et la puissance de son CHRIST ; parce

---

6. Et la femme s'enfuit dans le désert... La révolution qui porta L.-Philippe au trône obligea Madame la duchesse de Berry à chercher un refuge à l'étranger (voir plus bas, 14). — Mille deux cens soixante jours. On a vu le nombre de jours pour le temps qu'a duré la première restauration, 1814-1815 (XI. 3).

7. Alors il se donna une grande bataille dans le ciel. Michel et ses anges combattoient contre le dragon, et le dragon avec ses anges combattoient contre lui. La révolution de 1830 se trouve dans ces mots : Son fils fut enlevé vers Dieu et vers son trône, ou comme d'autres traduisent, à son trône. — Et la femme s'enfuit Aussitôt, par une concision que Nostradamus a imitée en disant : PHILIPP. ROUGE LONG SEC FAISANT DE BON VALET, A LA PARPIN N'AURA QUE SON CONGIE (222e-223e), l'Apôtre passe à la révolution de 1848. S. Michel, l'ange de la France, combat celui dont Nostradamus a dit : AU LIEU DE DEUX UN ROY REPOSERA ET CHERCHERA LOY CHANGEANT D'ANATHÈME, PENDANT LE CIEL SI TRÈS FORT TONNERA, PORTÉE NEUFVE ROY TUERA SOY-MÊME (Vie de L.-Philippe, p. 68). Ce roi, en effet, renversé comme on l'a dit à la révolution du mépris ; PHILIPP. ROUGE, LONG, SEC FAISANT DE BON VALET, A LA PARPIN N'AURA QUE SON CONGIE (222e), ce roi n'a rencontré dans la lutte que le doigt de Dieu : LA PLUS GRAND PART LE VOUDRA SOUSTENIR, UN CAPITOL NE VOUDRA POINT QU'IL RÈGNE (Vie de L.-Philippe, p. 26) ; JEUNE OGMION ABISMERA SON FORT (224e), etc.

8. Mais ceux-ci furent les plus foibles ; et depuis ce tems-là ils ne parurent plus dans le ciel. Les d'Orléans ne sont plus et ils ne remonteront jamais sur le trône de France : MENDOSYS (Vendosme), TOST VIENDRA A SON HAUT RÈGNE, METTANT ARRIÈRE UN PEU LES NORLARIS (IX. 50), les ORLIANS, héritiers des biens, des titres et de l'influence des LORRAINS ou des Guises au temps de Nostradamus.

9. Et ce dragon, cet ancien serpent, etc... UN SERPENT VEU PROCHE DU LICT ROYAL. Il ne faut pas perdre de vue la force de la concordance du quatrain avec ce passage de l'Apocalypse. Il est même bon de se rappeler les nombreux détails, la longue suite de faits placés dans l'ordre chronologique que présente l'Apocalypse mise en concordance avec les prophéties de Nostradamus et l'histoire, car nous abordons une époque où l'histoire nous abandonne ; nous touchons au présent qui se mêle à l'avenir. Nostradamus interprète l'Apocalypse jusqu'au bout avec la même clarté, et le lecteur accepterait de confiance le reste de son interprétation, mais :

« Les règnes, sectes et religions feront changes si opposites, voire au respect du présent diametralement, que si je venais à rejecter ce qu'à l'avenir sera, ceux de règne, secte, religion et foy trouveraient si mal accordant à leur fantaisie auriculaire qu'ils viendraient à damner ce que par les siècles advenir on connoîtra être vrai et apperceu... Qui a été la cause de faire retirer ma vesprès ou populaire et ma plume du papier. » (Lettre à César).

10. Et j'entendis une grande voix dans le ciel. C'est maintenant qu'est établi le salut et la force et le règne de notre Dieu et la puissance de son CHRIST. L'Apôtre n'a pas entendu ces paroles au moment où l'enfant mâle a été enlevé à son trône, car ce fut le démon qui alors s'empara du règne. Après la chute de l'ange de l'abîme, dans du ciel seulement dit aussi : Le règne de ce monde a passé à Notre Seigneur et à son CHRIST. Dieu se montra dans ces événements, la religion à ces deux époques gagna en liberté et en respect. Nostradamus, qui a dit de la révolution de 1815 : QUI RENOUVELLERA TOUTE L'EGLISE CHRESTIENNE (28e), a dit de celle de 1848 : (L'Eglise) FUT PLUS QU'ELLE SERA A SA PLUS HAUTE ET SUBLIME DIGNITÉ (37e). — Parce que l'accusateur de nos frères qui les accusoit jour et nuict devant Dieu, a été précipité. L'Apôtre vient de déclarer que cette révolution établira le règne de Dieu. La liberté d'enseignement fut aussitôt proclamée, et le clergé, avec cette liberté, reçut toutes les autres, de se réunir, d'entretenir des rapports non contrôlés avec Rome, etc... L'Apôtre affirme ici et dans le verset suivant que cette lutte où nous n'avons vu apparaître aucun homme,

que l'accusateur de nos frères, qui les accusoit jour et nuit devant notre Dieu, a été précipité;

11. et ils l'ont vaincu par le sang de l'Agneau, et par la parole à laquelle ils ont rendu témoignage, et ils ont renoncé à l'amour de la vie, jusqu'à vouloir bien souffrir la mort.

12. C'est pourquoi, cieux, réjouissez-vous, et vous qui y habitez. Malheur à la terre et à la mer, parce que le diable est descendu vers vous plein de colère, sachant le peu de tems qui lui reste.

13. Le dragon se voyant donc précipité en terre, commença à poursuivre la femme qui avoit mis au monde l'enfant mâle.

mais Michel et ses anges, fut tout entière entre L.-Philippe et les prêtres qui l'ont vaincu par *le sang de l'Agneau et la parole*. L.-Philippe *accusoit* chaque jour les prêtres de vouloir empiéter sur le pouvoir temporel. L'Apôtre, pas plus que Nostradamus et les historiens ne parle de persécutions religieuses pour ce temps. Il n'y a que des paroles contre la religion, et cependant il est temps que Dieu intervienne. Nostradamus dépeint ainsi le côté moral de ce règne : APRÈS LE GRAND CHIEN SORTIRA LE PLUS GROS MASTIN QUI FERA DESTRUCTION DE TOUT, MÊME DE CE QU'AUPARAVANT SERA ÉTÉ PERPÉTRÉ (34°)... SON FAIT SERA BIEN TARD (*Vie de L.-Phil.*, p. 24).

11. *Et ils l'ont vaincu par le sang de l'Agneau*, par le sacrifice de la messe. — *Et par la parole à laquelle ils ont rendu témoignage*, par la prédication, l'enseignement chrétien, par toutes leurs paroles et leurs écrits conformes à la parole de l'Agneau. *Et ils ont renoncé à l'amour de la vie jusqu'à vouloir bien souffrir la mort.* S'ils meurent, c'est librement, il n'y a point de persécution ; mais il est nécessaire de rendre témoignage à la parole de l'Agneau : le bon pasteur donne sa vie pour ses brebis, afin d'achever la victoire sur l'esprit révolutionnaire.

« Affre, archevêque de Paris...Dans ces discours au roi, il se plaignit de la violation du dimanche, et s'unit à ses collègues pour réclamer la liberté de l'enseignement. Cette fermeté apostolique lui valut la disgrâce de la cour. Il en provoqua pas moins une réunion d'évêques à Saint-Germain, où il rédigea avec eux, sur la situation du clergé vis-à-vis du gouvernement, un mémoire qui fut envoyé au pape. Quand il fut question de rétablir le Chapitre de Saint-Denis, en détachant cette église et ses dépendances de la juridiction de l'ordinaire, Mgr Affre fit des représentations en Cour de Rome, adressa aux Chambres un travail sur cette matière et signala au roi les dangers qui pourraient résulter pour l'église de la formation d'un clergé dynastique. Les événements de février le surprirent au milieu de ses préoccupations, il accepta la république sans regret... » (*Feller*).

« La guerre civile éclata. Elle surprit l'archevêque loin de sa demeure: le 23 juin, il était venu à l'église Saint-Etienne-du-Mont donner la Confirmation... Il se rendit à pied auprès du général Cavaignac à l'hôtel de la Présidence, le dimanche 25, sur les quatre heures du soir... Une formidable barricade fermait l'accès du faubourg Saint-Antoine. C'est là que l'archevêque s'arrêta. Arrivé à l'officier supérieur qui commandait l'attaque, il lui fit connaître l'assentiment donné par le général Cavaignac à sa demande, et lui demanda en grâce de suspendre un moment le feu de son artillerie et de la fusillade. « Je m'avancerai seul entre mes prêtres, ajouta-t-il, vers ce peuple qu'on a trompé. J'espère qu'ils reconnaîtront ma soutane violette et la croix que je porte sur ma poitrine. » Cette prière fut accueillie, et malgré la gravité de la situation, l'ordre fut donné de suspendre le feu... L'archevêque avait tourné la barricade, il était venu à l'entrée du faubourg par le passage d'un maison à double issue, et s'efforçait d'apaiser le geste et de la voix la multitude qui semblait vouloir l'entendre et l'applaudissait à sa démarche, quand une balle l'atteignit dans les reins... Les insurgés s'écrient : Quel malheur ! il est blessé, notre bon père, notre bon pasteur, qui était venu pour nous sauver !.. Il recueillit par les signatures qui attestent que ceux à qui l'archevêque s'est adressé n'ont pas tiré sur lui et que le coup est parti de leurs mains. La consternation était peinte sur tous les visages. La noble victime succomba, le 27 juin, à midi... Des membres du clergé portaient devant le corps quatre bannières de drap noir à franges d'argent, et la foule était vivement impressionnée en y lisant ces nobles inscriptions : *Le bon pasteur donne sa vie pour ses brebis. Seigneur! Seigneur: prenez pitié de votre peuple.* — *Que la paix soit avec vous ! — Je désire que mon sang soit le dernier versé.* » (*Ami. propht.*, 1849).

« Décret du 17 juillet 1848 : Au nom et aux frais de la République, un monument sera élevé, sous les voûtes de l'église métropolitaine de Notre-Dame, à la mémoire de l'archevêque de Paris. Sur le socle du monument seront inscrits ces paroles : « *Le bon pasteur donne sa vie pour ses brebis* « et ces paroles du prélat : « *Puisse mon sang être le dernier versé.* » (*Ami de la Religion*, 8 août 1861).

12. *C'est pourquoi, cieux réjouissez-vous, et vous qui y habitez.* Ces paroles s'adressent à *ceux qui adorent dans le temple de Dieu* (XI. 1), aux Français qui recouvrèrent la paix à la suite de la mort de l'Archevêque. — *Malheur à la terre et à la mer, parce que le diable est descendu vers vous plein de colère.* La Révolution, comprimée en France, tourna ses efforts du côté des nations étrangères... Une bête s'éleva bientôt *de la mer* (XIII. 1), et une autre *de la terre* (id. 11). — *Sachant le peu de tems qui lui reste.* La Révolution commencée en 1789 ne doit durer que SEPTANTE TROIS ANS SEPT MOIS (26°).

13. *Le dragon se voyant donc précipité en terre*, chassé du temple de Dieu, *commença à poursuivre la femme qui avoit mis au monde l'enfant mâle.* Il s'efforça d'amener la légitimité à pactiser avec la révolution, à fusionner.

14. Mais on donna à la femme deux ailes d'un grand aigle, afin qu'elle s'envolât dans le désert au lieu de sa retraite, où elle est nourrie un tems, des tems et la moitié d'un tems hors de la présence du serpent.

15. Alors le serpent jetta de sa gueule après la femme comme un fleuve pour l'entraîner et la submerger dans ses eaux.

16. Mais la terre aida la femme, et s'étant entr'ouverte, elle engloutit le fleuve que le dragon avoit vomi de sa gueule.

17. Et le dragon, irrité contre la femme, alla faire la guerre à ses autres enfans qui gardent les commandemens de Dieu, et qui demeurent fermes dans la confession de Jésus-Christ.

18. Et il s'arrêta sur le sable de la mer.

14. *Mais on donna à la femme deux ailes d'un grand Aigle...* Mais l'Aigle puissante, qui s'empara pour la seconde fois du trône, amena la femme à conserver intacte ses droits et à attendre les décrets de Dieu *hors de la présence du serpent*. — Le mot Aigle n'est que deux fois dans l'Apocalypse et toujours a une place fort significative. — *Un tems, des tems et la moitié d'un tems* font les mille deux cens soixante jours qu'on a vus plus haut pour la durée du séjour de la femme dans le désert (ỹ. 6).

15. *Alors le serpent jetta de sa gueule...* Manifeste orléaniste du duc d'Aumale, qui ne parle plus de fusion, mais bien, au contraire, qui demande pourquoi, lorsqu'on parle des partis de l'opposition, des légitimistes, des républicains, on ne nomme pas les siens.

16. *Mais la terre aida la femme.* Mais les autres partis révolutionnaires eux-mêmes font justice de cet écrit qui ne nuira qu'à son auteur.

17. *Et le dragon, irrité contre la femme, alla faire la guerre à ses autres enfans.* La révolution, sortie de France oblige les autres enfants de la duchesse de Berry, la duchesse de Parme et les enfants qu'elle a eus de son mariage en Sicile à fuir loin de leurs palais. — *Qui gardent les commandements de Dieu et qui demeurent fermes dans la confession de Jésus-Christ.* Les malheurs ne leur font pas désespérer de Dieu, et le sœur du duc de Bordeaux maintient avec fermeté les droits de son fils.

18. *Et le serpent s'arrêta sur le sable de la mer.* Nostradamus qui a dit : UN SERPENT VEU PROCHE DU LICT ROYAL, en copiant le commencement de ce chapitre de l'Apocalypse, a dit, en copiant les derniers mots de ce même chapitre : UNDANS SERPENT SUR LE BORD MIS à la fin des deux quatrains sur les événements qui se préparent. Ne pouvant dire ce qu'ils signifient, je me contente d'affirmer que j'ai même d'avoir remarqué que l'Apocalypse renferme, et précisément à la suite de la Révolution de 1848, ces mots : *Et le serpent s'arrêta sur le bord mis.*

Coq, chiens et chats, de sang seront repeus,
Et de la playe du tyran trouvé mort :
Au lict d'un autre jambes et bras rompus,
Qui n'avoit pour mourir de cruelle mort.   II. 42.

Durant l'estoille chevelue apparente,
Les trois grands Princes seront faits ennemis,
Frappez du Ciel, paix, terre tremblante,
Pô, Tymbre, undans serpent sur le bord mis.   II. 43.

« *Le Seigneur commanda au poisson de rendre Jonas, et le jetta sur le bord.* » (Jonas, au chapitre II).

L'HISTOIRE D'APRÈS L'APOCALYPSE.

Madame la duchesse de Berry apparaîtra environnée de la majesté royale; elle occupera la place de reine de France et les hommages des grands se reporteront sur elle, car elle sera au moment de donner au monde l'enfant des rois. L.-Philippe, ou la révolution personnifiée, qui comptera couronner la bourgeoisie et satisfaire toutes les mauvaises passions du peuple, gagnera, en les flattant, une partie même de l'entourage du roi et fera tomber des grands dans l'oubli de leur devoir. Placé devant la femme qui enfantera, il protestera contre la naissance du duc de Bordeaux... Une révolution éclatera. L'enfant, protégé de Dieu, sera privé de son trône, et sa mère s'exilera. S. Michel, l'ange de la France, vengera le droit, et L.-Philippe, n'étant soutenus de personne, tomberont et ne reparaîtront plus en France. Cet homme, animé de l'esprit révolutionnaire qui souffle le démon contre tout principe d'autorité, sera chassé avec sa famille, et il n'y aura que sa voix pour reconnaître dans ces événements le doigt de Dieu qui rendra ainsi la liberté à son Église, que L.-Philippe accusait sans cesse d'empiéter sur le

CHAPITRE XIII.

1. Et je vis s'élever de la mer une bête qui avoit sept têtes et dix cornes, et sur ses cornes dix diadèmes, et sur ses têtes des noms de blasphème.

2. Cette bête que je vis étoit semblable à un léopard : ses pieds étoient comme des pieds d'ours : sa gueule, comme la gueule d'un lion, et le dragon lui donna sa force et sa grande puissance.

3. Et je vis une de ses têtes comme blessée à mort; mais cette blessure mortelle fut guérie, et toute la terre en étant dans l'admiration, suivit la bête.

4. Alors ils adorèrent le dragon, qui avoit donné sa puissance à la bête, et ils adorèrent la bête, en disant : Qui est semblable à la bête ? Et qui pourra combattre contre elle ?

5. Et il lui fut donné une bouche qui se glorifioit insolemment, et qui blasphémoit; et elle reçut le pouvoir de faire la guerre durant quarante-deux mois.

6. Elle ouvrit donc la bouche pour blasphémer contre Dieu, pour blasphémer son nom, et son tabernacle, et ceux qui habitent dans le ciel.

7. Il lui fut aussi donné le pouvoir de faire la guerre aux

pouvoir temporel. Les prêtres l'auront vaincu par le sacrifice de la messe, par leurs écrits en faveur de la liberté de l'Eglise, et ils auront détruit ses dernières chances de retour en mourant volontairement sur les barricades pour arrêter la guerre civile. Que l'Eglise de France se réjouisse donc, mais que les nations voisines tremblent, parce que la révolution tournera tous ses efforts de leurs côtés. L.-Philippe ainsi renversé songera enfin au principe de la légitimité qu'il voudra, par la fusion, faire partager avec leur esprit mourant; mais l'arrivée au trône de l'Aigle puissant de Napoléon III rompra les préliminaires de cette alliance monstrueuse, et la légitimité réservera tous ses droits. Le parti orléaniste voyant que *le duc de Bordeaux avait des droits, mais que le comte de Paris avait des chances* (sic), lancera un manifeste dont les partis révolutionnaires eux-mêmes feront justice. L'esprit révolutionnaire poursuivra partout la branche aînée des Bourbons et forcera les autres enfants de la duchesse de Berry d'abandonner la Sicile et l'arme. Daniel dira à la révolution qui monte : *Tu n'iras pas plus loin*, et le monstre qui a englouti Jonas le rejettera.

1. *Et je vis s'élever de la mer une bête.* Une voix a crié : Malheur à la terre et à la mer parce que le diable est descendu vers vous (XII. 12)..., et il s'arrêta sur le sable de la mer. Aussitôt, l'Apôtre ajoute : *et je vis s'élever de la mer une bête;* il dira bientôt : *Je vis encore s'élever de la terre une autre bête*. La révolution française s'est arrêtée dans sa marche : (DE LA SICILE VIENDRA L'É-MOTION, TROUBLER L'EMPRINSE A PHILIPP. TRIBUTAIRE, 222¹), baignée de toutes parts par la mer, s'est élevé un nouvel esprit révolutionnaire qui a succédé à l'influence de la révolution française, ainsi qu'il est dit plus bas : *Et le dragon lui donna sa force et sa grande puissance*.

« La France est arrivée, par Rome, à la honte du 2 décembre, écrivait Mazzini en mars 1832 aux comités propagandistes du continent. Il faut qu'aujourd'hui l'Europe démocratique toute entière aide la France à se relever, comme elle a autrefois aidé l'Europe. Il faut qu'hau lieu de la flatter dans ses égarements, elle lui parle la parole franche et sévère qui est le partage des forts. Il faut surtout qu'elle marche, qu'elle marche toujours, qu'elle marche sans elle, pour que la France se hâte de la rejoindre. Le mouvement de la France tient aujourd'hui au mouvement européen. » (*Hist. complete de Napoléon III*, par M. Guy, p. 520).

Une bête qui avoit sept têtes et dix cornes, et sur ses cornes dix diadèmes, et sur ses têtes des noms de blasphème. La révolution italienne qui offre de si grands rapports avec la révolution française, *dragon à sept têtes couronnées et dix cornes*, en diffère, avons-nous dit en ce qu'elle appelle au pouvoir (couronne) tous les membres de la société indistinctement, et qu'elle confond même les unes dans les autres toutes les nationalités. Écoutons Mazzini dans cette même lettre :

« L'heure est venue de dire la vérité pure et nette, comme nous la concevons, à tous nos amis. Ils ont fait tout le mal possible à la plus belle des causes. Ils l'auraient tuée, par excès d'amour ou par inintelligence, si elle n'était *immortelle*. J'accuse les socialistes, les chefs surtout d'avoir faussé, mutilé, rétréci la grande pensée, en l'emprisonnant dans des systèmes absolus qui usurpent à la fois sur la liberté de l'individu, sur la souveraineté du pays, sur la continuité du progrès, notre loi à tous.

» Je les accuse d'avoir voulu, au nom de leur chétive individualité, bâcler des solutions positives au problème de la vie humaine avant que la vie elle-même ait pu se manifester dans sa plénitude d'aspiration et de capacité, sous l'action de ces grands courants électriques qu'on appelle *Révolutions*.

» Je les accuse d'avoir prétendu faire sortir, à l'heure fixe, de leurs cerveaux étroits ou malades, *une organisation qui ne peut sortir que du concours de toutes les facultés humaines en action*, et d'avoir substitué *une* solitaire au *nous* collectif européen ; d'avoir parlé au nom de Saint-Simon, de Fourrier, du Cabet, de tout autre, là où il s'agissait de tuer les révélateurs au profit de la révélation continue, et d'inscrire sur le fronton du Temple : *Dieu est Dieu, et l'humanité est son prophète*. » (*Id.*, p. 520).

La France révolutionnaire trouva les amis de Mazzini trop avancés et Mazzini déclare que la révolution italienne les laisse déjà loin derrière elle. Ces mots à inscrire sur le fronton du Temple : *Dieu est Dieu, et l'humanité est son prophète*, sont un des blasphèmes que la bête porte inscrits sur ses têtes.

2. *Cette bête que je vis étoit semblable à un léopard*. Cette révolution soutenue par le léopard anglais : GENÈVE A LONDRES A COQ TRAHISON FAINTE (VIII. 1-12), est un produit protestant.— *Ses pieds étoient comme des pieds d'ours*. Tous ces mouvements partent du Piémont : CHIVAS FERA POUR L'AIGLE LA MESNÉE (VIII. 1-12), etc.

— *Sa gueule comme la gueule d'un lion*. Elle jette au monde un cri plein de confiance dans ses forces : *Italia fara da se*. Que pourrait-elle craindre, si la révolution française ou le *dragon* ne lui donnait sa force et sa grande puissance. — Daniel (chap. VII), vit trois empires dans trois animaux (*le lion, le léopard et l'ours*); ici ces trois animaux n'en font qu'un, ce qui représente l'unification projetée des divers États italiens.

3. *Et je vis une de ses têtes comme blessée à mort*. En 1849, Rome, tombée au pouvoir de la révolution italienne, fut prise par l'armée française et rendue au pape. Cette tête, la première de toutes, parut *comme blessée à mort*; mais elle fut guérie. Nostradamus a dit de Napoléon III pour le fait de la prise de Rome : SERA L'UN ESLEU DE MÊME TEMPS, QUI DES ROMAINS NE SERA TROP FAVORABLE (*Vie de L.-Philippe*, p. 52), et pour son changement de conduite à l'égard de cette révolution : DE SEPT A NEUF DU CHEMIN DESTOURNÉ (*id.*, p. 78); PAR MARS CONTRAIRE SERA LA MONARCHIE DU GRAND PESCHEUR EN TROUBLE RUYNEUX (VI. 20-28). *Et toute la terre en étant dans l'admiration, suivit la bête*. Toute la terre reconnaîtra bientôt le fait accompli et suivra le torrent révolutionnaire.

4. *Alors ils adorèrent le dragon qui avoit donné sa puissance à la bête*. Tous les peuples réclameront de leurs chefs l'application des immortels principes de 1789, le Code Napoléon, etc. — *Et ils adorèrent la bête en disant : Qui est semblable à la bête?* Quand on a désappris à adorer Dieu et à se soumettre au droit, on adore volontiers toutes les bêtes. — *Et qui pourra combattre contre elle?* On combattrait, et avec succès sans doute, si on ne faisait intervenir sans cesse le principe de non-intervention créé pour le besoin de la cause. Un peuple près d'en conquérir un autre, a-t-on dit en 1792, est plus près de conquérir ses voisins que d'en être conquis. Aujourd'hui on dit : l'opinion est plus forte que le canon.

5. *Et il lui fut donné une bouche qui se glorifioit insolemment et qui blasphémoit*. La jactance et l'outrecuidance des révolutionnaires italiens n'ont d'égales que la grossièreté et l'impiété de leurs blasphèmes. — *Et elle reçut le pouvoir de faire la guerre durant quarante-deux mois*. C'est Dieu qui arme la révolution pour châtier les peuples, puis il brise son instrument dès que sa justice est satisfaite. *Quarante-deux mois, mille deux cens soixante jours* (XI. 2, 3), *un tems, des tems, et la moitié d'un tems* (XII. 6, 14), sont des expressions qui renferment la même durée prise toujours pour un temps indéterminé. Le mot guerre est ici pour la guerre étrangère, la guerre de l'Italie contre l'Autriche, c'est elle qui a éclaté la première ; la guerre des italiens entre eux ou des révolutionnaires contre ceux qui défendent l'autorité en vue de Dieu se voit plus bas : *la guerre aux saints* (ÿ. 7); la persécution sanglante aura lieu à la fin, car cette révolution doit faire autant de victimes que la révolution française : cent quarante-quatre mille (VII. 4 et XIV 1).

6. *Elle ouvrit donc la bouche pour blasphémer contre Dieu*. La révolution italienne émancipe la pensée et donne la liberté des cultes. — *Pour blasphémer son nom*. Elle donne son nom à ses partisans (XIII. 17), et persécute ceux qui portent le nom de Dieu (XIV. 1). — *Et son tabernacle*. L'Apôtre se sert ici de *le temple*, mot qu'il consacre à désigner la France (XI. 1, XV. 5-6); le *tabernacle* est Rome, siège du pouvoir temporel du souverain Pontife, représentant de Jésus-Christ sur la terre. Nostradamus appelle Rome durant la révolution italienne : LE LIEU OÙ HIÉRON FAIT SA NEF FABRIQUER (VIII. 16), SAINT HIÉRON (X. 63). *Hieron*, du mot grec *ieros*, *ieron*, signifie enceinte sacrée, temple et tout ce qui en dépend (t. II, p. 257). SAINT HIÉRON a donc même signification que *sancta sanctorum*, expressions que Nostradamus emploie encore pour Rome (*Lettre à Henry II*). — *Et ceux qui habitent dans le ciel* ou les saints du verset suivant, c'est-à-dire ceux qui, vivant de la vie de Dieu, sont dans ce monde comme n'y étant plus ; les autres *habitent sur la terre* (ÿ. 8).

7. *Il lui fut aussi donné le pouvoir de faire la guerre aux saints et de les vaincre*. Nostradamus appelle sainte, l'insurrection ven-

saints, et de les vaincre ; et la puissance lui fut donnée sur les hommes de toute tribu, de tout peuple, de toute langue et de toute nation.

8. Et elle sera adorée par tous ceux qui habitent sur la terre, dont les noms ne sont pas écrits dans le livre de vie de l'Agneau, qui a été immolé dès la création du monde.

9. Si quelqu'un a des oreilles, qu'il entende.

10. Celui qui aura réduit les autres en captivité, sera réduit lui-même en captivité. Celui qui aura tué avec l'épée, il faut qu'il périsse lui-même par l'épée. C'est ici la patience et la foi des saints.

11. Je vis encore s'élever de la terre une autre bête, qui avoit deux cornes semblables à celles de l'Agneau ; mais elle parloit comme le dragon.

12. Et elle exerça toute la puissance de la première bête en sa présence, et elle fit que la terre et ceux qui l'habi-

déeune : SAINT SALONNE (20°), SACRE SALONNE (18°). Les *saints* de la Vendée furent vaincus par la révolution : CURSEUR VICTOIRE AUX MARETS DE LA LONE (18°) ; ceux d'Italie ont déjà succombé en partie : A NAPLES, PALERME, MARQUE D'ANCONE, ROME, VENISE PAR BARRE HORRIBLE CRIE (t. II, p. 151). Nostradamus parle de Castelfidardo : GENS D'ALENTOUR DE LOTH, TARN ET GARONNE, GARDEZ LES MONTS APENNINES PASSER, VOTRE TOMBEAU PRÈS DE ROME ET D'ANCONE, LE NOIR POIL CRESPE FERA TROPHÉE DRESSER (III. 43), il parle de Gaëte : PRÈS DE LINTERNE (VIII. 1-12). — *Et la puissance lui fut donnée sur les hommes de toute tribu, de tout peuple, de toute langue et de toute nation.* L'Apôtre a désigné ainsi tous les peuples de l'Europe marchant contre la France en 1814 et 1815 (X. 11, et XI. 9) ; il parle donc ici de tous ces peuples de l'Europe. Cette révolution étendra son influence morale chez tous les peuples ; elle prétendra aider partout au rétablissement des nationalités opprimées et faire dominer enfin le « *moi collectif européen.* » (Mazzini).

8. *Et elle sera adorée par tous ceux qui habitent sur la terre, et non dans le ciel* ŷ. 6). Les habitans de la terre insultaient en 1815 aux Bourbons tombés du trône (XI. 10). — *Dont les noms ne sont pas écrits dans le livre de vie de l'Agneau qui a été immolé dès la création du monde.* Le verset 8 du chapitre XVII explique l'inversion que renferment ces mots. On y lit : *Les habitans de la terre, dont les noms ne sont pas écrits dans le livre de vie dès le commencement du monde.* « La prédestination éternelle préserve les élus de tout ce qui séduit les habitants de la terre. » (Avignon, II. 188).

9. *Si quelqu'un a des oreilles qu'il entende.* Jésus-Christ aussi a parlé d'une manière obscure, afin que ceux qui habitent la terre, en entendant n'entendent pas ; mais il a expliqué ces paroles à ceux auxquels il a été donné de connaître les mystères du royaume des cieux.

10. *Celui qui aura réduit les autres en captivité, sera réduit lui-même en captivité. La bête sera plongée dans l'abîme* (XX. 10), ses adhérans seront *tourmentés de feu et dans le soufre* (XIV. 10). Nostradamus a dit : LE GRAND CELTIQUE ENTRERA DEDANS ROME, MENANT AMAS D'EXILEZ ET BANNIS, LE GRAND PASTEUR METTRA A MORT TOUT HOMME, QUI POUR LE COQ ÉTOIT AUX ALPES UNIS (VI. 20-28). — *Celui qui aura tué par l'épée, il faut qu'il périsse lui-même par l'épée.* Nostradamus a dit pour le même fait : LE ROUTE-FEU PAR SON FEU ATTRAPÉ (V. 96-100) ; D'UN COUP DE TRAIT QUAND MOURRA L'ENVIEUX (III. 99-100), etc... ; ROY NUICT BLESSÉ SUR MULET A NOIRE HOUSSE (VI. 36). — *C'est ici la patience et la foi des saints.* « C'est ce qui nous console de voir, comme dit le Prophète, *que la justice divine n'est pas endormie*, et que Dieu viendra bientôt à leur secours (2. Petr., II. 9 ; » Migne, 1335). Le Pape, durant ces évènements, dit : L'ABBÉ DE FOIX (VIII. 1-12), TROP GRANDE FOY PAR JEU VIE PERDUE (VIII. 98-100).

11. *Je vis encore s'élever de la terre une autre bête.* Cette bête n'est point sortie de la mer comme la première ; il ne faut donc pas la chercher en Italie ; elle est née après que le dragon a été précipité en terre, alors qu'une voix du ciel a crié : *Malheur à la terre et à la mer, parce que le diable est descendu vers vous* (XII. 12). — *Qui avoit deux cornes semblables à celles de l'Agneau ; mais elle parloit comme le dragon.* A en juger par l'apparence, elle défendra l'œuvre de l'Agneau en employant ses mêmes armes puisqu'elle les possède ; mais son langage est celui du *dragon* ; sa protection, qu'on serait tenté d'invoquer, ne peut que nuire, car elle parle d'introduire les principes de 89 et le Code Napoléonien (voir : ET LUY SERONT OSTER LES DEUX GLAIVES (39°).

12. *Et elle exerça toute la puissance de la première bête en sa présence.* La révolution italienne, sortie de la mer, a hérité de l'influence que possédait dans le monde la révolution française (XIII. 2) ; maintenant, voici qu'une bête qui n'est point sortie de la mer, mais

tent adorèrent la première bête, dont la plaie mortelle avoit été guérie.

13. Elle fit de grands prodiges, jusqu'à faire descendre le feu du ciel sur la terre devant les hommes.

14. Et elle séduisit ceux qui habitent sur la terre, à cause des prodiges qu'elle eut le pouvoir de faire devant la bête, en disant à ceux qui habitent sur la terre, qu'ils dressassent une image à la bête, qui ayant reçu un coup d'épée étoit encore en vie.

15. Et il lui fut donné le pouvoir d'animer l'image de la bête, et de faire parler cette image, et de faire tuer tous ceux qui n'adoreroient pas l'image de la bête.

16. Elle fera encore que tous les hommes, petits et grands, riches et pauvres, libres et esclaves, reçoivent le caractère de la bête à la main droite ou au front.

17. Et que personne ne puisse ni acheter, ni vendre, que celui qui aura le caractère, ou le nom de la bête, ou le nombre de son nom.

18. C'est ici la sagesse. Que celui qui a l'intelligence

bien de la terre, vient exercer la puissance de la révolution italienne en sa présence. C'est, sans doute, ce que Nostradamus renferme dans le quatrain où il dit : VAIN EXPOITER VOYAGE EN ITALIQUE (114°). — *Et elle fit que la terre et ceux qui l'habitent adorèrent la première bête.* Cette bête amène le pays d'où s'est élevée et ceux qui l'habitent à applaudir à la révolution italienne. — *Dont la plaie mortelle avoit été guérie.* L'Apôtre ne rappelle pas ici sans motif que ce sont les Français qui avoit blessé à mort la révolution italienne par la prise de Rome, mais cette *blessure mortelle a été guérie.*

13. *Elle fit de grands prodiges jusqu'à faire descendre le feu du ciel sur la terre devant les hommes.* En 1814, les armées alliées durent la victoire aux armes à feu ordinaires d'où *sortoient le feu, la fumée et le soufre* (IX. 17) ; les canons rayés produisirent de plus grands prodiges le jour où on s'en servit pour la première fois. On se crut alors foudroyé d'en haut.

14. *Et elle séduisit ceux qui habitent sur la terre à cause des prodiges qu'elle eut le pouvoir de faire devant la bête.* Nostradamus a dit pour cette époque :

« *Et dans iceluy temps, et en icelles contrées la puissance infernalle* (Satan, le dragon) *mettra à l'encontre de l'Église de Jésus-Christ la puissance des adversaires de sa loy, qui sera le second Antechrist, lequel persécutera icelle Église et son vray Firmire, par moyen de la puissance des Roys temporels* (qui habitent la terre) *qui seront par leur ignorance séduicts par langues, qui trancheront plus qu'aucun glaive entre les mains de l'insensé.* » (t. II p. 150).

En disant à ceux qui habitent sur la terre, qu'ils dressassent une image à la bête, qui ayant reçu un coup d'épée étoit encore en vie. La bête qui parle ainsi est maintenant, sans doute, de retour vers les siens, car elle n'est plus en présence de la révolution italienne ; mais elle et les siens auront constamment devant les yeux l'image de cette révolution.

15. *Et il lui fut donné le pouvoir d'animer l'image de la bête, et de faire parler cette image.* Désormais tout ce qui se dira et se fera aura trait à cette révolution qui ne vit que par la bête. — *Et de faire tuer tous ceux qui n'adoreroient pas l'image de la bête.* Je suppose que cela veut dire : Tous ceux qui ne seront point partisans déclarés de la révolution italienne devront se tenir en dehors de la vie politique. C'est bien la révolution italienne qui a écrasé les Français à Castelfidardo et qui écrase tous les jours les sujets de François II.

16. *Elle fera encore que tous les hommes, petits et grands, riches et pauvres, libres et esclaves, reçoivent le caractère de la bête à la main droite ou au front.* Le suffrage universel appellera tous les hommes indistinctement à prendre la cocarde libérale et à déposer un vote favorable à la révolution italienne.

17. *Et que personne ne puisse ni acheter, ni vendre, que celui qui aura le caractère, ou le nom de la bête, ou le nombre de son nom.* Toute personne qui aura combattu la révolution italienne perdra les droits qu'il tient de sa nationalité. Des exilés politiques ne pourront ni acheter, ni vendre dans leur pays. Aucun ne pourra y vendre ses livres. Pour fonder un journal, le conserver et répandre des écrits, il faudra être dans de certaines conditions. Ceux-là seuls acquerront des places qui afficheront leur opinion libérale, ou qui se présenteront comme candidats du gouvernement, ou qui obtiendront dans les élections le nombre attaché à son nom. (La manière du Prophète fait préférer cette interprétation à celle plus naturelle qu'on tirerait de la refonte des monnaies, des timbres-postes, des médailles données aux expositions de l'industrie, etc.).

18. *C'est ici la sagesse. Que celui qui a l'intelligence compte le nombre de la bête. Car son nombre est le nombre d'un homme.*

compte le nombre de la bête. Car son nombre est le nombre d'un homme, et son nombre est six cens soixante six.

C'est ici qu'il y a lieu d'être réfléchi. Cette bête n'est pas un homme. On l'a vue (XIII. 1) semblable au *dragon l'ancien serpent qui est appelé le diable et Satan* (XII. 8); elle cessera d'être (XVII. 8) et reprendra vie pour durer presque autant que le monde (XIX. 20). La bête qui *s'est élevée de la terre, qui a exercé toute la puissance de la première bête en sa présence* (ỷ. 12), qui a fait de *grands prodiges* (ỷ 13), *animé l'image de la bête et fait parler cette image* (ỷ. 15) est le faux-prophète qu'on retrouve pour un avenir éloigné avec le dragon et la bête (XVI. 13) et qui disparaîtra qu'avec la bête (XIX. 20). Cette seconde bête ou ce faux-prophète n'est un homme; il vivra en des héritiers de son génie qui pourront se dire eux aussi au même titre que Napoléon I*er* : *La révolution fait homme; il personnifia la révolution italienne et son nombre d'hommes devient ainsi le nombre de la bête.* Que l'on remarque bien ceci : Les deux versets précédents parlent d'un caractère de la bête que ses adhérens reçoivent, et cela est rappelé plus loin (XIX. 20), et deux versets, l'un qui précède celui-ci et le XV. 2, parlent du *nombre de son nom*. L'Apôtre, qui veut qu'on réfléchisse ici, a rapproché à dessein *le caractère, le nom de la bête et le nombre de son nom*, de ceux-ci : *Le nombre de la bête est le nombre d'un homme*, et c'est à dessein encore qu'il a fait suivre immédiatement ce verset d'un autre qui est sur les élus et est sur le front *le caractère* ou *le nom de l'Agneau*. — Ainsi, c'est le caractère et le nombre du nom de la bête qui fait son nombre, et ce nombre est celui d'un homme. — *Et son nombre est six cens soixante six*. L'Apocalypse est écrite en grec, et l'Apôtre, dans son chapitre sur Napoléon I*er*, dit que cet *Exterminateur* a pour nom, en grec, *Apollyon* (pour *Apoléon*, mot grec signifiant *exterminans*, comme la marque d'Apocalypse). Il a donc connu ce nom qui doit être complété et écrit comme nous l'écrivons aujourd'hui, et c'est l'Alphabet grec, dont toutes les lettres ont une valeur numérique, qui donnera le nombre de ce nom et le nombre du caractère qui s'exprima toujours en grec et en hébreu par la lettre T (*to*, *THAU*. voir p. 10, 2*e* col.).

```
N  =  50
A  =   1
P  =  80
O  =  70
L  =  30
E  =   5
O  =  70
N  =  50
     ———
     366
T  = 300
     ———
     666
```

Les huit chapitres qui se suivent et qu'on vient d'interpréter avec suite des évènements accomplis de 1789 à 1861 m'avaient conduit à chercher le nombre 666 dans le *nom* NAPOLÉON 1*er* et le *caractère* T. Une minute a suffi pour faire le calcul, qui se trouve dans des conditions bien meilleures que ceux que l'on a faits sur les mots *Mahometis*, qui n'est pas le nom de *Mahomet*, *Dioclès Augustus*, qui n'est pas un *nom* d'homme pas plus que les mots *Lateinos* et *Apostatès*. Ce calcul présente cependant une petite difficulté qu'il ne faut pas taire. La lettre p vaut ordinairement 80 et non 90. La lettre qui avait vaut 400. On supposerait donc qu'il n'y a pas de lettre pour exprimer 90. Le *Lexique* donne cette valeur à un signe qui parait être la même ligne que le p. Ce signe, qui parait être un *p* grec, dont le premier jambage est redressé, doit être pris pour le *p*, car pour exprimer 900, multiple de 90, les Grecs employaient un *p* dont le trait inférieur était un peu prolongé comme la marque de *Lexique* à la suite de l'Alphabet.

Voici donc qui explique pourquoi S. Jean n'a pas mis 656.

« Toujours 6, et non pas 7, qui est le nombre de la perfection et de l'universalité. Les interprètes ont remarqué ce trait singulier dans les 666 ; du nombre de la bête. » (*Arignon*, II. 173). — « Comme on le voit dans toute cette prophétie, le nombre de 7 est consacré pour signifier quelque chose de complet; ainsi qu'on l'a remarqué (V. 1) : le temps de trois ans et demi, qui fait justement la moitié de sept ans, et partagé par le million une semaine d'années, doit marquer ce temps imparfait qui n'arrive pas à son terme; de cette sorte, on le prend pour le temps mystique auquel les persécutions sont fixées, pour marquer qu'étant resserrées par la main de Dieu, elles ne parviendront jamais au terme souhaité, ou se proposaient les persécuteurs. (*Migne*, 1308) (voir XI. 2, 3, 9, 11, XII. 6, 14). — « Le nombre 12 est aussi celui de l'ancien et du nouveau Testament. (voir IV. 4, VII. a, 5, XXI. 12, 14, 16, 17). » (*Migne*, 1320).

S. Jean a tenu à répéter trois fois le nombre 6, moitié de 12, pour exprimer le sens mystique renfermé dans 3 et 6 moitié de 7.

« *La Presse* publia un article signé : *Le rédacteur en chef de la Presse*, *A. Peyrat*. Divers journaux ont annoncé, en effet, que M. Peyrat avait depuis quelques jours en poche sa nomination de rédacteur en chef, agréée par Son Exc. le ministre de l'intérieur. S'il faut en juger par le premier article qu'il signe en cette qualité, la *Presse* ne sera entre les mains qu'une doublure de l'*Opinion nationale*. Citons un passage de son manifeste :

« L'Empereur n'est pas, dans le sens vulgaire du mot, un révolutionnaire ; mais, silencieux observateur des évènements, esprit froidement logique, il a senti l'invincible puissance du mouvement démocratique qui emporte l'Europe. Ce mouvement que les aveugles méconnaissent et que les fous pourront arrêter, il a voulu le conduire à petite vitesse et construire son terrain, que dix révolutions ont couvert de ruines, un édifice dont il aurait été le seul architecte. Radical dans les principes, mais obligé de compter avec les embarras d'une situation intérieure et extérieure très compliquées ; il a plusieurs fois subordonné les principes aux circonstances... »

CHAPITRE XIV.

1. Je regardai encore, et je vis l'Agneau debout sur la montagne de Sion, et avec lui cent quarante-quatre mille personnes qui avoient son nom, et le nom de son frère écrit sur le front.

2. J'entendis alors une voix qui venoit du ciel, semblable au bruit de grandes eaux, et au bruit d'un grand tonnerre ; et cette voix que j'ouïs étoit comme le son de plusieurs joueurs de harpes qui touchent leurs harpes.

3. Ils chantoient comme un cantique nouveau devant le trône et devant les quatre animaux, et les vieillards, et nul ne pouvoit chanter ce cantique, que ces cent quarante-quatre mille qui ont été rachetés de la terre.

4. Ce sont ceux qui ne se sont point souillés avec les femmes, parce qu'ils sont vierges. Ceux-là suivent l'Agneau partout où il va : ils ont été achetés d'entre les hommes pour être consacrés à Dieu et à l'Agneau comme des prémices.

5. Et il ne s'est point trouvé de mensonge dans leur bouche, parce qu'ils sont purs et sans tâche devant le trône de Dieu.

6. Je vis un autre ange qui voloit par le milieu du ciel, portant l'Evangile éternel pour l'annoncer à ceux qui sont sur la terre, à toute nation, à toute tribu, à toute langue et à tout peuple ;

7. et il disoit d'une voix forte : Craignez le Seigneur, et rendez-lui gloire, parce que l'heure de son jugement est venue ; et adorez celui qui a fait le ciel et la terre, la mer et les sources des eaux.

« L'Empereur croit à la démocratie ; mais il a voulu la gouverner, la conduire, la mettre à son pas. Quand il l'a vue menacée par la contre-révolution, prête à s'emporter et à hâter son mouvement, il a accéléré la marche et gardé la tête du mouvement; et c'est ainsi que s'expliquent les grands évènements accomplis dans ces dernières années. Il a battu et diminué l'Autriche, circonscrit dans Rome le papauté temporelle, et, enfin, officiellement reconnu le nouveau royaume italien. Grandes étapes, à coup sûr, et qui nous rapprochent singulièrement du but. Encore une, et le but est atteint. Cette étape, l'évacuation de Rome, se fera, nous n'en doutons pas, car nous avons confiance dans la logique des choses et dans l'aberration du parti contre-révolutionnaire. » (*L'Ami de la Religion*, 31 juillet 1861).

Ce chapitre encore forme un tout complet, embrassant encore une période historique importante et nettement définie.

1-5. *Je regardai encore et je vis l'Agneau debout sur la montagne de Sion, et avec lui cent quarante-quatre mille personnes qui avoient son nom, et le nom de son Père écrit sur le front* : « *Hoc enim significat to in frontibus* » (Migne, 1349) (voir p. 10, 2*e* col.). S. Jean a déjà vu cet *Agneau comme égorgé et qui étoit debout* (V. 6). En le voyant entouré d'un nombre de victimes de la révolution italienne égal à celui des victimes de la révolution française (VII. 4), un frisson parcourt tout le corps. On remarque avec anxiété qu'un nouveau pape apparaît aussitôt que l'*Agneau* a été vu debout sur la montagne. On a vu la mort de Louis XVI dans ces mots : *La grande ville… où leur Seigneur même a été crucifié* (XI. 8). On verra un de ses successeurs sous ces mots : *Quelqu'un qui ressembloit au Fils de l'homme* (ỷ. 14)…

6. *Je vis un autre ange qui voloit par le milieu du ciel*, comme l'Aigle (VIII. 13), mais il ne crie pas *malheur!* — *Portant l'Evangile éternel pour l'annoncer à ceux qui sont sur la terre, à toute nation, à toute tribu, à toute langue et à tout peuple*, cette prophétie désigne le pape par les mots : LUMEN IN COELO, et Nostradamus annonce le sera loin de Rome, parcourant le monde qu'il appellera tout entier à la connaissance de la vraie religion : ET NE VOUDRA EN CITEZ PRENDRE PLACE…, PAR TOUS LES LIEUX ABOLIRA LA TRASSE (V. 73-84) ; SERONT ARABES AUX POULLONS RALLIEZ (…). LA LOY MORICQUE ON VERRA DÉFAILLIR…, NOUVELLE LOY TERRE NEUFVE OCCUPER, VERS LA SYRIE, JUDÉE ET PALESTINE (III. 90-97), etc. Le moment est peu éloigné où il n'y aura plus qu'un seul troupeau et un seul pasteur : PAR LA VENUE DU GRAND LÉGISLATEUR : HUMBLE, HAUSSERA, VEXERA LES REBELLES, NAISTRA SUR TERRE AUCUN OEMULATEUR…, L'OGMION GRANDE BISANCE APPROCHERA…, L'OYSEAU ROYAL SUR LA CITÉ SOLAIRE, etc… (V. 73-84). Nostradamus réunit des évènements que l'Apôtre n'a point séparés ; car l'Apôtre dit que durant l'élection de ce grand pape :

8. Un autre ange suivit, qui dit ces paroles : Babylone est tombée; elle est tombée cette grande ville qui a fait boire à toutes les nations le vin de sa prostitution qui a irrité Dieu.

9. Et un troisième ange suivit ces deux, qui dit à haute voix : si quelqu'un adore la bête ou son image ou qu'il en reçoive le caractère sur le front, ou dans la main,

10. celui-là boira du vin de la colère de Dieu, de ce vin tout préparé dans le calice de sa colère, et il sera tourmenté dans le feu et dans le soufre devant les saints anges et en présence de l'Agneau.

11. Et la fumée de leurs tourmens s'élèvera dans les siècles des siècles, sans qu'il reste aucun repos ni jour ni nuit à ceux qui auront adoré la bête ou son image, ou qui auront reçu le caractère de son nom.

12. C'est ici la patience des saints, qui gardent les commandemens de Dieu et la foi de Jésus.

13 Alors j'entendis une voix qui me dit du haut du ciel : Ecrivez : Heureux sont les morts qui meurent dans le Seigneur. Dès maintenant, dit l'Esprit, ils se reposeront de leurs travaux : car leurs œuvres les suivent.

14. Et comme je regardois, il parut une nuée blanche, et sur cette nuée quelqu'un assis qui ressembloit au Fils de l'homme. et qui avoit sur la tête une couronne d'or, et à la main une faulx tranchante.

15. Et un autre ange sortit du temple, criant d'une voix forte à celui qui étoit assis sur la nuée : Jettez votre faulx et moissonnez ; car le tems de moissonner est venu, parce que la moisson de la terre est mûre.

16. Alors celui qui étoit assis sur la nuée jetta sa faulx sur la terre, et la terre fut moissonnée.

17. Et un autre ange sortit du temple qui est dans le ciel, ayant aussi une faulx tranchante.

18. Il sortit encore de l'autel un autre ange qui avoit pouvoir sur le feu, et il cria d'une puissante voix à celui qui avoit la faulx tranchante : Jettez votre faulx tranchante, et coupez les grapes de la vigne de la terre, parce que les raisins en sont mûrs.

19. L'ange jetta donc sa faulx en terre, et vendangea la vigne de la terre, et en jetta les raisins dans la grande cuve de la colère de Dieu.

20. Et la cuve fut foulée hors de la ville, et le sang sortit de la cuve en telle abondance, que les chevaux en avoient jusqu'aux mors dans l'étendue de mille six cens stades.

CHAPITRE XV.

1. Je vis dans le ciel un autre prodige grand et admirable. C'étoit sept anges qui avoient les sept dernières plaies, par lesquelles la colère de Dieu est consommée.

2. Et je vis une mer comme de verre, mêlée de feu; et ceux qui étoient demeurés victorieux de la bête, de son image, et du nombre de son nom, étoient sur cette mer comme de verre, et avoient des harpes de Dieu.

3. Ils chantoient le cantique de Moïse serviteur de Dieu, et le cantique de l'Agneau, en disant : Vos œuvres sont grandes et admirables, ô Seigneur Dieu tout puissant; vos voies sont justes et véritables, ô Roi des siècles.

---

8. *Un autre ange suivit, qui dit ces paroles : Babylone est tombée.* Ce que Nostradamus exprime ailleurs ainsi : AVEC PULLULATION DE LA NEUFVE BABYLONNE, FILLE MISÉRABLE AUGMENTÉE PAR L'ABOMINATION DU PREMIER HOLOCAUSTE, ET NE TIENDRA TANT SEULEMENT QUE SEPTANTE TROIS ANS ET SEPT MOIS 25°-26°). Cette ville perd son influence, mais n'est pas détruite. Sa condamnation n'aura lieu que plus tard (XVIII. 10) (voir ÿ. 14).

9. *Et un troisième ange suivit ces deux...* Nostradamus parle d'un homme qui secondera le premier : SOUSTIENT ARC ET COUVERT (X. 30) ; CELUY QU'AURA COUVERT DE LA GRAND CAPPE (IV. 10-21), NOUVEAU CONNESTABLE (IX. 4), etc.

10-13. *Celui-là boira du vin de la colère de Dieu* : UN ROY DE FRANCE LE BENDRA VULCANAL, LES DEUX UNIS NE TIENDRONT LONGUEMENT, ET DANS TREIZE ANS AU BARBARE SATRAPPE : AUX DEUX COSTEZ FERONT TEL PERDEMENT, QU'ON BÉNIRA LA BARQUE ET SA CAPPE (V. 73-84).

14-15. *Il parut une nuée blanche.* Louis XVI parut sur le cheval blanc au début de la prophétie (VI. 2). — *Et sur cette nuée quelqu'un assis qui ressembloit au Fils de l'homme.* Louis XVIII revint FORT ET PUISSANT, revêtu d'une nuée (X. 1), et en 1815 il remonta au trône dans une nuée (XI. 12). — *Et qui avoit sur la tête une couronne d'or.* Louis XVI, sur le cheval blanc, avoit une couronne (VI. 2), et non plusieurs comme le Verbe de Dieu (XIX. 12). Cet ange est celui qui a crié: *Babylone est tombée.* Puis-je le nommer? Béranger, dans sa chanson *Halte-là!* ou le Système des interprétations, publiée en 1820, a dit : Puis-je parler de Marie? V......... dira : «Non. C'est la mère d'un Messie, Le deuxième de son nom. Halte-là ! Vite en prison pour cela. » — *Et à la main une faulx tranchante.* Ce détail renferme ces mots: *l'enfant mâle qui devoit gouverner toutes les nations avec une verge de fer* (XII. 8).

18-20. *Et un autre ange sortit du temple.* C'est celui qu'on a vu plus haut, ÿ. 9 ; d'autres anges sortent, *l'un du temple* (ÿ. 17), et *l'autre de l'autel* (ÿ. 18). Plus tard, *sept anges* qui portent les sept dernières plaies (XV. 1), sortiront du temple du tabernacle du témoignage (ÿ. 5-6). On voit que la France, représentée par les mots : *temple, autel* (XI. 1), *arche d'alliance* (XI. 19), reprendra dans le monde son rôle civilisateur et religieux. Mais auparavant, Dieu exercera *en dehors de la ville* (XIV. 20), en dehors du temple des vengeances terribles.

1. *Je vis dans le ciel un autre prodige grand et admirable* (voir XII. 1). C'est en France que l'Apôtre voit ce prodige : le temple s'ouvre (ÿ. 3), sept anges sortent du temple (ÿ. 6), le temple est rempli de fumée (ÿ. 8); le cinquième ange répand sa coupe sur le trône de la bête (XVI. 10), le sixième sur le grand fleuve d'Euphrate (id. 12), le septième dans l'air, et un tremblement de terre cause la ruine de Babylone (id. 17-19). — *C'étoit sept anges qui avoient les sept dernières plaies, par lesquelles la colère de Dieu est consommée.* Sept anges ont sonné de sept trompettes (VIII. 2) durant la révolution de 1789 à 186., après SEPT ET CINQUANTE ANNÉES PACIFIQUES (X. 89) données en partie par celui qui *ressemble au Fils de l'homme* (XIV. 14, voir t. II. p. 136), et en partie par L'OGMION, qui PAR LES ITALES ESTENDRA SON ENSEIGNE (VI. 42), *une voix se fera entendre du temple, qui dira : C'en est fait* (XVI. 17) : LES FLEURS PASSÉES DIMINUE LE MONDE, LONGTEMPS LA PAIX TERRES INHABITÉES... PUIS DE NOUVEAU LES GUERRES SUSCITÉES (I. 63). C'est un des sept anges qui tenoient les sept coupes pleines des sept dernières plaies qui montrera à S. Jean l'épouse qui a l'Agneau pour époux, ou l'Église au dernier jour du monde (XXI. 3).

2. *Et je vis une mer comme de verre mêlée de feu.* L'Apôtre a déjà dit que *vis-à-vis du trône il y avoit une mer transparente comme le verre et semblable à du cristal* (IV. 6). Une mer calme apparaît phosphorescente ou mêlée de feu après de grandes chaleurs. — On dit : La mer était un miroir poli comme une glace de Venise. — Après les jours orageux de la vie où les élus ont supporté le poids de la chaleur, viennent les jours de calme où ils jouissent de la plus pure félicité. — *Et ceux qui étoient demeurés victorieux de la bête, de son image, et du nombre de son nom, étoient sur cette mer comme de verre, et avoient des harpes de Dieu.* Les victimes de la révolution italienne ont été comptées plus haut (XIV. 4), et elles ont reçu leur récompense dans le ciel où elles chantent un cantique nouveau (id. 2-8). Ici, la mer comme de verre mêlée de feu, représente le calme apparent dont jouira la France, après que Babylone sera tombée une première fois (XIV. 8). Les sociétés secrètes entretiendront le feu révolutionnaire de la Montagne tout en feu *qui fut jettée dans la mer* (VIII. 8) : CEUX QUI AURONT ENTREPRIS SUBVERTIR NONPAREIL RÈGNE PUISSANT ET INVINCIBLE... NAISTRA DE GOUFFRE DE CITÉ IMMESURÉE, NAY DE PARENS OBSCURS ET TÉNÉBREUX, QUAND LA PUISSANCE DU GRAND ROY REVERÉE, VOUDRA DESTRUIRE PAR ROUEN ET EVREUX (V. 83-84, voir V. 74-83 et IV. 100). *Ceux qui étoient demeurés victorieux de la bête,* sont ceux qui auront vaincu la révolution. — *Et du nombre de son nom :* MÉSOPOTAMIE DÉFAILLIRA EN FRANCE (III. 99-100). Délivrés de la captivité de BABYLONE, qui aura duré SEPTANTE TROIS ANS ET SEPT MOIS (26°), ils reprendront leurs harpes longtemps suspendues *aux saules qui sont au milieu de Babylone* (Ps. CXXXVI. 1-2).

3. *Et ils chantoient le cantique de Moïse.* Le cantique d'action de grâce, après le passage de la mer Rouge (*Exode* XV. 1-20). — *Et le cantique de l'Agneau* que l'Apôtre a entendu dans le ciel : *Les quatre animaux et les vingt-quatre vieillards se prosternèrent devant l'Agneau... et ils chantoient un cantique nouveau* (V. 8-9). On empruntera les actions de grâces de l'ancien et du nouveau Testament. — *En disant :* Vos œuvres sont grandes et admirables.

4. Qui ne vous craindra, ô Seigneur, qui ne glorifiera votre nom ? Car vous seul êtes plein de bonté, et toutes les nations viendront à vous, et vous adoreront, parce que vous avez manifesté vos jugemens.

5. Comme je regardois ensuite, je vis que le temple du tabernacle du témoignage s'ouvrit dans le ciel.

6. Et les sept anges qui portoient les sept plaies sortirent du temple, vêtus d'un lin propre et blanc, et ceints sur la poitrine d'une ceinture d'or.

7. Alors l'un des quatre anges donna aux sept anges sept coupes d'or pleines de la colère de Dieu, qui vit dans les siècles des siècles.

9. Et le temple fut tout rempli de fumée, à cause de la majesté et de la grandeur de Dieu, et nul ne pouvoit entrer dans le temple jusqu'à ce que les sept plaies des sept anges fussent consommées.

CHAPITRE XVI.

1. J'entendis ensuite une voix forte qui venoit du temple, et qui dit aux sept anges : Allez, répandez sur la terre les sept coupes de la colère de Dieu.

2. Le premier s'en alla, et répandit sa coupe sur la terre : et les hommes qui avoient le caractère de la bête, et ceux qui adoroient son image, furent frappés d'une plaie maligne et dangereuse.

David, Salomon, Cyrus, plusieurs autres grands personnages ont été la figure de Jésus-Christ, et l'Ecriture-Sainte semble leur appliquer des textes qui ne peuvent être entendus que de J.-C. Dans l'Apocalypse, au contraire, bien des paroles sont adressées à Dieu, qui s'appliquent à des hommes de Dieu. Ici il est parlé de celui qui, *assis sur une nuée, ressembloit au Fils de l'homme* (XIV. 14), et dont il est dit : Au chef du monde le grand CHYREN sera, plus outre après aymé, craint redouté; Son bruit et los les cieux surpassera, Et du seul titre victeur fort contenté (VI. 70); Faisant trembler terre et mer contrées (X. 79-80), Que terre et mer faudra que on le craigne (IV.11-20). — *Vos voix sont justes et véritables* : De cinq cens ans plus compte ne tiendra... Grande clarté donra, Qui par ce siècle les rendra très contens (III. 90-95).

4. *Qui ne vous craindra* : Que terre et mer faudra que on le craigne (IV, 11-20), Craint, redouté (VI. 70). — *Qui ne glorifiera votre nom* : Son bruit et los les cieux surpassera (*id.*). — *Qui ne glorifiera votre nom* : Plus outre après aymé (*id.*). — *Et toutes les nations viendront à vous* : Au chef du monde le grand CHYREN sera (*id.*). On a vu plus haut qu'à cette époque l'*Evangile éternel* serait annoncé à ceux qui sont sur la terre, à toute nation, à toute tribu : Par le croissant du grand CHYREN Selin... Le grand Celtique entrera dedans Rome, Menant amas d'exilés et bannis, Le grand pasteur mettra à mort tout homme Qui pour le Coq estoit aux Alpes unis (VI. 20-28, voir 73-81); Le Roy et Duc joignant (X. 79-80, etc.). — *Parce que vous avez manifesté vos jugemens.* Ces derniers mots trouvent leur application dans les citations précédentes, et il est dit encore : Le blonde au nez force viendra commettre, Par le duelle et chassera dehors, Les exilez dedans fera remettre Aux lieux marins commettant les plus forts (II. 67, voir X. 30).

5. *Comme je regardois ensuite, je vis que le temple du tabernacle du témoignage s'ouvrit dans le ciel.* Nouvelle vision sur des évènements qui suivront immédiatement les premiers d'après Nostradamus. — « Le Temple et le Tabernacle devoient être ici réunis, non-seulement à cause de leur propriété commune d'être la maison de Dieu, mais encore parce que le Temple rebâti après le retour de la captivité, et le Tabernacle construit dans le désert, se réunissent dans l'évènement prophétisé par ces anciennes figures. La Religion, reparée dans son ancienne splendeur, est un *Temple* dont les ruines sont relevées. Cette Religion, ce culte, qui reparoît dans sa pureté, est comme une tente de voyage, un *Tabernacle* dressé pour Israël, quand il est en marche. Du milieu de ce sanctuaire, Dieu se rend *témoignage* à lui-même, à la sainteté de ses loix, à la fidélité de ses promesses, à l'équité souveraine de ses jugements. Le Seigneur rendoit ses oracles de dessus le trône qu'il s'étoit choisi sur l'arche. De là partoient aussi les traits de sa colère, qui foudroyoient les ministres prévaricateurs, tels que Nadab et Abiu, et les Assyriens superbes qui venoient détruire Jérusalem, en blasphémant le souverain Seigneur qu'elle adore. C'est de Sion que le prophète Isaïe voyoit s'élancer le feu dévorant qui fit périr dans une seule nuit l'armée de Sennacherib. Dans l'Apocalypse, le *Temple du Tabernacle du témoignage* s'ouvre de même pour la perte des Nations qui suivent la Bête et ses erreurs, qui participent à ses blasphêmes, en se courbant devant son image, et qui portent l'empreinte et le caractère qui dénote les sujets de ce malheureux royaume. » (*Avignon*, II. 226). En appliquant cette citation à la France, le *Temple* de S. Jean et de Nostradamus, où Dieu place ses *témoins* (XI. 1-3) et d'où il tire les instruments de sa colère et de sa bonté, on a un tableau exact de l'état de la France et de l'Eglise après sa restauration : La barque neufve recevra les voyages, La et auprès transféreront l'Empire (X. 93-94); Au lieu que Hiéron fait sa nef fabriquer (VIII. 1-16); Grand CHYREN Selin, Quintin, Arras recouvrez au voyage (VIII. 54, etc.).

6. *Et les sept anges qui portoient les sept plaies sortirent du temple.* Ces anges sortent de la France pour frapper le monde. Ceci aura lieu après quelques années de République : A l'OGMION sera laissé le regne du grand Selin, Qui plus sera de faict, Par les Itales estendra son enseigne, Regi sera par prudens contre-

---

fait (VI. 35-43). Cependant les trois dernières plaies frapperont en particulier la France : *Le cinquième ange répandit sa coupe sur le trône de la bête* (XVI. 10, voir XVII. 3); *le sixième sur le grand fleuve d'Euphrate* (XVI. 12, voir IX. 14); *le septième dans l'air... la grande ville fut divisée* (XVI. 17-19, Babylone). Nostradamus le dit également en faisant suivre le quatrain où la République succédant au grand Selin conquiert l'Italie, de celui-ci sur la ruine de Paris : Longtemps sera sans estre habitée, Où Seine et Marne autour vient arrouser (VI. 43). — *Vétus d'un lin propre et blanc.* Un quatrain où l'on voit ces mots grand CHYREN Selin à ce vers : Six eschappez, cachez fardeaux de lin (VI. 27), et deux autres interprétés du même souverain ont celui-ci : Six eschappez en habit Seraphique (X. 93-95). — *Et ceints sur la poitrine d'une ceinture d'or.* L'aspect de ces anges n'a rien de terrible en soi; Dieu ne veut plus ramener le pécheur par la crainte des châtiments : *La colère de Dieu est consommée* (XV. 1); c'en est fait (XVI. 17).

7. *Alors l'un des quatre animaux* (IV. 6) *donna aux sept anges sept coupes d'or pleines de la colère de Dieu.* Les pécheurs sont la coupe où Dieu puise, dit Isaïe (LI. 17), boivent la coupe de la colère de Dieu, et l'avalent jusqu'à la lie. Dieu, dit le Psalmiste (LXXIV. 9), a une coupe à la main, dont il la verse deçà et delà.

8. *Et le temple fut tout rempli de fumée*, etc. On lit dans l'*Exode* (XL. 34) : « Une nuée couvrit le tabernacle du témoignage, et il fut rempli de la gloire du Seigneur. Et Moïse ne pouvoit entrer dans la tente d'alliance, parce que la nuée couvroit tout, et que la majesté du Seigneur éclatoit de toute part, tout étant couvert de cette nuée... » — *Et nul ne pouvoit entrer dans le temple.* Nostradamus nous a dit que cinq estranges sont entrez dedans le temple, en 1814 (212e), et l'Apôtre, pour cette même époque, nous a montré les *Gentils foulant aux pieds la ville sainte*, alors qu'ils étaient dans le temple (XI. 1-2); les étrangers ne rentreront de nouveau en France que lorsque les sept plaies des sept anges seront consommées, comme le marque plus loin l'Apocalypse : *Les dix cornes que vous avez vues dans la bête, sont ceux qui haïront cette prostituée : ils la réduiront dans la dernière désolation* (XVII. 16); *les rois de la terre qui se sont corrompus avec elle frapperont leur poitrine en voyant la fumée de son embrasement* (XVIII. 9); et c'est ce que Nostradamus déclare aussi : Sera proche du septième millenaire, que plus le sanctuaire de J.-C. ne sera conculqué par les infidèles qui viendront d'Aquilon, le monde approchant de quelque grande conflagration (*Lettre*), et Longtemps sera sans estre habitée, Où Seine et Marne autour vient arrouser, De la Tamise et Martiaux temptée, Deceus les gardes en cuidant repousser (VI. 42-43).

Dans le chapitre précédent, *ceux qui étoient demeurés victorieux de la bête, de son image et du nombre de son nom glorifient Dieu* en paix. Dans celui-ci, les maux frappent *ceux qui avoient le caractère de la bête et ceux qui adoroient son image* (ỹ. 2), *le trône de la bête et son royaume* (ỹ. 10), *le grand fleuve d'Euphrate* (ỹ. 12), et enfin *la grande Babylone* (ỹ. 19). Ces sept plaies nous rappellent par leur nombre et par leur nature celles d'Egypte, tombent en particulier sur *la grande ville*, appelée spirituellement *Sodome* et *Egypte* (XI. 8).

1. *J'entendis une voix forte qui venoit du temple.* De la France encore partira le signal des derniers malheurs pour le monde.

2. *Le premier s'en alla* (XV. 6), *et répandit sa coupe sur la terre.* Au bruit des quatre premières trompettes (VIII. 7, 8, 10, 12), la terre, la mer, les fleuves et le soleil furent frappés *dans leur troisième partie seulement*, parce qu'alors il n'y avait que le Tiers à punir, la noblesse et le clergé ayant été anéantis par les évènements des chapitres précédents (VI. et VII.). Ici, les quatre premières plaies n'épargnent rien, la terre étant couverte d'*habitans de la terre*

3. Le second ange répandit sa coupe sur la mer, et elle devint comme le sang d'un mort : et tout ce qui avoit vie dans la mer mourut.

4. Le troisième ange répandit sa coupe sur les fleuves et sur les sources des eaux : et elles furent changées en sang.

5. Et j'entendis l'Ange établi sur les eaux qui dit : Vous êtes juste, Seigneur, vous qui êtes, et qui avez toujours été, vous êtes saint en exerçant de tels jugemens.

6. Parce qu'ils ont répandu le sang des Saints et des Prophètes, vous leur avez même donné du sang à boire : c'est ce qu'ils méritent.

7. J'en entendis un autre du côté de l'autel, qui disoit : Oui, Seigneur, Dieu tout puissant, vos jugemens sont véritables et justes.

8. Après cela le quatrième ange répandit sa coupe sur le soleil, et le pouvoir lui fut donné de tourmenter les hommes par l'ardeur du feu.

9. Et les hommes étant frappés d'une chaleur dévorante, blasphêmèrent le nom de Dieu, qui avoit ces plaies en son pouvoir ; et ils ne firent point pénitence pour lui donner gloire.

10. Le cinquième ange répandit sa coupe sur le trône de la bête, et son royaume devint ténébreux, les hommes se mordirent la langue dans l'excès de leur douleur ;

11. et ils blasphêmèrent le Dieu du ciel, à cause de leurs douleurs et de leurs plaies ; et ils ne firent point pénitence de leurs œuvres.

12. Le sixième ange répandit sa coupe sur le grand fleuve d'Euphrate, et son eau fut séchée pour ouvrir le chemin aux rois qui doivent venir d'orient.

13. Je vis alors sortir de la gueule du dragon, de la bête, et de la bouche du faux prophète, trois esprits impurs semblables à des grenouilles.

14. Ce sont des esprits de démons qui font des prodiges, et qui vont vers les rois de toute la terre pour les assembler au grand jour du Dieu tout puissant, destiné au combat.

15. Je viendrai bientôt comme un larron : Heureux celui qui veille, et qui garde bien ses vêtemens, afin qu'il ne marche pas nud, et n'expose pas sa honte aux yeux *des autres*.

16. Et ces esprits assemblèrent ces rois au lieu qui est appelé en hébreu Armagédon.

(XI. 10). — *Et les hommes qui avoient le caractère de la bête* (XIII. 17), *et ceux qui adoroient son image, furent frappés d'une plaie maligne et dangereuse.* « De tels hommes sont des Egyptiens en esprit, et la première coupe produit en eux le même effet que la sixième plaie dont Moïse frappa l'Egypte et ses enchanteurs. *Des ulceres accompagnées de pustules enflammées parurent dans les hommes et les bêtes.* » (*Exode*, IX. 9 ; *Avignon*, II. 238). — A la fin de la Bible de Sacy se trouve l'*explication des noms Hébreux, Chaldéens et Grecs*; on y lit : THAU, signe.

3-4. *La mer devint comme le sang d'un mort : et tout ce qui avoit vie dans la mer mourut... Le fleuves et les sources des fleuves furent changées en sang.* « Ces deux sortes d'eaux désignent des objets différents : la mer représente les Etats, les Républiques, les Monarchies, dans le sein desquelles les hommes demeurent ; *les fontaines et les fleuves sont des eaux douces*, destinées à désaltérer les hommes, et à leur donner un rafraichissement nécessaire. Autre est donc la plaie qui infecte les eaux dont on doit boire ; autre est celle qui change en sang la constitution des Etats » Avignon, II. 243. « *Prenez votre verge, et étendez votre main sur les eaux d'Egypte, sur les fleuves, sur les ruisseaux, sur les marais et sur les eaux de tous les lacs, afin qu'elles soient changées en sang, et qu'il n'y ait que du sang en toute l'Egypte, dans tous les vaisseaux ou de bois ou de pierre.* » (*Exode*, VII. 19).

5. *Et j'entendis l'ange établi sur les eaux.* Cet ange loue le Seigneur de la condamnation de la grande Prostituée, qui est assise sur les grandes eaux (XVII. 1).

6. *Parce qu'ils ont répandu le sang des Saints et des Prophètes.* S. Jean dit que dans la grande Babylone : on a trouvé le sang des Prophètes et des Saints, et de tous ceux qui ont été tués sur la terre (XVIII. 24).

7. *J'en entendis un autre du côté de l'autel.* La voix qui a commandé aux sept anges de répandre les coupes *venoient du temple* (France, XVI. 1) ; c'est de l'autel (France, voir XI. 1) que sort une voix pour applaudir aux justes jugemens de Dieu.

8-9. *Sur le soleil... tourmenter les hommes par l'ardeur du feu.* « Pour signifier les chaleurs excessives et ensuite la famine. » (*Migne*, 1361) « PAR QUARANTE ANS L'IRIS N'APPAROITRA, PAR QUARANTE ANS TOUS LES JOURS SERA VEU, LA TERRE ARIDE EN SICCITÉ CROISTRA, ET GRANDS DÉLUGES QUAND SERA APPERCEU (I. 17) ; POUR LA CHALEUR SOLAIRE SUR LA MER, DE NÉGREPONT LES POISSONS DEMY CUITS II. 3).

10-11. *Sur le trône de la bête et son royaume devint ténébreux.* La Babylone moderne est une femme *assise sur une bête de couleur écarlate pleine de blasphêmes, qui avoit sept têtes et dix cornes* (XVII. 3). On a déjà dit (p.   ) que la République française annexera plus tard l'Italie en révolution. Le royaume de la grande ville appelée spirituellement Egypte (XI. 8), est frappé de ténèbres : « *Le Seigneur dit à Moïse : Etendez votre main vers le ciel, et qu'il se forme sur la terre d'Egypte des ténèbres si épaisses qu'elles soient palpables* » (*Exode*, X. 21). Un royaume ténébreux est un royaume en révolution ; il est dit du duc de Bordeaux : NAV SOUS LES OMBRES ET JOURNÉES NOCTURNES... (V. 39-45).

Isaïe, XLVII. 4. *Descendez, asseyez-vous dans la poussière, ô vierge, fille de Babylone, asseyez-vous sur la terre : vous n'êtes plus sur le trône, fille des Chaldéens... Je me vengerai de vous... demeurez dans le silence, et entrez dans les ténèbres, ô fille des Chaldéens, parce que vous ne serez plus appelée à l'avenir la dominatrice des royaumes. J'avois été en colère contre mon peuple, j'avois rejeté avec horreur mon héritage, je les avois livrés entre vos mains, et vous n'avez point usé de miséricorde envers eux... Vous dites en votre cœur : Je suis souveraine, et après moi il n'y en a point d'autre ; je ne deviendrai point veuve ; et je ne sçaurai ce que c'est que la stérilité... Les marchands de ces vôtre nus comme la paille, le feu les a dévorés : ils ne pourront délivrer leurs âmes des flâmes ardentes... Les marchands qui avoient trafiqué avec vous dès votre jeunesse, s'enfuiront tous...* » — On retrouve tous ces traits dans la condamnation de la Babylone de S. Jean (voir chap. XVIII).

12. *Sur le grand fleuve d'Euphrate.* On a vu plus haut (IX. 14) : *Déliez les quatre anges qui sont liés sur le fleuve de l'Euphrate*, et l'on a vu dans ce fleuve la Seine qui traverse la Babylone moderne : MÉSOPOTAMIE DÉFAILLIRA EN FRANCE (III. 99). — *Et son eau fut séchée pour ouvrir le chemin aux rois qui venoient d'Orient.*

« *Cyrus qui assiégeoit Babylone, fit ouvrir sur le soir la tranchée des deux côtés de la rivière, au-dessus de la ville, afin d'y faire écouler les eaux. Par ces couvertures, aussi bien que par celle de la grande Lycée, la rivière Euphrate, qui, comme on dit se trouva à sec vers minuit. Alors les deux corps de troupes, selon leurs ordres, y entrèrent... Cyrus s'étant ainsi rendu maître de Babylone, fit publier un Edit portant que tous ceux qui mettroient las les armes auroient la vie sauve...* » (*Histoire des Juifs*. Prideaux, I. 324).

Le Cyrus moderne s'emparera-t-il de Paris de la même manière ? voir quatr. V. 81. L'Apocalypse parle ici de rois étrangers qui dans un avenir éloigné entreront dans cette ville pour la détruire (XVIII. 9).

13. *Je vis alors sortir de la gueule du dragon, de la bête, et de la bouche du faux prophète, trois esprits impurs semblables à des grenouilles.* L'esprit révolutionnaire soufflera de tous côtés ; alors reparaîtra tout ce qu'a produit la révolution française, la révolution italienne et l'homme noir a été la plus grande influence sur ce siècle, et le monde sera frappé d'une nouvelle plaie d'Egypte : « *Je frapperai toutes vos terres, et je les couvrirai de grenouilles.*

14. *Ce sont des esprits de démons...* Les rois doivent casser eux-mêmes les dernières révolutions du monde. Déjà l'on voit LES ROYS TEMPORELS PAR LEUR IGNORANCE SÉDUITS PAR LANGUES... (t. II. p. 150, 2° col.). L'Evangile éternel aura été annoncé à ceux qui sont sur la terre, à toute nation, etc. (XIV. 6) ; après, la révolution armera les rois de toute la terre contre Dieu.

15. *Je viendrai bientôt comme un larron...* S. Jean rappelle ici la parole de Jésus-Christ : « *Veillez donc, parce que vous ne savez pas à quelle heure votre Seigneur doit venir. Car sçachez que si le père de famille étoit averti de l'heure à laquelle le voleur doit venir, il est sans doute qu'il veilleroit... Le Fils de l'homme viendra à l'heure que vous ne pensez pas.* (S. Mathieu, XXIV. 42). — *Heureux celui qui veille.* L'homme, surpris dans le sommeil, sortira sans vêtement, lorsqu'il entendra cette parole : *Sortez de Babylone, mon peuple, de peur que vous n'ayez part à ses péchés, et que vous ne soyez enveloppé dans ses plaies* (XVIII. 4).

16. *Et ces esprits assemblèrent ces rois au lieu qui est appelé en hébreu Armagédon.* Leur ruine est racontée à la fin du chap. XIX.

« *Armagédon* paroit composé de *Ar*, montagne, et de *Mageddon* » (*Avignon*, II. 237). « Là montagne de Mageddon, lieu où les grandes armées sont défaites, lieu où les rois de Chanaan seront taillés en pièces un Mageddon (*Jud.*, IV. 7-16 ; V. 19) ; Ochosias, roi de Juda, y périt (IV. *Reg.*, IX. 27) ; et Josias est tué dans le même lieu par Nechao, roi d'Egypte (IV. *Reg.*, XXIII. 29). Ce mot veut donc dire que les empereurs seront menés par leurs devins dans des guerres où ils périront, et que leur perte sera suivie d'une désolation publique, semblable à celle qui arriva à Mageddon, lorsque Jonas y périt (*Zachar.*, XII. 11). Ce passage de Zacharie : « *En ce tems-là il y aura un grand deuil dans Jérusalem, tel que fut celui de la ville d'Adrammon dans la plaine de Mageddon. Tout le pays sera dans les larmes...* », ce passage fait voir que ce lieu, dans le style prophétique, est l'image des grandes douleurs. » (*Migne*, 1366).

17. Le septième ange répandit sa coupe dans l'air, et une forte voix se fit entendre du temple *comme venant* du trône, qui dit : C'en est fait.

18. Aussitôt il se fit des éclairs, des bruits et des tonnerres, et un grand tremblement de terre, et si grand qu'il n'y en eut jamais un tel depuis que les hommes sont sur la terre.

19 La grande ville fut divisée en trois parties, et les villes des nations tombèrent, et Dieu se ressouvint de la grande Babylone pour lui donner à boire le calice du vin de la fureur de sa colère.

20. Toutes les îles s'enfuirent, et les montagnes disparurent.

21. Et une grande grêle comme du poids d'un talent, tomba du ciel sur les hommes : et les hommes blasphémèrent Dieu à cause de la plaie de la grêle ; parce que cette plaie étoit fort grande.

CHAPITRE XVII.

1. Alors l'un des sept anges qui avoient les sept coupes vint me parler et me dit : Venez et je vous montrerai la condamnation de la grande Prostituée, qui est assise sur les grandes eaux ;

2. avec laquelle les rois de la terre se sont corrompus : et qui a enivré du vin de sa prostitution les habitans de la terre.

3. Et m'ayant transporté en esprit dans le désert, je vis une femme assise sur une bête de couleur écarlate, pleine de noms de blasphème, qui avoit sept têtes et dix cornes.

4. Cette femme étoit vêtue de pourpre et d'écarlate ; elle étoit parée d'or, de pierres précieuses et de perles, et avoit à la main un vase d'or, plein des abominations et de l'impureté de sa fornication.

5. Et sur son front ce nom étoit écrit : Mystère : La grande Babylone, mère des fornications et des abominations de la terre.

6. Et je vis cette femme enivrée du sang des saints et du sang des martyrs de JÉSUS ; et, en la voyant, je fus saisi d'un grand étonnement.

Alors l'ange me dit : De quoi vous étonnez-vous ? Je vous dirai le mystère de la femme, et de la bête sur laquelle elle est assise, qui a sept têtes et dix cornes.

8. La bête que vous avez vue étoit et n'est plus, et elle doit monter de l'abîme, et périr ensuite sans ressource : et les habitans de la terre dont les noms ne sont pas écrits dans le livre de vie, dès le commencement du monde, s'étonneront de voir cette bête qui étoit et qui n'est plus.

9. Et en voici le sens plein de sagesse. Les sept têtes sont les sept montagnes sur lesquelles la femme est assise.

10. Ce sont aussi sept rois, dont cinq sont morts : il en reste un, et l'autre n'est pas encore venu : et quand il sera venu, il doit demeurer peu.

---

17. *Le septième ange... C'en est fait. Les sept anges avoient les sept dernières coupes par lesquelles la colère de Dieu est consommée* (XV. 1). Le septième répand la dernière coupe ; tout est consommé. La justice de Dieu a été satisfaite un jour ; sa colère s'est apaisée lorsque son Fils rendit son âme sur la croix en s'écriant : *Consummatum est*. Après la ruine de Babylone, suivie de la mort des rois de la terre, commencera le règne de Dieu (XX. 4).

18. *Aussitôt il se fit des éclairs, des bruits et des tonnerres, et un grand tremblement de terre, et si grand qu'il n'y en eut jamais un tel depuis que les hommes sont sur la terre*. En 1814, il se fit un grand tremblement de terre ; la dixième partie seulement de la ville tomba (XI. 8, 13).

19. *La grande ville fut divisée en trois parties, et les villes des nations tombèrent*. La Concordance de la fin de la *Lettre à Henry II* avec la fin de l'Apocalypse éclaircira ce passage (*voir* XX. 4). — *Et Dieu se ressouvint de la grande Babylone pour lui donner à boire le calice du vin de la fureur de sa colère* (*voir* XVIII. 6). Cette ville condamnée est déjà perdue ; trois factions la divisent, et tout royaume divisé tombe dans la désolation. Mais S. Jean veut annoncer avec détails la ruine de cette ville, et il rappelle dans les chapitres suivants tout ce qu'on trouve dans les prophéties de l'ancien Testament sur la ruine de Babylone.

20. *Toutes les îles s'enfuirent et les montagnes disparurent*. En 1793, toutes les montagnes et les îles furent ébranlées de leur place (IV. 14). Ainsi, on le voit, ces dernières plaies n'atteignent plus seulement la troisième partie, elles sont générales et, de plus elles sont plus graves. « C'est ainsi que les prophètes nous représentent la chute des grands empires, Ezéchiel (XXVI. 15-18) : *Les îles seront ébranlées, on les verra s'émouvoir dans le milieu de la mer*. Ailleurs : *Les montagnes se sont écoulées comme de la cire* (*Psaume* XCVI. 5). » (Migne, 1368).

21. *Et une grande grêle tomba* (*voir* XI. 19). Autre plaie d'Egypte : « *Je ferai pleuvoir une horrible grêle, et telle qu'on n'en avoit point vû de semblable dans l'Egypte, depuis qu'elle est fondée jusqu'aujourd'hui.* » (*Exode*, IX. 18). « C'est le poids terrible de la vengeance de Dieu et les coups de sa main toute puissante. » (*Migne,* 1368).

1. *Les grandes eaux*, c'est-à-dire les peuples (ÿ. 15).

3. *Dans le désert*. On ne trouve plus autour de Babylone ni herbe de la terre, ni rien de vert, ni arbres comme au temps où il existoit encore des hommes ayant la marque de Dieu au front (IX. 4), la terre est stérile et ne produit rien pour le ciel. — *Une femme assise*. Babylone, *la fille des Chaldéens*, est assise sur le trône (Isaïe XLVII. 1). — *Sur une bête couleur d'écarlate, pleine de noms de blasphème, qui avoit sept têtes et dix cornes*. On reconnaît dans cette bête la révolution italienne qui, personnifiée aujourd'hui dans *les hommes rouges*, cessera d'être, comme le marque le verset 8, et recevra une vie nouvelle de Paris, en République, qui PAR LES ITALES ESTENDRA SON ENSEIGNE (VI. 42).

4. *Cette femme étoit vêtue de pourpre et d'écarlate*. Le cheval qui succède au cheval *blanc*, en 1792, est *roux* (VI. 4). Le dragon est *roux* également (XII. 3) ; la bête est *écarlate*, et la femme est vêtue de *pourpre et d'écarlate*. Nostradamus appelle cette ville LA VILLE ROUGE (12°), et tout ce qui est révolutionnaire est nommé à ses yeux. — *Vase d'or plein des abominations*. Il est dit de Paris : NEUFVE BABYLONNE, FILLE MISÉRABLE AUGMENTÉE PAR L'ABOMINATION (23°, *voir Jérémie* LI. 17).

5. *Et sur son front étoit écrit : Mystère : La grande Babylone*. Cette ville se dit Babylone ; mais c'est un mystère à sonder, une chose à découvrir ; sous le nom de cette ville, à jamais détruite, se cache une ville qui la représente aujourd'hui.

6. *Sang des saints et des martyrs de Jésus*. C'est cette Babylone qui a causé la révolution de 1789, où *cent quarante-quatre mille personnes sont mortes pour la parole de Dieu* (VII. 9, VII. 4). Cette grande ville tombée à la fin de cette révolution (XIV. 8) reprendra et étendra son pouvoir (XVI. 10) ; elle s'enivrera de nouveau du *sang des saints et des martyrs de Jésus* (XVIII. 24). — *Et, en la voyant, je fus saisi d'un grand étonnement*. Tout est mystère pour l'Apôtre dans cette vision.

7-8. *Je vous dirai le mystère de la femme et de la bête. La femme, c'est la grande ville qui règne sur les rois de la terre* (ÿ. 18). « *O fille des Chaldéens, vous ne serez plus appelée à l'avenir la dominatrice des royaumes* » Isaïe (XLVII. 5). — *La bête doit monter de l'abîme*. Elle s'est élevée de la mer pour la première fois (XIII. 11) ; tombée comme *l'ange de l'abîme Apollyon* qui monta ensuite de l'abîme (IX. 11 et XI. 7) ; elle reparaîtra pour *périr sans ressource* (XIX. 20).

9. *Et en voici le sens plein de sagesse*. Déjà, lorsqu'il s'est agi de supputer *le nombre d'un homme* donnant 666, S. Jean a dit : *C'est ici la sagesse. Que celui qui a l'intelligence compte le nombre de la bête* (XIII. 18). Au moment de donner *le sens* de ce qu'il y a de mystérieux dans cette apparition, l'ange déclare que *ce sens est plein de sagesse*. En effet, l'explication elle-même sera une énigme jusqu'au temps de l'accomplissement de la prophétie. — *Les sept têtes sont des montagnes*. Lorsque la bête s'éleva de la mer, ses sept têtes n'étaient point sept montagnes comme en ce moment où elle sert de siège à la prostituée qui est une *grande ville*. Nostradamus dit de Paris : DU CIEL S'AVANCE DE VANER TA FORTUNE, EN MESME ESTAT QUE LA SEPTIESME ROCHE (V. 30-32). Je ne sais si Paris, LA CITÉ IMMISURÉE, qui est assise sur plusieurs collines, en compte sept dans son enceinte, comme Rome, la ville aux sept collines, mais le nombre sept est pris souvent pour un nombre indéterminé.

10. *Ce sont aussi sept rois, dont cinq sont morts ; il en reste un, et l'autre n'est pas encore venu : et quand il sera venu, il doit demeurer peu*. Ces sept rois se succèdent ; cinq sont morts, le sixième règne présentement, et le septième sera le dernier. Après, dit le verset suivant, c'est la bête elle-même qui, *huitième*, régnera. Je remarque que cette succession de rois embrasse une époque déter-

8

11. La bête qui étoit et qui n'est plus est elle-même la huitième, est aussi une des sept, et elle va périr bientôt.

12. Les dix cornes que vous avez vues, sont dix rois, à qui le royaume n'a pas encore été donné; mais ils recevront comme rois la puissance pour une heure après la bête.

13. Ils ont tous un même dessein, et ils donneront à la bête leur force et leur puissance.

14. Ils combattront contre l'Agneau, et l'Agneau les vaincra; parce qu'il est le Seigneur des seigneurs, et le Roi des rois : ceux qui sont avec lui, sont les appelés, les élus et les fidèles.

15. Il me dit encore : Les eaux que vous avez vues, où cette prostituée est assise, sont les peuples, les nations et les langues.

---

minée, dont une partie considérable est déjà écoulée; cette époque déterminée et en partie écoulée doit se trouver dans l'Apocalypse. Le cheval roux, le dragon roux aux sept têtes et la bête écarlate aux sept têtes ne sont tous ensemble que l'ancien serpent (XII. 3) ou la révolution. S. Jean compte sans doute ici les rois qui se sont succédé sur le trône, à Paris, depuis que la révolution est commencée. *Cinq*, en effet, sont morts : Louis XVI, Napoléon Ier, Louis XVIII, Charles X et L.-Philippe. *Il en reste un*, Napoléon III, *et l'autre n'est pas encore venu; il doit demeurer peu*: MOURRA TOST GRAND ET FINIRA LA GUERRE (l. 100). Ces cinq rois morts sont désignés dans l'Apocalypse : le Soleil (VI. 12), l'Apollyon (IX. 11), les deux oliviers (XI. 4), le dragon (XII.). *Il en reste un* : 666 (XIII. 18).

11. *La bête qui étoit pendant le règne des sept rois et qui n'est plus.* Nostradamus a dit : TANT D'ANS EN GAULE LES GUERRES DURERONT, nommant aussitôt les sept rois : AIGLE, COQ, LUNE, LYON, SOLEIL EN MANQUE (33e) des dynasties Napoléonienne, Orléaniste et Bourbonienne, et fixant ainsi la durée de ces guerres ou de la révolution, durée fixée dans une foule de quatrains : MOURRA TOST GRAND ET FINIRA LA GUERRE; LE GRAND PUISNAY FERA FIN DE LA GUERRE (VII. 11-12, etc., voir t. II. p, 121). La révolution cesse pour un temps: *la bête n'est plus;* mais après ENTRE GAULOIS LE DERNIER HONORÉ (III. 100) A L'OGMION SERA LAISSÉ LE RÈGNE DU GRAND SELIN (VI. 42), et ainsi la bête revient et est *elle-même la huitième* en montant au trône des sept rois de l'époque révolutionnaire; *elle est aussi une des sept*, car S. Jean a identifié un de ses sept rois avec cette bête quand il a dit que *le nombre de cette bête était le nombre d'un homme* (XIII. 18), nous montrant, en effet, cette bête animée par Napoléon III, dont le nom et le caractère font 666, nous la montrant souveraine : *Elle fera que personne ne puisse ni acheter, ni vendre que celui qui aura le caractère ou le nombre de la bête ou le nombre de son nom.* (XIII. 17). — *Et elle va périr bientôt.* Après SEPT ET CINQUANTE ANNÉES PACIFIQUES (X. 89), dont quarante-cinq, quarante-sept peut-être environ, auront été données par celui qui FERA FIN DE LA GUERRE (t. II. p. 156), l'OGMION revenu ou la République qui aura gouverné en paix le reste du temps périra bientôt.

L'étude de ces derniers versets fixe l'époque où la véritable interprétation de l'Apocalypse devait être connue. Il est impossible de supposer que les *cinq rois morts* étaient morts au temps de la vision; que celui qui *reste* régnait alors, et que celui qui *n'est pas encore venu* allait paraître; mais alors il y a eu un temps puis que l'Apocalypse est écrite où aucun des *sept rois* n'avait existé, un temps où sur les *sept* il y en a et un, puis deux, puis trois, puis quatre de morts, si l'interprétation de l'Apocalypse avait été donnée longtemps avant que le premier des *sept rois* fût monté au trône ou depuis, mais avant la mort de *cinq*, comment aurait-on interprété ce passage où il est dit que *cinq sont morts*? Si l'interprétation n'avait été donnée qu'après la mort des *sept rois*, comment aurait-on lu ceci : *Il en reste un et l'autre n'est pas encore venu?* — Je livre cette réflexion, fort importante à mes yeux, à l'attention sérieuse du lecteur. Nostradamus ne devait être interprété qu'au moment présent — je le prouverai plus tard — et c'est Nostradamus qui nous en donne l'interprétation au moment présent, au moment précis où ce passage de l'Apocalypse reçoit une interprétation naturelle qui cadre avec tout l'ensemble de la seconde partie de ce livre.

12. *Les dix cornes que vous avez vues, sont dix rois, à qui le royaume n'a pas encore été donné.* Lorsque la bête est apparue pour la première fois, elle avait déjà ses *dix cornes et sur ses cornes dix diadèmes*. Ces cornes, alors, représentaient le pouvoir qu'elle puisait dans l'élément populaire (voir p. 20); aujourd'hui qu'elle reparaît, ces cornes représentent dix rois. Ceux-ci ne sont pas morts comme cinq des sept représentés par les têtes; ils ne sont pas au pouvoir comme le sixième, on l'a dit ; *Il en reste un*, le royaume leur sera donné plus tard comme au septième quand il sera venu. Ce passage, on le voit, ne peut s'être donné que d'une époque encore dans l'avenir par rapport au temps où l'accomplissement de tout ce qui précède a été reconnu. — *Mais ils recevront la puissance pour une heure après la bête.* La République, dont le gouvernement sera, d'après Nostradamus, fort étendu, aura peut-être pour vassaux ces rois qui gouverneront un moment après sa chute.

16. Les dix cornes que vous avez vues dans la bête, sont ceux qui haïront cette prostituée : ils la réduiront dans la dernière désolation, la dépouilleront, dévoreront ses chairs, et la feront périr par le feu.

17. Car Dieu leur a mis dans le cœur d'exécuter ce qu'il lui plaît, qui est de donner leur royaume à la bête; jusqu'à ce que les paroles de Dieu soient accomplies.

18. Et quant à la femme que vous avez vue, c'est la grande ville, qui règne sur les rois de la terre.

CHAPITRE XVIII.

1. Après cela je vis un autre ange qui descendoit du ciel, ayant une grande puissance, et la terre fut tout éclairée de sa gloire.

2. Et il cria de toute sa force : Elle est tombée la grande Babylone, elle est tombée; et elle est devenue la demeure des démons, la retraite de tout esprit immonde, et le repaire de tout oiseau impur et haïssable;

3. parce qu'elle a fait boire à toutes les nations du vin de la colère de sa prostitution, et les rois de la terre se sont corrompus avec elle, et les marchands de la terre se sont enrichis par l'excès de son luxe.

13-18. Le dragon a donné à la bête *sa force et sa grande puissance* (XIII. 2); de même, ces rois, imbus de principes révolutionnaires, partageront les vues de la bête, uniront leurs forces aux siennes, lui *donneront même leur royaume*. Cela durera jusqu'au moment fixé par Dieu (ỳ. 17). Alors ces dix rois, impatients du joug auquel il paraît qu'on a vus *liés au fleuve de l'Euphrate* (IX. 14), réduiront dans la dernière désolation cette grande ville qui règne sur les rois de la terre et la feront périr par le feu.

« Les vengeances que Dieu tire de la Babylone du Nouveau Testament occupent une place si considérable dans la prophétie de Saint Jean, que cela seul devait montrer combien était peu fondée l'opinion de ceux qui voulaient que l'Apocalypse fût l'histoire générale de l'Église. L'Apocalypse au contraire ne parle que des fautes de cette ville à partir de 1789, et de son châtiment. Après énumération détaillée de tout le mal qu'elle a fait et occasionné, on lit avec détail sa ruine complète, et l'Apocalypse aussitôt après court au dénouement. Les saints louent Dieu qui les a vengés de Babylone, les suppôts de cette ville sont entraînés dans sa ruine, le démon lui-même est enchaîné pour un temps; il reparaîtra bientôt, et le jugement dernier aura lieu peu après. — Signalons déjà, avant de montrer la concordance de la fin de la *Lettre à Henry II* avec cette fin de l'Apocalypse, que le monde, d'après Nostradamus, ne doit durer que jusqu'à l'AN MIL NEUF CENS SOIXANTE NEUF SEPT MOIS (1969) (X. 72-74). Ceci encore explique comment on trouve si peu d'événements dans l'Apocalypse après cette dernière chute de Babylone qui n'arrivera que dans le courant du dernier siècle. Ceci encore combat victorieusement l'opinion de ceux qui veulent voir la chute de Rome païenne dans celle de la Babylone de l'Apocalypse, sans renoncer à y chercher l'histoire accomplie depuis.

1. *Après cela*. La dernière coupe a été versée : *C'en est fait*, le châtiment est commencé déjà; la grande ville est divisée en trois parties, et elle est lapidée d'en haut (voir XVI. 17-21); un autre ange vient présider à l'exécution des vengeances célestes. L'avenir dira si cet ange n'est point un homme comme Louis XVIII : « *autre ange fort et puissant qui descendoit du ciel, son visage étoit comme le soleil* (X. 1).

2. *Elle est tombée la grande Babylone*. Un ange avait crié déjà au moment où la révolution perdit le pouvoir : *Babylone est tombée* (XIV. 8); mais alors elle n'a point cessé d'être habitée, et elle n'a point été consumée par le feu. — *La demeure des démons*; déjà lorsque *le grand fleuve d'Euphrate fut séché*, on vit sortir de la gueule du dragon, de la bête et de la bouche du faux-prophète, *trois esprits impurs semblables à des grenouilles* (XVI. 12-13), et ces esprits impurs, et ces démons habitaient Babylone; puis la ruine de cette ville « *Le butor et le hérisson la posséderont; l'ibis et le corbeau y établiront leur demeure...; elle deviendra la demeure des dragons, et le pâturage des autruches. Les démons et les Onocentaures s'y rencontreront, et les satyres y jetteront des cris les uns aux autres* » (*Isaïe*, XXXIV. 11-14). On voit de plus en plus l'intention de S. Jean de renvoyer ses lecteurs aux prophéties anciennes qui développent la sienne.

4. Alors j'entendis du ciel une autre voix qui dit : Sortez de Babylone, mon peuple, de peur que vous n'ayez part à ses péchés, et que vous ne soyez enveloppé dans ses plaies.

5. Car ses péchés sont montés jusqu'au ciel, et Dieu s'est ressouvenu de ses iniquités.

6. Traitez-la comme elle vous a traités, rendez-lui au double toutes ses œuvres : dans le même calice où elle vous a donné à boire, faites-la boire deux fois autant.

7. Multipliez ses tourments et ses douleurs à proportion de ce qu'elle s'est élevée dans son orgueil, et de ce qu'elle s'est plongée dans les délices; parce qu'elle dit en elle-même : Je suis sur le trône comme reine, je ne suis point veuve, et je ne serai point sujette au deuil.

8. C'est pourquoi ses plaies, la mort, le deuil, et la famine viendront fondre sur elle en un même jour, et elle sera brûlée par le feu; parce que Dieu qui la condamnera est puissant.

9. Alors les rois de la terre qui se seront corrompus avec elle, et qui ont vécu dans les délices, pleureront sur elle, et frapperont leur poitrine en voyant la fumée de son embrasement.

10. Ils se tiendront loin d'elle, dans la crainte de ses tourments, et ils diront : Hélas ! hélas ! Babylone grande ville, ville si puissante, ta condamnation est venue en un moment.

11. Les marchands de la terre pleureront et gémiront sur elle; parce que personne n'achètera plus leurs marchandises;

12. ces marchandises d'or et d'argent, de pierreries, de fin lin, de pourpre, de soie, d'écarlate, de toute sorte de bois odoriférant, de toutes sortes de meubles d'ivoire et de pierres précieuses, d'airain, de fer, et de marbre,

13. de cinnamome, de senteurs, de parfums, d'encens, de vin, d'huile, de fleur de farine, de blé, de bêtes de charge, de brebis, de chevaux, de carosses, d'esclaves et d'hommes libres;

14. Et les fruits dont tu faisois tes délices t'ont quittée, toute délicatesse et toute magnificence est perdue pour toi, et tu ne les retrouveras plus jamais.

15. Les marchands qui vendent ces choses, et qui se sont enrichis avec elle, s'en tiendront éloignés dans l'appréhension de ses tourmens, et en pleurant et soupirant,

16. ils diront : Hélas ! hélas ! cette grande ville qui étoit vêtue de fin lin, de pourpre et d'écarlate, et couverte d'or, de pierreries, et de perles;

17. comment tant de richesses se sont-elles évanouies en un moment? Et tous les pilotes, tous ceux qui sont sur mer, les mariniers, et ceux qui sont employés sur les vaisseaux se sont tenus loin d'elle;

18. et se sont écriés en voyant la place de cette ville brûlée : Quelle ville disoient-ils, à jamais égalé cette grande ville ?

19. Ils se sont couverts la tête de poussière, jettant des cris accompagnés de larmes et de sanglots, et disant : Hélas ! hélas ! cette grande ville qui a enrichi de son opulence tous ceux qui avoient des vaisseaux en mer, comment se trouvet-elle ruinée en un moment ?

20. Ciel, témoignez-en votre joie, et vous aussi saints Apôtres et Prophètes : parce que Dieu vous a vengés d'elle.

21. Alors un ange fort leva en haut une pierre semblable à une grande meule de moulin, et la jetta dans la mer, en disant : C'est ainsi que Babylone, cette grande ville sera précipitée avec impétuosité, en sorte qu'elle ne se trouvera plus.

22. Et la voix des joueurs de harpe et des musiciens, ni celle des joueurs de flûtes et de trompettes, ne s'entendront plus chez toi, et nul artisan de quelque métier que ce soit, ne s'y trouvera plus, et on n'y entendra plus le bruit de la meule.

23. La lumière des lampes ne luira plus chez toi, et la voix de l'époux et de l'épouse ne s'y entendra plus : car tes marchands étoient les princes de la terre, et toutes les nations ont été séduites par tes enchantemens;

24. et on a trouvé dans cette ville le sang des Prophètes et des Saints, et de tous ceux qui ont été tués sur la terre.

CHAPITRE XIX.

1. Après cela j'entendis comme la voix d'une nombreuse troupe qui étoit dans le ciel, et qui disoit : Halleluia, salut, gloire et puissance à notre Dieu,

---

8. *Vin de la colère de sa prostitution.* « Hébraïsme, pour du vin de sa prostitution digne d'un châtiment rigoureux. » (Migne, 1390).

4. *Sortez de Babylone.* Jérémie s'écrie : *Fuyez du milieu de Babylone, et que chacun sauve son âme* (LI. 6). Dieu a fait sortir de Sodome le juste; Jésus-Christ dit qu'il faudra fuir Jérusalem au temps de sa ruine. Ici il faut d'abord fuir la séduction de Babylone au dernier moment sa ruine. Nostradamus s'écrie : MIGREZ, MIGREZ DE TRESTONS (IX. 44). VUIDEZ, FUYEZ DE TUOLOSE LES ROUGES (IX. 46).

8-9. *Elle sera brûlée par le feu..., les rois de la terre pleureront sur elle, et frapperont leur poitrine en voyant la fumée de son embrasement.* Ces rois auront donné à la bête leur force et leur puissance (XVII. 13): *ils haïront cette prostituée et la réduiront dans la dernière désolation..., et la feront périr par le feu* (XVII. 16). Ces rois, sans doute comme Titus qui porta la désolation dans Jérusalem dont qu'il faudra fuir l'incendie du temple, ces rois, instruments de la colère de Dieu qui leur mettra dans le cœur d'exécuter ce qu'il lui plait (XVII. 17), causeront à leur grand regret l'incendie qui dévorera toute cette ville.

13. *Bêtes de charge, brebis, chevaux...* On trouve dans Paris toutes les richesses et tous les produits que S. Jean voit dans sa Babylone ; on remarque qu'il n'est point question de chameaux, la monture et la bête de charge la plus ordinaire de la Babylone ancienne.

20. *Ciel témoignez-en votre joie...* Le cantique d'actions de grâces va se faire entendre *dans le ciel* (XIX. 1). — *Dieu vous a vengés d'elle.* Les victimes de la révolution ont crié vers le Seigneur : *Jusqu'à quand différez-vous à nous faire justice, et à venger notre sang de ceux qui habitent sur la terre !* (VI. 10). Et l'on demande aux catholiques d'être tolérants pour des erreurs qui perdent les âmes rachetées du sang de Jésus-Christ, et attirent sur le monde de pareils châtimens !!!

21. *Un ange fort leva.* Ce passage est imité de Jérémie.

(Chap. LI. 60-65. « Jérémie avoit écrit sur un livre tous les maux qui devoient tomber sur Babylone, tout ce qui avoit été écrit contre Babylone. Jérémie dit donc à Saraïas : *Lorsque vous serez venu à Babylone, que vous aurez vu, et que vous aurez lu toutes les paroles de ce livre, vous direz : C'est ainsi, Seigneur, que vous avez parlé contre ce lieu pour le perdre, en sorte qu'il n'y ait plus ni homme ni bête qui y habite, et qu'il soit réduit en une éternelle solitude. Et après que vous aurez achevé de lire ce livre, vous le lierez à une pierre, et vous le jetterez au milieu de l'Euphrate ; et vous direz : C'est ainsi que Babylone sera submergée : elle ne se relèvera plus de l'affliction que je vais faire tomber sur elle, et elle sera détruite pour jamais.* »

En sorte qu'elle ne se retrouvera plus. Il est impossible d'appliquer ces paroles à la Rome païenne qui a toujours été la *ville éternelle.* Nostradamus dit de Paris : À L'OGMION SERA LAISSÉ LE RÈGNE, DU GRAND SELIN QUI PLUS SERA DE FAICT, PAR LES ITALES ESTENDRA SON ENSEIGNE, RÉGI SERA PAR PRUDENT CONTREFAICT, LONGTEMPS SERA SANS ESTRE HABITÉE, OU SEINE ET MARNE AUTOUR VIENT ARROUSER, DE LA TAMISE ET MARTIAUX TEMPTER, DECEUS LES GARDES EN CUIDANT REPOUSSER (VI. 42-43).

24. *Et on a trouvé dans cette ville le sang des Prophètes et des Saints et de tous ceux qui ont été tués sur la terre.* Dieu n'oublie pas le sang versé, et au jour de la punition il sait retrouver la cause et l'instrument des crimes. Le véritable sens de ce verset est dans ces paroles de Jésus :

« *Ainsi vous vous rendez témoignage à vous-mêmes que vous êtes les enfans de ceux qui ont tué les Prophètes. Achevez donc aussi de combler la mesure de vos pères...., tout le sang innocent qui a été répandu sur la terre retombe sur vous depuis le sang d'Abel le Juste, jusqu'au sang de Zacharie fils de Barachie, que vous avez tué entre le temple et l'autel.* » (S. Mathieu, XXIII. 31-35).

1-6. « Dans le chapitre précédent, nous avons entendu les cris du monde réprouvé, qui s'abandonne à une douleur amère, à la vue de la chute de Babylone. Maintenant l'Esprit de Dieu nous présente un objet très différent. C'est une fête solennelle à l'occasion de la ruine de cette même Babylone. Les cantiques et les chants de joie retentissent de toutes parts. On célèbre à l'envi la gloire de

2. parce que ses jugemens sont véritables et justes, qu'il a condamné la grande prostituée, qui a corrompu la terre par sa prostitution, et qu'il a vengé le sang de ses serviteurs, que ses mains ont répandu.

3. Ils dirent encore *une seconde fois* : Halleluia. Et la fumée de son embrasement s'élève dans les siècles des siècles.

4. Alors les vingt-quatre vieillards et les quatre animaux se prosternèrent et adorèrent Dieu, qui étoit assis sur le trône, en disant : Amen : Halleluia.

5. Et il sortit du trône une voix qui disoit : Louez notre Dieu, vous tous qui êtes ses serviteurs et qui le craignez, petits et grands.

6. J'entendis encore comme le bruit d'une grande troupe, comme le bruit de grandes eaux, et comme le bruit d'un grand tonnerre, qui disoit : Halleluia : Louez Dieu, parce que le Seigneur notre Dieu, le Tout-puissant est entré dans son règne.

7. Réjouissons-nous, faisons éclater notre joie, et rendons-lui gloire, parce que les nôces de l'Agneau sont venues, et que son épouse s'y est préparée.

8. Et il lui a été donné de se revêtir d'un fin lin d'une blancheur éclatante ; et ce fin lin sont les bonnes œuvres des saints.

9. Alors il me dit : Ecrivez : Heureux ceux qui ont été appellés au souper des nôces de l'Agneau. Et l'ange ajouta : Ces paroles de Dieu sont véritables.

10. Aussitôt je me prosternai à ses pieds pour l'adorer ; mais il me dit : Gardez-vous bien de le faire : je suis serviteur de Dieu comme vous et comme vos frères qui demeurent fermes dans la confession de Jésus. Adorez Dieu, car l'esprit de prophétie est le témoignage de Jésus.

11. Je vis ensuite le ciel ouvert, et il parut un cheval blanc, et celui qui étoit dessus s'appelloit le Fidèle et le Véritable, qui juge et combat justement.

12. Ses yeux étoient comme une flâme de feu ; il avoit sur la tête plusieurs diadèmes, et il portoit écrit un nom que nul autre que lui ne connoît.

13. Il étoit vêtu d'une robe teinte de sang, et il s'appelle le Verbe de Dieu.

14. Les armées qui sont dans le ciel le suivoient sur des chevaux blancs, vêtues d'un lin blanc et pur.

15. Et il sortoit de sa bouche une épée tranchante des deux côtés pour frapper les nations : car il les gouvernera avec une verge de fer, et c'est lui qui foule la cuve du vin de la fureur de la colère de Dieu tout-puissant.

16. Et il porte écrit sur son vêtement et sur sa cuisse : Le Roi des Rois, et le Seigneur des Seigneurs.

17. Alors je vis un Ange debout dans le soleil, qui cria d'une voix forte, en disant à tous les oiseaux qui voloient par le milieu de l'air : Venez et assemblez-vous pour être au grand souper de Dieu,

18. pour manger la chair des Rois, la chair des Officiers de guerre, la chair des Puissans, la chair des chevaux et de ceux qui sont dessus, et la chair de tous les hommes libres et esclaves, petits et grands.

19. Et je vis la bête et les Rois de la terre et leurs armées assemblées pour faire la guerre à celui qui étoit sur le cheval *blanc* et à son armée.

20. Mais la bête fut prise, et avec elle le faux-prophète, qui avoit fait des prodiges en sa présence ; par lesquels il avoit séduit ceux qui avoient reçu le caractère de la bête et qui avoient adoré son image, et ces deux furent jetés tout vivans dans l'étang de feu et de soufre.

21. Le reste fut tué par l'épée qui sortoit de la bouche de celui qui étoit sur le cheval, et tous les oiseaux du ciel se soulèrent de leur chair.

Dieu, la justice de ses jugemens, la vengeance qu'il a tirée du sang de ses serviteurs, l'éclat et la splendeur de son règne. *Une nombreuse troupe de Saints chantent dans le ciel, Alleluia, Salut, gloire, honneur, puissance au Seigneur notre Dieu.* Ce n'est pas assez de le dire une fois ; il faut encore répéter *Alleluia*. *Les vingt-quatre vieillards se prosternent*, et disent à leur tour, *Alleluia*. *Les quatre animaux adorent* et chantent le même cantique. Ce n'est pas encore assez : il faut que les Justes qui sont sur la terre fassent retentir cet *Alleluia*, et que leurs voix réunies aient un son pareil à celui *des grandes eaux*, et aux roulements majestueux du tonnerre. *Tous ceux qui sont serviteurs de Dieu, tous ceux qui le craignent, petits et grands*, doivent former ce magnifique concert, *parce que le Seigneur leur Dieu, le Tout-puissant, celui à qui tout obéit, est entré dans la possession de son règne.*

» *La grande prostituée* régnoit, sa puissance obscurcissait celle du Souverain Maître. Mais le Roi des Rois a enfin condamné cette superbe ville. Il a délivré la terre *des prostitutions de Babylone. Il a vengé le sang de ses serviteurs qu'elle avoit répandu.* Il a montré que *le salut lui appartient*, et qu'il n'y a que lui seul à qui l'on doive rendre hommage *de la gloire, de l'honneur et de la puissance* suprême. Venez, vous tous qui servez ce grand Roi. Vous défendrez les droits de son domaine. Les voilà manifestés. Jouissez d'un triomphe qui rejaillit sur vous, et qui vous déclare victorieux, en rendant victorieuse la cause de votre Dieu. » (*Avignon*, II. 338).

7-9. *Les nôces de l'Agneau sont venues*. Le jugement dernier est proche (XX. 12), et aussitôt auront lieu les nôces de l'Agneau (XXI. 2, 9). L'Eglise sur la terre est la fiancée de Jésus-Christ : Mis ÊTRE A MORT LORS POUR LA FIANCÉE (106e). — *Il lui a été donné de se revêtir d'un fin lin d'une blancheur éclatante*. L'Eglise dans le ciel sera l'assemblée des saints : *on leur donna à chacun une robe blanche* (VI. 11) (voir XXII. 14).

10. *Je me prosternai à ses pieds pour l'adorer*, pour lui rendre un honneur que les saints de l'ancien Testament rendaient aux anges qui leur apparaissaient, l'ange refuse de le recevoir. S. Jean, au moment de se séparer de l'ange, voulut de nouveau l'*adorer*, mais l'ange refusera encore (XXII. 8-9) pour égaler le ministère apostolique et prophétique à l'état angélique.

12-21. *Il parut un cheval blanc*. Au début de sa prophétie, S. Jean a vu *paroître tout d'un coup un cheval blanc. Celui qui étoit monté dessus avoit un arc et on lui donna une couronne, et il en partit en vainqueur* (VI. 2). Ce cavalier est suivi de trois autres qui portent partout la désolation et la mort. Celui-ci apparaît ici ne reçoit pas de couronne ; il en a plusieurs ; il n'est point armé ; une parole de sa bouche renversera ses ennemis ; il est *le Verbe de Dieu*. L'Apôtre rappelle ici tous les titres, tous les attributs de J.-C., par crainte qu'on ne veuille voir un homme dans ce cavalier des derniers jours. — *Il étoit vêtu d'une robe teinte de sang*. Isaïe a dit :

« Chap. LXIII. *Qui est celui qui vient d'Edom, qui vient de Bosra, avec sa robe teinte de rouge ; qui éclate dans la beauté de ses vêtemens, et qui marche avec une force toute puissante ? C'est moi dont la parole est la parole de justice, qui vient pour défendre et pour sauver. Pourquoi donc votre robe est-elle toute rouge, et pourquoi vos vêtemens sont-ils comme les habits de ceux qui foulent le vin dans le pressoir ? J'ai été seul à fouler le vin sans qu'aucun homme d'entre tous les peuples fût avec moi. Je les ai foulés dans ma fureur ; je les ai foulés aux pieds de ma colère, et leur sang a rejailli sur ma robe, et tous mes vêtemens en sont tachés. Car j'ai dans mon cœur le jour de la vengeance ; le tems de racheter les miens est venu. J'ai regardé autour de moi, et il n'y avoit personne pour m'aider ; j'ai cherché et je n'ai point trouvé de secours. Ainsi, mon bras seul m'a sauvé, et ma colère même m'a soutenu. J'ai foulé aux pieds les peuples dans ma fureur ; je les ai enivrés de leur sang dans ma colère, et j'ai renversé leur force par terre...* »

Les armées qui sont dans le ciel le suivoient. Michel et ses anges ont combattu le dragon et ses anges (XII. 7). Ici c'est J.-C. lui-même à la tête des siens qui combat la bête, le faux-prophète, et les rois de la terre ; seul il remportera la victoire ; d'un mot il exterminera le reste de ses ennemis, et déjà un ange crie aux oiseaux d'accourir, parce que Dieu leur a préparé une proie nombreuse et choisie (voir Ezéchiel XXXIX. 17). — *L'étang brûlant de feu et de soufre* est l'enfer. Sodome et Gomorrhe ont disparu dans un étang de feu et de soufre

Remarque. S. Jean a donné à un homme de Dieu, qui doit *gouverner toutes les nations avec une verge de fer* (XII. 8), plusieurs des caractères du *Verbe de Dieu* à qui tout pouvoir a été donné au ciel et sur la terre, et qui établira un règne *une verge de fer* (voir Ps. II. 9). Il a vu qu'il ressembloit au *Fils de l'homme ; il avoit à la main une faux tranchante...* ; *il vendangea la vigne de la terre et la cuve fut foulée hors de la ville* (XIV. 14-20). J.-C. s'armera de sa puissance, car c'est lui seul *qui foule la cuve du vin de la fureur de la colère de Dieu tout-puissant*. Qu'on le remarque bien, ce n'est pas cet homme semblable au *Fils de l'homme* qui est représenté ici encore par le *Verbe de Dieu* ; la bête qu'il aura tuée restera morte tant qu'il gouvernera les nations ; ensuite elle reprendra vie pour un temps, et alors, comme dit Bos-

CHAPITRE XX.

1. Je vis descendre du ciel un Ange qui avoit la clef de l'abîme et une grande chaîne à la main.

2. Il prit le dragon, l'ancien serpent, qui est le diable et satan, et l'enchaîna pour mille ans.

3. Et l'ayant jeté dans l'abîme, il le ferma sur lui, et le scella, afin qu'il ne séduisît plus les nations jusqu'à ce que ces mille ans soient accomplis, après quoi il doit être délié pour un peu de tems.

4. Je vis aussi les trônes et des personnes qui s'assirent dessus, et la puissance de juger leur fut donnée. Je vis encore les âmes de ceux à qui on a coupé le cou pour avoir rendu témoignage à Jésus, et pour la parole de Dieu, et qui n'ont point adoré la bête ni son image, ni reçu son caractère sur le front ou aux mains : et ils ont vécu et régné avec Jésus-Christ pendant mille ans.

5. Les autres morts ne sont point rentrés dans la vie jusqu'à ce que mille ans soient accomplis. C'est là la première résurrection.

6. Heureux et saint est celui qui aura part à la première résurrection ; la seconde mort n'aura point de pouvoir sur eux ; mais ils seront prêtres de Dieu et de Jésus-Christ, et ils régneront avec lui pendant mille ans.

7. Après que les mille ans seront accomplis, satan sera délié, et il sortira de sa prison, et il séduira les nations qui sont aux quatre coins du monde, Gog et Magog, et il les assemblera pour combattre. Leur nombre égalera celui du sable de la mer.

8. Je les vis se répandre sur la terre et environner le camp des saints, et la ville bien-aimée.

9. Mais Dieu fit descendre du ciel un feu qui les dévora ; et le diable qui les séduisoit fut jeté dans l'étang de feu et de soufre, où la bête,

10. Et les faux prophètes seront tourmentés jour et nuit dans les siècles des siècles.

---

suet, Dieu, brisant les instruments humains, apparaîtra lui-même sur la scène du monde. La Concordance de la fin de la *Lettre à Henry II* avec la fin de l'Apocalypse va rendre cela plus clair.

1. *La clef de l'abîme.* C'est de cet abîme que sont sortis *les sauterelles et leur ange Apollyon.* Le bien vient du ciel, le mal de l'abîme.

2. *Il prit le dragon... Satan et l'enchaîna pour mille ans.* Nostradamus a fait à dessein un léger changement à ce texte, en disant : SATAN DEMEURERA LIÉ ENVIRON L'ESPACE DE MILLE ANS, il montre ainsi qu'il ne regarde pas comme précis le nombre de mille ans, et qu'il ne partage pas l'opinion des hérétiques millénaires qui ont prétendu que Jésus-Christ régnerait sur la terre mille ans, avec les saints martyrs ressuscités avant la dernière et universelle résurrection. Ce qui, du reste, se trouverait en contradiction formelle avec l'époque qu'il fixe pour le jugement général : L'AN MIL NEUF CENS NONANTE NEUF SEPT MOIS (X. 79-82). S. Jean a dit : *trois ans et demi, mil deux cens soixante jours, un tems, deux tems et la moitié d'un tems,* employant une durée déterminée pour une durée indéterminée ; ici, il fait de même : *mille ans* est pour une durée quelconque. On trouve dans l'Ecriture sainte : *Devant vos yeux, Seigneur, mille ans sont comme un jour... La parole qu'il a commandée jusqu'à mille générations.*

3. *Et il scella afin qu'il ne séduisît plus les nations.* Les hommes auront toujours à combattre Satan et ses anges, mais alors la séduction ne sera pas si puissante, si dangereuse, si universelle, comme l'explique S. Augustin 20. *de Civ.,* 7-8. — *Après quoi il doit être délié pour un peu de tems.* Il paraîtra de loin la durée des persécutions jusqu'à la fin du monde d'après Nostradamus.

4. *Je vis aussi des trônes et des personnes qui s'assirent dessus, et la puissance de juger leur fut donnée.* Le livre de la Sagesse dit : « La mort est entrée dans le monde par l'envie du diable ; mais les âmes des justes sont dans la main de Dieu, et le tourment de la mort ne les touchera point. Ils ont paru morts aux yeux des insensés... leur espérance est pleine d'immortalité. Ils jugeront les nations, et ils domineront les peuples, et leur Seigneur régnera éternellement... Mais le juste mort condamne les méchans qui lui survivent... Les méchans paraîtront pleins d'effroi au souvenir de leurs offenses, et leurs iniquités se soulèveront contre eux pour les accuser. Alors les justes s'élèveront avec une grande hardiesse contre ceux qui les auront accablés d'affliction, et qui leur auront ravi le fruit de leurs travaux... les justes vivront éternellement, le Seigneur leur réserve leur récompense, et le Très-haut a soin d'eux. C'est pourquoi ils recevront de la main du Seigneur un royaume admirable, et un diadème éclatant de gloire. Il les protégera de sa droite, et les défendra par son bras saint. Son zèle se revêtira de toutes les armes... » (Voir les chapitres II, III, IV, et V).

Je vis encore les âmes de ceux à qui on a coupé le cou. Dans l'Apocalypse, les armées sont converties de feu, de fumée et de soufre (IX. 18) : donc ces armées n'existaient pas avant l'invention de la poudre. Ici les victimes de la persécution religieuse ont *le cou coupé,* ce qui fixe encore une époque.

« 3 juin 1791. Un décret sur la jurisprudence criminelle porte : « La peine de mort » consistera dans la simple privation de la vie, sans qu'il puisse jamais être exécuté » aucune torture envers les condamnés. La marque est abolie. Tout condamné à » mort aura la tête tranchée. » Une machine appelée guillotine sera le seul instrument de décollation. » (*Montg.,* II, 137).

5. *Les autres morts ne sont pas rentrés dans la vie.* S. Jean qui propose des énigmes : *Son nombre est six cens soixante six* (XIII. 18) ; *la bête étoit et n'est plus, et elle doit monter de l'abîme,*

et périr ensuite sans ressource..., la bête qui étoit et qui n'est plus, est elle-même la huitième, est aussi une des sept (XVII. 8-11) ; S. Jean laisse supposer qu'il parle ici de ceux qui sont morts sans avoir eu la vie éternelle. Ceux qui sont morts sans ceux qui n'ont point part à la vie éternelle, ceux qui sur cette terre n'ont pas la vie de la grâce (voir : PLUS AUX ROCHERS QU'AUX VIVANTS VIENDRA NUIRE, t. II, p. 42). Durant le règne de Jésus-Christ sur la terre, dans le tems où l'Eglise, en proclamant la sainteté des victimes des persécutions religieuses leur assurera l'immortalité sur la terre, il y aura encore des hommes qui ne prendront point part à la vie de la grâce et qui resteront assis à l'ombre de la mort. C'est ainsi qu'après avoir eu des révolutionnaires en 1814 : *Et les autres hommes qui ne furent point tués..., ne firent point pénitence* (IX. 20). L'Apôtre ajoute peu après, qu'en 1813 : *le tems de juger les morts arrivera* (X. 18) ; c'est-à-dire de juger ceux qui s'obstinent à ne vouloir pas passer d'une vie nouvelle, à rentrer dans la vie. — *C'est là la première résurrection.* Ces derniers mots expliquent tout le verset. Le père dit au frère de l'Enfant prodigue : *Mon fils, vous êtes toujours avec moi, et tout ce que j'ai est à vous : Mais il falloit faire festin et nous réjouir, parce que votre frère étoit mort, et il est ressuscité, il étoit perdu et il est retrouvé* (S. Luc, XV. 31-32). *« Celui qui entend ma parole, et qui croit à celui qui m'a envoyé à la vie éternelle, ne tombe point dans la condamnation, mais il est déjà passé de la mort à la vie.* (S. Jean, V. 24).

6. *Heureux et saint celui qui aura part à la première résurrection.* Le verset 4° parle des saints qui sont dans le ciel, le 5° des morts qui vivent sur la terre, le 6° des saints qui vivent aussi sur la terre. L'Eglise, composée des saints du ciel et de la terre, partagera le règne de Jésus-Christ. — *La seconde mort n'aura point de pouvoir sur eux.* Morts en Adam, mais ressuscités en Jésus-Christ, les hommes correspondant à la grâce dans le tems où le démon aura sa puissance liée, ne mourront pas de nouveau par le péché mortel. — *Mais ils seront prêtres de Dieu et de Jésus-Christ.* Selon ces paroles de S. Pierre (Epist. I'e, II. 9) : « *Les incrédules se heurtent contre la parole, par une incrédulité à laquelle ils ont été abandonnés. Mais quant à vous, vous êtes la race choisie, l'ordre des Prêtres rois, la nation sainte, le peuple conquis ; afin que vous publiiez les grandeurs de celui qui vous a appelé des ténèbres à son admirable lumière ; vous qui autrefois n'étiez point son peuple, mais qui maintenant êtes le peuple de Dieu ; vous qui n'aviez point obtenu miséricorde.* »

7. *Satan sera délié..., il séduira les nations..., Gog et Magog.* Nostradamus a dit pour 1792 : SEMBLERA QUE DIEU LE CRÉATEUR AYE DÉLIÉ SATAN DES PRISONS INFERNALES, POUR FAIRE NAISTRE LE GRAND GOG ET MAGOG.. (42º). Gog et Magog, dans Ezéchiel (XXXVIII, XXXIX), sont les nations ennemies du peuple de Dieu.

8. *Le camp des saints et la ville bien-aimée.* Les Gentils (XI. 2) sont du temple, de la ville sainte ; ils sont *aux quatre coins de la terre.* Mais ici il n'est plus question de Paris qui sera détruit depuis longtemps, il n'y a plus parlé de la France (*temple*) et du peuple de Dieu. L'assemblée des saints sur la terre formera alors le *camp des saints, la ville sainte,* comme l'assemblée des saints dans le ciel forme, ainsi qu'il est dit plus loin, *la ville sainte* du ciel (XXI. 2).

9. *Mais Dieu fit descendre du ciel un feu.* Selon ces paroles d'Ezéchiel : *J'enverrai le feu sur Magog, et sur ceux qui habitent en assurance dans les îles, et ils sauront que c'est moi qui suis le Seigneur* (XXXIX. 6). Mais ce feu détruira alors le monde entier, car les cieux et la terre sont réservés pour être brûlés par le feu, au jour du jugement, lorsque les impies périront (II. Pierre, III. 7).

10. *Où le diable, la bête et le faux prophète seront tourmentés*

11. Alors je vis un grand trône blanc et quelqu'un qui étoit assis dessus devant la face duquel la terre et le ciel s'enfuirent; et il n'en resta pas même la place.

12. Je vis ensuite les morts, grands et petits, qui comparurent devant le trône ; et des livres furent ouverts; et puis on en ouvrit encore un autre, qui étoit le livre de vie, et les morts furent jugés sur ce qui étoit écrit dans ces livres selon leurs œuvres.

13. Et la mer rendit les morts qui étoient ensevelis dans ses eaux : la mort et l'enfer rendirent aussi les morts qu'ils avoient, et chacun fut jugé selon ses œuvres.

14. Et l'enfer et la mort furent jettés dans l'étang de feu. C'est là la seconde mort.

15. Et celui qui ne fut pas trouvé écrit dans le livre de vie, fut jetté dans le feu.

CHAPITRE XXI.

1. Après cela, je vis un ciel nouveau et une terre nouvelle. Car le premier ciel et la première terre avoient disparu, et la mer n'étoit plus.

2. Et moi, Jean, je vis la ville sainte, la nouvelle Jérusalem, qui venant de Dieu, descendoit du ciel, étant parée comme une épouse qui se pare pour son époux.

3. Et j'entendis une grande voix qui venoit du trône, et qui disoit : Voici le tabernacle de Dieu avec les hommes ; et il demeurera avec eux, et ils seront son peuple, et Dieu demeurant lui-même au milieu d'eux sera leur Dieu.

4. Dieu essuyera toutes les larmes de leurs yeux, et la mort ne sera plus. Il n'y aura plus aussi là ni pleurs, ni cris, ni afflictions, parce que le premier état sera passé.

5. Alors celui qui étoit assis sur le trône dit : Je m'en vais faire toutes choses nouvelles. Il me dit aussi : Ecrivez : Ces paroles sont très certaines et très véritables.

6. Il me dit encore : Tout est accompli ; je suis l'Alpha et l'Oméga, le commencement et la fin. Je donnerai gratuitement à boire de la source d'eau vive à celui qui aura soif.

7. Celui qui sera victorieux possèdera ces choses, et je serai son Dieu, et il sera mon fils.

8. Mais pour ce qui est des timides et des incrédules, des exécrables et des homicides, des fornicateurs, des empoisonneurs, des idolâtres et de tous les menteurs; leur partage sera dans l'étang brûlant de feu et de soufre, qui est la seconde mort.

9. Il vint ensuite un des sept Anges qui tenoient les sept coupes pleines des sept dernières plaies; il me parla et me dit : Venez, et je vous montrerai l'épouse, qui a l'Agneau pour époux.

10. Et il me transporta en esprit sur une grande et haute montagne, et il me montra la ville, la sainte Jérusalem, qui descendoit du ciel, venant de Dieu.

11. illuminée de la clarté de Dieu, et la lumière qui l'éclairoit était semblable à une pierre précieuse, à une pierre de jaspe transparente comme du cristal.

12. Elle avoit une grande et haute muraille, où il y avoit douze portes et douze anges, un à chaque porte, où il y avoit aussi des noms écrits, qui étoient les noms des douze tribus des enfans d'Israël.

13. Il y avoit trois portes à l'orient, trois portes au septentrion, trois portes au midi et trois portes à l'occident.

14. Et la muraille avoit douze fondemens, où sont les noms des douze Apôtres de l'agneau.

15. Celui qui parloit avec moi avoit une canne d'or pour mesurer la ville, les portes et la muraille.

16. Or, la ville est bâtie en quarré, et elle est aussi longue que large. Il mesura la ville avec sa canne, et il la trouva de douze mille stades; sa longueur, sa largeur et sa hauteur sont égales.

17. Il en mesura aussi la muraille qui étoit de cent quarante-quatre coudées de mesure d'homme, qui étoit celle de l'Ange.

18. Cette muraille étoit bâtie de jaspe, et la ville étoit d'un or pur semblable à du verre très clair.

19. Et les fondemens de la muraille de la ville étoient ornés de toutes sortes de pierres précieuses. Le premier fondement étoit de jaspe, le second de saphir, le troisième de calcédoine, le quatrième d'émeraude,

20. le cinquième de sardonix, le sixième de sardoine, le septième de chrysolithe, le huitième de berylle, le neuvième de topaze, le dixième de chrysoprase, l'onzième d'hyacinthe, le douzième d'améthyte.

21. Or, les douze portes étoient douze perles, et chaque porte étoit faite de l'une de ces perles, et la place de la ville étoit d'un or pur comme du verre transparent.

22. Je ne vis point le temple dans la ville; parce que le Seigneur Dieu tout-puissant et l'Agneau en est le temple.

---

jour et nuit dans les siècles des siècles. *L'enfer et la mort seront également jettés dans l'étang de feu* (ŷ. 14). Il n'y aura plus qu'un lieu de supplice, et tous les damnés auront pour partage des flammes éternelles. La bête et le faux prophète qui sont des êtres collectifs se succèdent pendant plus de 100 ans, ils ont subi un premier jugement, mais ils vont comme tous les morts se présenter au jugement dernier.

11. *Trône blanc*. Le juge qui doit s'y asseoir est d'une pureté et d'une sainteté infinie. *La terre et le ciel s'enfuirent* : Jésus-Christ a dit : *Le ciel et la terre passeront, mais mes paroles ne passeront pas.*

12. *Des livres furent ouverts*. Les saints livres qui renferment ce qu'on doit croire et pratiquer. *Pour arriver à la vie éternelle*, a dit Jésus-Christ, *il faut observer les commandemens…, la loi doit être observée jusqu'au dernier iota*. — *Le livre de vie* est appelé ailleurs *le livre de l'Agneau* (XIII. 8). L'Agneau disait lui-même à ses disciples, et en leur personne à tous les prédestinés : *Réjouissez-vous de ce que vos noms sont écrits dans les cieux* (Luc, X. 20).

13. *La mort et l'enfer rendirent aussi les morts*. L'enfer, créé pour les démons, rendra les hommes morts dans l'impénitence et condamnés déjà à la mort éternelle.

14. *C'est là la seconde mort*. Ceux qui sur la terre n'ont pas voulu rentrer dans la vie (XX. 5), n'ont pas eu part à la première résurrection (id.); ils sont morts après quelques années et ont eu part aussitôt à la mort éternelle, qui est la seconde mort.

---

1. *Ciel nouveau…, terre nouvelle*. Le monde est détruit, les hommes ont été jugés, les damnés sont dans l'étang de feu et de soufre, et les saints partagent la gloire de Dieu et habitent la Jérusalem céleste. Les deux derniers chapitres de l'Apocalypse ne renferment rien de prophétique. Celui-ci est tout entier sur la description du ciel et donne lieu à peu d'explications.

8. *Les timides*. Ceux qui ont rougi de paraître chrétiens.

12. *Douze portes…, douze tribus des enfans d'Israël*. Tous les saints sont enfants d'Abraham, *les Juifs sont la tige et le trône béni sur lequel les autres sont entés* (Rom. XI. 16). Les victimes de la révolution française ont donc pu être cités des douze tribus des enfants d'Israël ; car, on le voit, il n'y a plus de *Gentils* pour le ciel, où l'on ne peut rentrer que par une des portes des douze tribus ; et leur nombre a donc pu être fixé à douze fois douze mille par un Prophète qui voit le nombre douze répété presque continuellement pour les choses du ciel ; la ville a douze stades en longueur, en largeur et en hauteur ; les murailles ont douze fondements et douze fois douze coudées d'épaisseur. Le carré, le cube parfait expriment la stabilité.

19-20. *De toutes sortes de pierres précieuses*, « dont les diverses beautés représentent très bien les dons divers que Dieu a mis dans ses élus et les divers degrés de gloire. » (Migne, 1230).

22. *Je ne vis point le temple… L'Agneau en est le temple*. Et cependant, S. Jean a dit : *On me donna ensuite une canne semblable à une toise, et il me fut dit ; Levez-vous et mesurez le temple de Dieu, et l'autel, et ceux qui y adorent* (XI. 1). Cette contradiction évidente est expliquée par l'interprétation qui est de l'ordre chronologique des faits et de cette remarque que S. Jean, prophétisant pour la France, a pu nommer cette contrée *Temple* en 1814, absolument comme Nostradamus, qui l'appelle souvent TEMPLE, et plusieurs fois en particulier, pour les évènements de 1814.

23. Et cette ville n'a pas besoin d'être éclairée par le soleil ou par la lune; parce que c'est la lumière de Dieu qui l'éclaire, et que l'Agneau en est la lampe.

24. Les nations marcheront à la faveur de sa lumière, et les Rois de la terre y porteront leur gloire et leur honneur.

25. Ses portes ne se fermeront point chaque jour, parce qu'il n'y aura point là de nuit.

26. On y apportera la gloire et l'honneur des nations.

27. Il n'y entrera rien de souillé, ni aucun de ceux qui commettent l'abomination ou le mensonge, mais seulement ceux qui sont écrits dans le livre de vie de l'Agneau.

CHAPITRE XXII.

1. Il me montra encore un fleuve d'eau vive claire comme du cristal, qui couloit du trône de Dieu et de l'Agneau.

2. Au milieu de la place de la ville, des deux côtés de ce fleuve étoit l'arbre de vie, qui porte douze fruits, et donne son fruit chaque mois; et les feuilles de cet arbre sont pour guérir les nations.

3. Il n'y aura plus là de malédiction, mais le trône de Dieu et de l'Agneau y sera, et ses serviteurs le serviront.

4. Ils verront sa face, et ils porteront son nom *écrit* sur le front.

5. Il n'y aura plus là de nuit, et ils n'auront point besoin de lampe, ni de la lumière du soleil, parce que c'est le Seigneur Dieu qui les éclairera, et ils règneront dans les siècles des siècles.

6. Alors il me dit : Ces paroles sont très certaines et très véritables; et le Seigneur, le Dieu des esprits des Prophètes, a envoyé son Ange pour découvrir à ses serviteurs ce qui doit arriver dans peu de tems.

7. Je m'en vais venir bientôt : Heureux celui qui garde les paroles de la prophétie de ce livre.

8. C'est moi Jean qui ai entendu et qui ai vu toutes ces choses. Et après les avoir entendues et les avoir vues, je me jettai aux pieds de l'Ange qui me les montroit, pour l'adorer.

9. Mais il me dit : Gardez-vous bien de le faire : car je suis serviteur *de Dieu* comme vous, et comme vos frères les Prophètes, et comme ceux qui garderont les paroles de la prophétie de ce livre. Adorez Dieu.

10. Après cela il me dit : Ne scellez point les paroles de la prophétie de ce livre : car le tems est proche.

11. Que celui qui fait l'injustice la fasse encore ; que celui qui est souillé, se souille encore ; que celui qui est juste, se justifie encore ; que celui qui est saint, se sanctifie encore.

12. Je m'en vais venir bientôt, et j'ai ma récompense avec moi pour rendre à chacun selon ses œuvres.

13. Je suis l'Alpha et l'Oméga, le premier et le dernier, le commencement et la fin.

14. Heureux ceux qui lavent leurs vêtemens dans le sang de l'Agneau; afin qu'ils ayent droit à l'arbre de vie, et qu'ils entrent dans la ville par les portes.

15. *Qu'on laisse* dehors les chiens, les empoisonneurs, les impudiques, les homicides et les idolâtres, et quiconque aime et fait le mensonge.

16. Moi JÉSUS, j'ai envoyé mon Ange pour vous rendre témoignage de ces choses dans les Eglises. Je suis le rejeton et le fils de David, l'étoile brillante, l'étoile du matin.

17. L'esprit et l'épouse disent : Venez. Que celui qui entend, dise : Venez. Que celui qui a soif vienne, et que celui qui le désire reçoive gratuitement de l'eau de la vie.

18. Je déclare à tous ceux qui entendront les paroles de cette prophétie, que si quelqu'un y ajoute quelque chose, Dieu le frappera des plaies qui sont écrites dans ce livre.

19. Et que si quelqu'un retranche quelque chose des paroles du livre de cette prophétie, Dieu l'effacera du livre de la vie, l'exclura de la ville sainte, et ne lui donnera pas part à rien de ce qui est écrit dans ce livre.

20. Celui qui rend témoignage de ces choses dit : Certes, je vais venir bientôt. Amen. Venez, Seigneur JÉSUS.

21. Que la grâce de Notre-Seigneur JÉSUS-CHRIST soit avec vous tous. Amen.

1-2. *Fleuve d'eau vive... arbre de vie.* « La nouvelle Jérusalem est un Paradis de délices. Il faut donc que la source d'eaux vives qui doit arroser ce jardin s'y trouve, aussi bien que l'arbre de vie qui donne l'immortalité. » S. Jean est rempli de l'esprit des Prophètes qui l'ont précédé. Il renvoie aux anciennes Ecritures. Il en est le sacré abbréviateur. » (*Avignon*, II. 433) *voir Ezéchiel*, XLVII; *Zacharie*, XIII; *Joël*, III.

5. *Nuit... Soleil.* Isaïe avoit dit : *Ton soleil ne se couchera pas, et la lune ne sera pas diminuée* (LX. 20).

7. *Je m'en vais venir bientôt.* Il est dit plus bas : *Moi Jésus, j'ai envoyé mon ange pour vous rendre témoignage de ces choses dans les églises.* L'accomplissement des prophéties renfermées dans les avertissemens aux Eglises (*voir* les 3 premiers chapitres) allait se faire *bientôt*. Ces mots répétés souvent dans ce chapitre peuvent signifier encore : Je viendrai bientôt après que la prophétie renfermée dans la seconde partie de ce livre aura commencé à recevoir son accomplissement, bientôt après que l'interprétation de cette prophétie aura été trouvée. On a vu que S. Jean se reporte expressément au temps présent, lorsqu'il dit en embrassant toute l'époque révolutionnaire : *Cinq de ses rois sont morts; il en reste un, et l'autre n'est pas encore venu* (XVII. 10).

10. *Ne scellez point les paroles de la prophétie de ce livre.* Dieu défend de tenir la lumière sous le boisseau. Si le temps de l'accomplissement de cette prophétie était éloigné, on pourrait se taire, et peut être devrait-on le faire selon cette parole de Dieu à Daniel : *Scellez cette prophétie, car le temps est éloigné. Scellez le livre jusqu'au temps marqué* (XII. 4 et XIII. 26) ; mais le temps n'est pas *éloigné*, le temps n'est pas seulement *proche*, il est venu. Il faut donc parler : *Ne scellez point les paroles de la prophétie de ce livre.* « Ce livre est scellé et il ne l'est point. Il l'est pour ceux qui forment une orgueilleuse et cruelle bête, persécutrice des saints, ennemie de Dieu et de sa vérité. Et comment une bête sans intelligence, et ceux qui adorent son image, comprendraient-ils les secrets d'une prophétie qu'ils accomplissent sans le savoir ? Mais à l'égard de ceux en faveur de qui elle a été écrite, ils la lisent avec fruit ; ils la comprennent d'autant plus que *le tems est plus proche*, et quelques évènemens ont une ressemblance plus frappante avec les images qui y sont tracées. » (*Avignon*, II. 451).

18-19. *Si quelqu'un ajoute... retranche quelque chose de cette prophétie...* Il était nécessaire d'effrayer les copistes qui devaient, à travers les siècles, nous transmettre l'Apocalypse ; le moindre changement au texte aurait rendu son interprétation difficile, sinon impossible. L'importance que S. Jean donne à sa prophétie peut être mesurée à la grandeur du châtiment qui attendait le copiste de mauvaise foi.

21 *Que la grâce de Notre-Seigneur Jésus-Christ soit avec vous tous. Amen.* « S. Jean finit par le salut, après avoir mis à la tête de ce livre une salutation semblable (t. 4). Que la grâce soit avec les Justes, pour les rendre persévérants, et avec les pécheurs pour les convertir. » (*Avignon*, II. 467).

CONCORDANCE
De la fin de la Lettre prophétique de Nostradamus avec les derniers chapitres de l'Apocalypse.

La *Lettre à Henry II* renferme les prédictions des chapitres VI-XIII de l'Apocalypse pour les années 1789-1864, à partir de ces mots : *L'Eglise chrétienne... elle aura deux enfans, l'un de fidélité, l'autre d'infidélité... ;* puis le grand *Empire de l'Antechrist commencera...,* jusqu'à ceux-ci : *La Plèbe se lèvera...;* et de nouveau les évènements de 1789-1814, à partir de ces mêmes mots : *La Plèbe se lèvera...,* jusqu'à la fin de la première partie du récit prophétique : *Et pour ce, Sire, que par ce discours je mets presque confusément ces prédictions* (voir t. II. p 25, 26 et 27). Nostradamus, à la fin de cette *Lettre,* revient encore sur les évènements de 1789, et, comme S. Jean, poursuit son récit jusqu'à la fin du monde.

« Sera faicte plus grande persécution à l'Eglise chrétienne que n'a été faicte en Afrique, et durera c'est icy jusques, à l'an mil sept cent nonante deux (1792) que l'on cuidera être une rénovation de siècle (voir t. II. p. 130, 2ᵉ col.). Après commencera le peuple Romain de se dresser et de chasser quelques obscures ténèbres, recevant quelque peu de leur pristine clarté, non sans grande division, et continuels changemens. Venise en après... »

Voir les chapitres VI-XII de l'Apocalypse sur ces évènements.

« Venise en après en grande force et puissance lèvera ses ailes si très haut, ne distant guères aux forces de l'antique Rome. Et en icelluy tems grandes voyles Bizantines (françaises) associées aux Ligustiques (Piémontaises), VIII. 9. par l'appuy et puissance Aquilonaire, donnera quelque empechement que des deux Crétenses ne leur sera la Foy tenuë... »

La suite montrera que la puissance Aquilonnaire est l'Angleterre, la puissance du nord de l'Italie ou le Piémont : *Défaillira le principal Roy Aquilonaire,* et la France elle-même : *Par lors le Tiers Roy Aquilonaire.* Ces évènements sont nés de la Révolution de 1814, dont il est dit : LE NEUF EMPIRE EN DÉSOLATION SERA CHANGÉ DU PÔLE AQUILONAIRE, DE LA SICILE VIENDRA L'ÉMOTION TROUBLER L'IMPRINSE A PHILIP. TRIBUTAIRE 222ᵉ. A cette époque, Venise recouvrera un moment sa liberté, et dans un avenir prochain la révolution italienne triomphera dans ses murs : PENDANT QUE L'AIGLE ET LE COQ A SAVONNE SERONT UNIS, MER LEVANT ET ONGRIE, L'ARMÉE A NAPLES, PALERME, MARQUE D'ANCÔNE, ROME, VENISE PAR BARBE HONRIBLE CRIE (t. II. p. 151). Le chapitre XIII est sur ces évènements : *Et je vis s'élever de la mer une bête. Les deux Crétenses* sont deux chefs de gouvernemens chrétiens ; un empêchement a fait que des sermens n'ont pas été remplis, et la bête a reçu, en 1849, un coup mortel par la prise de Rome.

« En l'Adriatique sera faicte discorde grande : ce sera uny sera séparé, approchera des maisons ce que paravant étoit et est grande cité, comprenant le Pempotan, la Mesopotamie de l'Europe à quarante cinq, et autres de quarante un, quarante deux et trente sept. »

Guerres civiles et guerres extérieures auxquelles prendront part l'Angleterre (PEMPOTAN, p. 220, Paris (MÉSOPOTAMIE, 120°), Turin, situé au 45°, Naples au 41°, Rome au 42°, et Syracuse au 37° (voir II. 15 et 16).

« Et dans iceluy temps, et en icelles contrées la puissance infernale (le dragon, ch. XIII. 2), mettra à l'encontre de l'Eglise de Jésus-Christ la puissance des adversaires de sa loy (la bête et le faux-prophète), qui sera le second Antechrist, lequel persécutera icelle Eglise et son vray Vicaire, par moyen de la puissance des Roys temporels, qui seront par leur ignorance séduicts par langues (Le faux-Prophète séduisit ceux qui habitent sur la terre..., en disant) qui trancheront plus que nul glaive entre les mains de l'insensé. Le susdict règne de l'Antechrist ne durera que jusques au définement de ce nay près de l'âge (SANG D'INNOCENT DEVANT SOY PAR REMORT, VIII. 87. Il en reste un, et l'autre n'est pas encore venu : et quand il sera venu, il doit demeurer peu, voir chap. XVII. 10), et de l'autre à la cité de Plancus (la ville de Lyon, 62°), accompagnés de l'esleu de Modone Fulcy, par Ferrare, maintenu par Lygurriens Adriatique, et de la proximité de la grande Trinacrie. »

Modone est pour Modène ; en latin, *Mutina* (Moréri) ; mutuis, Fulcy vient du grec, *furios,* qui détourne les *maux,* épithète de Jupiter ; qui met en fuite, R. *fougô, fuir,* esquiver, s'échapper, être en exil (*Lexique*). Ces mots désignent un personnage qui aura les sympathies et l'aide de la révolution italienne et dont il est dit : LE CAMP PLUS GRAND DE ROUTE, MIS EN FUITE, GUERRE PLUS OUTRE NE SERA POURCHASSÉ, OST RECAMPÉ ET LÉGION REDUICTE, PUIS HORS DE GAULE DU TOUT SERA CHASSÉ, DE PLUS GRAND PERTE NOUVELLES RAPPORTÉES, LE RAPPORT FAIT LE CAMP S'ESLONGNERA, BANDES UNIES ENCONTRES RÉVOLTÉES, DOUBLE PHALANGE GRAND ABANDONNERA... (voir IV. 10-20).

« Puis passera le mont Jovis, le Gallique Ogmium, accompagné de si grand nombre que de bien loing l'Empire de sa grande luy sera p ésenté. »

C'est alors que L'OGMION GRANDE BYSANCE APPROCHERA, CHASSÉE SERA LA BARBARIQUE LIGUE, DES DEUX LOIX L'UNE L'URTHIQUE, LASCUERRA, BARBARE ET FRANCHE EN PERPÉTUELLES BRIGUES (V. 80-84). On vient de voir qu'une partie de l'armée HORS DE GAULE DU TOUT, SERA CHASSÉ ; elle ira au-delà du mont Saint-Bernard ; en latin, *Mons Jovis* (Wailly). Ce mot est ailleurs pour le *Mont-Juich*.

« Et par lors et quelques temps après sera espanché profusément le sang des innocens par des nocens un peu élevés, alors par grands déluges la mémoire des choses contenuës de tels instrumens recevra innumérable perte, même les lettres : qui sera devers les Aquilonaires par la volonté divine, et une autre foi lié Satan. Et sera faicte paix universelle... »

Le chapitre XIV dit le nombre des victimes de la révolution italienne, l'élection d'un pape qui parcourt le monde, la chute de Babylone et la paix donnée à la terre par celui qui ressemble au Fils de l'homme. Le quatrain sur l'annexion de la Savoie est celui-ci : LA GRANDE REYNE DES SACRES NE S'ÉLOIGNE, PROVENCE, NAPLES, SICILE, SEEZ ET PONCE ; EN GERMANIE, AU RHIN ET A COLOGNE, VEXER A MORT PAR TOUS CEUX DE MAGONCE (voir V. 39-43). Mayence, en latin *Magontia,* ne versera point le sang des prêtres en Italie, en France ni en Allemagne ; mais, dit Moréri, a quelques auteurs tirent l'étymologie du nom de Mayence, *Magontia* de *Magog,* fils de Japhet. » S. Jean et Nostradamus disent que Gog et Magog persécuteront de nouveau les hommes de Dieu. Les ROUGES sont les gens de *Magog* ou les démagogues.

« Et sera faicte paix universelle entre les humains, et sera délivrée l'Eglise de Jésus-Christ de toute tribulation, combien que par les *Azotins* voudroit mesler dedans le miel du fiel, et leur pestifère séduction. Et cela sera proche au septième millenaire, que plus le sanctuaire de Jésus-Christ ne sera conculqué par les infidèles qui viendront de l'Aquilon, le monde approchant de quelque grande conflagration, combien que par mes supputations en mes prophéties, le cours du temps aille beaucoup plus loing. Dedans l'Epistre que ces jours passés ay dédié à mon fils César Nostradamus j'ay assé apertement déclaré aucuns poincts sans présage. Mais ici, ô Sire, sont comprins plusieurs grands et merveilleux advenemens que ceux qui viendront après le verront. Et durant icelle supputation... »

La révolution ne sera pas seulement arrêtée comme en 1814 (28°-30°). CAR LES TROIS LYS LUY FERONT TELLE PAUSE, elle sera véritablement détruite : PAR SON FRUICT SAUVE, COMME CHAIR CRUE MUEVRE (8°, voir chap. XVII. 8 : *La bête étoit et n'est plus,*). Des hommes sans mœurs (*Azotins,* dissipateurs, débauchés, W.), voudront de nouveau corrompre la pureté de la doctrine de l'Eglise : CEUX QUI AURONT ENTREPRIS SUBVERTIR NOMPAREIL RÈGNE PUISSANT ET INVINCIBLE, FERONT PAR FRAUDE, NUICTS TROIS ADVERTIR, QUAND LE PLUS GRAND A TABLE LIRA BIBLE (V. 80-84). Durant tout ce règne, les rois d'Aquilon, venus déjà en France en 1814 (186° et chap. XI. 2), resteront en dehors des frontières attendant le moment fixé par l'Apocalypse pour rentrer de nouveau dans la Babylone, dont ils causeront la ruine (voir chap. XVII. 11, 16 ; XVIII. 9). Ce règne aura lieu : LE MONDE PROCHE DU DERNIER PÉRIODE (III. 90-95). Après on sera dans le dernier siècle du monde terminant le sixième millénaire (voir plus loin : Résumé de la Concordance). — Nostradamus s'arrête pour reprendre sa dernière supputation sur la persécution italienne. On observe qu'il suit ici la même marche que dans la première partie de sa *Lettre*. Il a prophétisé pour 1780-1861, s'arrêtant à l'époque où la traduction de sa prophétie est livrée au public, et il reprend aussitôt au début de la révolution française de 1789. Ici il s'arrête précisément aux faits que les hommes qui vivent présentement verront, et il reprend au début de la nouvelle phase de la révolution italienne, en 1859, je crois : DE SEPT A NEUF DU CHEMIN DESTOURNER (VIII. 44); QUATRE ANS LE REGNE QUELQUE PEU BIEN TIENDRA (VI. 26).

« Et durant icelle supputation Astrologique, conférée aux sacrées lettres, la persécution des gens Ecclésiastiques prendra son origine par la puissance des Roys Aquilonaires les unis avec les Orientaux. Et cette persécution durera onze ans, quelque peu moins, que par lors défaillira le principal Roy Aquilonaire, lesquels ans accomplis surviendra son uny Méridional, qui persécutera encore plus fort par l'espace de trois ans les gens d'Eglise par la séduction apostatique, d'un qui tiendra toute puissance absolue à l'Eglise militaire, et le sainct peuple de Dieu observateur de sa loy, et tout ordre de religion sera grandement persécuté et affligé tellement que le sang des vrais Ecclésiastiques, nagera partout, et un des horribles Roys temporels, par ses adhérans luy seront données telles louanges, qu'il aura plus respandu de sang humain des innocens Ecclésiastiques, que nul ne sauroit avoir du vin. »

On voit cette persécution dans une suite de quatrains : PERSÉCUTÉ SERA DE DIEU L'ÉGLISE... LES DEUX UNIS NE TIENDRONT LONGUEMENT, ET DANS TREIZE ANS AU BARBARE SATRAPE, DES DEUX COSTEZ FERONT TEL PERDEMENT QU'UN BENIRA LA BARQUE ET SA CAPPE : UN ROY DE FRANCE LE RENDRA VULCANAL (V. 73-88); A ROME NAISTRA DEUX MONSTRES A TESTE DOUBLE, SANG, FEU, DÉLUGE LES PLUS GRANDS A L'ESPARSE (IX. 2-5).

« Et iceluy Roy commettra des forfaicts envers l'Eglise incroyables, coulera le sang humain par les rues publiques, et temples, comme l'eau par pluye impétueuse, et rougiront de sang les plus prochains fleuves, et par autre guerre navale rougira la mer, que le rapport d'un Roy à l'autre luy sera dit : Bellis rubuit navalibus æquor. Puis dans la même année et les suivantes s'en ensuivra la plus horrible pestilence, et la plus merveilleuse par la famine précédente, et si grandes tribulations que jamais soit advenue telle depuis la fondation de l'Eglise chrétienne, et par toutes les régions Latines, demeurant par les vestiges en aucunes contrées des Espaignes. »

Toujours cette même révolution dont il est dit : DE GENS D'ÉGLISE SANG SERA ESPANCHÉ COMME DE L'EAU EN SI GRANDE ABONDANCE ET D'UN LONGTEMPS NE SERA RESTANCHÉ, V.E, V.E AU CLER RUINE ET DOLÉANCE. PAR LA PUISSANCE DES TROIS ROYS TEMPORELS, EN AUTRE LIEU SERA MIS LE SAINT SIÈGE (VIII. 98-100). Plusieurs contrées de l'Espagne imiteront cette persécution, qui couvrira l'Italie entière. Mais les TROIS ROYS TEMPORELS (non HORRIBLE qui, après la chute de Babylone, n'aura pu que retirer le succe seur de Pie IX des mains des Italiens : LE GRAND CHYREN SOY SAISIR D'AVIGNON, DE ROME LETTRES EN MIEL PLEIN D'AMERTUME arrêtera enfin cette révolution en Italie, puis en Espagne, comme le marquent les quatrains cités plus haut (V. 73-83), et ceux-ci : VI. 25-28.

« Par lors le tiers Roy Aquilonnaire entendant la plainte du peuple de son principal tittre dressera si grande armée et passera par le destroits de ses derniers avites et bisayeuls, qui remettra la plupart en son Etat, et le grand Vicaire de la cappe sera remis en son pristin état. »

C'est ce qu'on dit l'Apocalypse dans la dernière moitié du chapitre XIV sur la persécution religieuse en Italie : l'élection d'un Pape portant de tous côtés l'Evangile éternel, la chute de Babylone, vengeance terrible qu'un autre Pape et celui qui ressemble au Fils de l'homme tireront de ceux qui auront adoré la bête ou son image, ou qui auront reçu le caractère en son nom : PAR LE CROISSANT DU GRAND CHYREN SELIN..., LE GRAND CELTIQUE ENTRERA DEDANS ROME, MENANT AMAS D'EXILEZ ET BANNIS, LE GRAND PASTEUR METTRA A MORT TOUT HOMME QUI POUR LE Coq (les Gaulois de l'Italie habitaient le Piémont) ETOIT AUX ALPES UNIS (VI. 25-26). QU'UN BÉNIRA LA BARQUE ET SA CAPPE, V. 73-84).

« Mais désolé, et puis du tout abandonné, tournera estre Sancta sanctorum destruict par Paganisme et le vieux et le nouveau Testament seront deschassez, brullez, en après l'Antechrist sera le prince infernal, encore par la dernière foy trembleront tous les Royaumes de la Chrestienté, et aussi les infidèles, par l'espace de vingt-cinq ans, et feront plus grièves guerres et batailles, et seront villes, cités, chasteaux, et tous autres édifices brullez, désolez, destruicts, avec grande effusion de sang cestal, mariée, et vefves violées, enfans de laict contre les murs des villes allidez (Allido, heurtor, W.) et brisez, et tant de maux se commettront par le moyen de Satan, prince infernal, que presque le monde universel se trouvera défaict et désolé : et avant iceux advènemens aucuns oyseaux insolites crieront par l'air, « Huy, huy, » et seront après quelques temps esvanouys. Et après que tel temps aura duré longuement, sera presque renouvellé un autre règne de Saturne et siècle d'or, Dieu le créateur dira entendant l'affliction de son peuple . Satan sera mis, et lié dans l'abysme du barathre dans la profonde fosse : et adonc, commencera entre Dieu et les hommes une paix universelle, et demeurera lié environ l'espace de mille ans, et tournera en sa plus grande force, la puissance Ecclésiastique, et puis tourné deslié. »

Nostradamus a trois Antechrists : deux sont connus, le troisième viendra après SEPT ET CINQUANTE ANNÉES PACIFIQUES (X. 89), et il est dit de lui : L'ANTECHRIST TROIS BIENTOST ANNICHILEZ, VINGT ET SEPT ANS SANG DURERA SA GUERRE, LES HÉRÉTIQUES MORTS, CAPTIFS, EXILEZ, SANG, CORPS HUMAIN, EAU ROUGIE, GRESLER TERRE, UN DRAGAMAS (Brague, *Braga*, v. du Portugal) AVEC SA LANGUE TORTE, VIENDRA DES DIEUX PILLER LE SANCTUAIRE, AUX HÉRÉTIQUES IL OUVRIRA LA PORTE, EN SUSCITANT L'EGLISE MILITAIRE (VIII. 77-78).

On voit que ces derniers mots de la *Lettre à Henry II* sont empruntés à l'Apocalypse. Après l'Antechrist (le second), sera plus tard le prince infernal ou le troisième Antechrist, celui de la tradition, le dragon, l'ancien serpent, qui est le diable et Satan qui sera lié pour mille ans (XX. 2. La bête qui était et qui n'est plus, lorsque Babylone est tombée reparait, et Dieu verse sur la terre les sept dernières plaies par lesquelles la colère de Dieu est consommée, et Nostradamus dit : ENCORE PAR LA DERNIÈRE FOY TREMBLERONT TOUS LES ROYAMES DE LA CHRESTIENTÉ, et l'Apocalypse ajoute : *il se fit un grand tremblement de terre, et si grand qu'il n'y en eut jamais un tel depuis que les hommes sont sur la terre. La grande villefut divisée en trois parties, et les villes des nations tombèrent, et Dieu se ressouvint de la grande Babylone* (XVI. 18). La voici détruite : C'est pourquoi ces plaies, la mort, le deuil, et la famine viendront fondre sur elle en un même jour, et elle sera brûlée par le feu (XVIII. 8). Les rois de la terre s'arment aussitôt contre Dieu. Un ange crie en disant à tous ces oiseaux : *Venez et assemblez-vous pour être au grand souper de Dieu* (XIX. 17), et les oiseaux répondront, dit Nostradamus, oui, oui *ou mieux* : C'est le jour ! c'est le jour ! de la colère de Dieu ». Le démon, dans l'Apocalypse comme dans Nostradamus, est lié pour mille ans, et dans l'une et l'autre prophétie, le règne de Dieu s'établit sur la terre. Seulement, pour montrer encore qu'il ne partage point l'erreur des millénaires, Nostradamus dit que ce règne SERA PRESQUE UN AUTRE REGNE DE SATURNE ET SIÈCLE D'OR; puis dans les deux prophéties, le démon est délié de nouveau et le monde finit.

GRANDES ÉPOQUES D'APRÈS LA CONCORDANCE.

1789-1792.	Chap. VI et VII. L'AN MIL SEPT CENS NONANTE DEUX.
1793-1799.	Chap. VIII. La *Montayne*. L'Aigle vole dans le ciel.
1799-1814.	Chap. IX. *Apollyon, l'Exterminateur*, le 1er ANTECHRIST.
1814-1815.	Chap. X. *Le petit livre;* CHARTRES; ENTRE L'AVRIL ET MARS.
1815-......	Chap. XI. Les Cent-Jours ; DE GAND.
1820-......	*Id.* L'arche d'Alliance; LE FRUICT SAUVE.
1820-1830.	Chap. XII. *Le serpent*, l'enfant mâle, DU CIEL VENU.
1830-1848.	*Id.* Règne du *Serpent*, triomphe de S. Michel.
1848-1862. *id. id.*	*Id.* Mgr Affre. L'Aigle, SECOND ANTECHRIST. Chap. XIII. Révolution italienne. Prise de Rome (1849); cette révolution reçoit un secours inespéré de Napoléon III, dont le nombre du *caractère* et le nombre du *nom* font 666.
1862-......	Chap. XIV. *Babylone est tombée*. Fin des SEPTANTE TROIS ANS ET SEPT MOIS : — (4799 + 73 = 1862).
1862-1919.	*Id.* SEPT ET CINQUANTE ANNÉES PACIFIQUES.
1919-1944.	Chap. XV-XIX. *Dernières plaies;* destruction de Babylone. ANTECHRIST TROIS durant 25 ou 27 ans.
1944-1990.	Chap. XX. Règne de Dieu sur la terre; SIÈCLE D'OR durant 7 fois 7 ans? (On ne peut fixer au juste cette durée).
1790-1999.	*Id.* Satan déchaîné séduit le monde.
1999-......	*Id.* Fin du monde. L'AN MIL NEUF CENS NONANTE NEUF SEPT MOIS.

DERNIÈRES RÉFLEXIONS.

Le lecteur peut juger maintenant si cette interprétation, qui ne ressemble à aucune autre, est la véritable. La vérité est une, le mensonge est multiple. On se trompe de mille manières, on ne peut remonter juste que d'une. L'Apocalypse s'étend jusqu'à la fin du monde; les Pères de l'Eglise ont pensé alors que la Babylone de ce Livre était Rome païenne qui s'enivrait du sang des chrétiens, et ils ont cru que ce livre renfermait l'histoire générale de l'Eglise. La chute de Rome est venue donner une bien grande force à leur interprétation; mais une foule de traits restaient sans application, et il ne demeurait presque plus rien dans le livre pour la longue suite des siècles. D'autres commentateurs sont venus qui ont écrit l'histoire de l'Eglise en prenant un verset à la fin, un autre au commencement, un troisième au milieu et d'autres versets ou à la droite ou à la gauche de ceux-ci ; il était plus simple de chercher le passé, le présent et l'avenir de l'Eglise dans les vingt-quatre lettres de l'Alphabet.

Plus d'un lecteur verra désormais dans ce livre sacré Louis XVI, la Montagne, Napoléon Ier, Louis XVIII, Louis-Philippe, etc., etc. Il n'y a là rien de contraire à l'esprit et à la lettre des saints livres qui nous montrent David, Joas, Josabeth, Holopherne, etc.

L'Eglise ne retranchera pas de ses offices ce qu'elle y a introduit de l'Apocalypse, et les applications que l'on a fait de plusieurs de ses textes à la Sainte-Vierge, à l'Eglise, etc., ne seront point jugées indignes. On n'a point, jusqu'à ce jour, condamné les applications que l'on a fait à la Sainte-Vierge, à l'Eglise... des paroles du Cantique des cantiques, et les figures de J.-C. que l'on voit dans David, Salomon...

Je termine en rappelant ce que j'ai dit à la première page de ce commentaire : Enfant soumis de l'Eglise, j'accepterai toujours le jugement qu'elle a porté et qu'elle portera sur tout commentaire de ce livre divin.

QUATRAINS SUR LE PRÉSENT ET L'AVENIR

AUXQUELS RENVOIENT

LA CONCORDANCE DES PROPHÉTIES DE NOSTRADAMUS AVEC L'APOCALYPSE et L'HISTOIRE PRÉDITE ET JUGÉE.

Nota. Les quatrains sont dans l'ordre où ils se trouvent dans les Centuries. Ils sont précédés de nombres en chiffres arabes et en chiffres romains. Les chiffres arabes indiquent quel rang ils occupent dans la Centurie ; les chiffres romains sont pour adapter entre eux les quatrains qui se rapportent au même personnage ou au même fait historique. Le trait sur le côté qui en unit plusieurs marque que rien ne les sépare dans la Centurie.

CENTURIE I.

17 (XV).
Par quarante ans l'Iris n'apparoistra,
Par quarante ans tous les jours sera veu :
La terre aride en siccité croistra,
Et grands déluges quand sera apperceu.

19 (XV).
Lorsque serpens viendront à circuir l'arc,
Le sang Troyen vexé par les Espagnes :
Par eux grand nombre en sera faicte tare,
Chef fuit, caché aux marcs par les saignes.

25 (V. XIV).
Perdu, trouvé, caché de si long siècle,
Sera pasteur demy Dieu honoré,
Ains que la Lune achève son grand cycle,
Par autres vieux sera déshonoré.

26 (III. XVII. V).
Le grand du foudre tombe d'heure diurne,
Mal et prédit par porteur postulaire,
Suivant présage tombe de l'heure nocturne,
Conflict Reims, Londres, Etrusque pestifère.

27 (V. III).
Dessous le chaine Guien du ciel frappé,
Non loin de là est caché le thresor,
Qui par long siècle avoit été grappé,
Trouvé mourra, l'œil crevé de ressort.

29 (I. V).
Quand le poisson terrestre et aquatique,
Par force vague au gravier sera mis,
Sa forme estrange suave et horrifique,
Par mer aux murs bien tost les ennemis.

30 (III. IV. V).
La nef étrange par le tourment marin
Abordera près du port incogneu,
Nonobstant signes du rameau palmerin,
Après mort, pille, bon avis tard venu.

46 (III. IV. V).
Tout auprès d'Aux, de Lestore et Mirande :
Grand feu du ciel en trois nuicts tombera :
Cause adviendra bien stupende et mirande,
Bien peu après la terre tremblera.

48 (XIV. XV).
Vingt ans du règne de la Lune passez,
Sept mille ans autre tiendra sa Monarchie :
Quand le Soleil prendra ses jours lassez,
Lors accomplit et miné ma prophétie.

62 (XIV).
La grande perte las ! que feront les lettres
Avant le cycle de Latona parfaict,
Feu grand déluge, plus par ignares sceptres
Que du long siècle ne se verra refaict.

63 (V. XIV).
Les fleurs passez diminué le monde,
Long-temps la paix, terres inhabitez,
Seur marchera par le ciel, terre, mer et onde,
Puis de nouveau les guerres suscitez.

74 (I. XII. V).
Après séjourné vogueront en Epire,
Le grand secours viendra vers Antioche,
Le noir poil crespe tendra fort à l'Empire,
Barbe d'airain le rostira en broche.

79 (III. IV. V).
Bazaz, Lestore, Condon, Ausch, Agine,
Esmeus par loix, querelles et monopole :
Car Bourd. Tholouse, Bay. mettra en ruine,
Renouveller voulant leur tauropole.

94 (III. IV).
Au port Selin le tyran mis à mort,
La liberté non pourtant recouvrée,
Le nouveau Mars par vindicte et remort,
Dame par force de frayeur honorée.

99 (III. I. II. IV. V).
Le grand Monarque qui fera compagnie,
Avec deux rois unis par amitié,
O quel soupir fera le grand mesnie,
Enfans Narbon à l'entour quel pitié.

100 (V. III. IV).
Long-temps au ciel sera veu gris oyseau
Auprès de Dole et de Tuscane terre,
Tenant au bec un verdoyant rameau,
Mourra tost grand et finira la guerre.

CENTURIE II.

15 (III. I. II).
Un peu devant monarque trucidé,
Castor, Pollux, en nef astre crinite :
L'erain public par terre et mer vuidé,
Pise, Ast, Ferrare, Turin, terre interdicte.

16 (I. II. III. 5).
Naples, Palerme, Sicile, Syracuses,
Nouveaux tyrans fulgures feux célestes :
Force de Londres, Gand, Bruxelles et Suses,
Grand hétacombe, triomphe, faire festes.

27 (XVII. III).
Le divin verbe sera du ciel frappé,
Qui ne pourra procéder plus avant :
Du reserrant le secret estoupé,
Qu'on marchera par dessus et devant.

28 (XVII. III. V).
Le penultième de surnom de Prophète,
Prendra Diane pour son jour et repos :
Loing vaguera par frénétique teste
Et délivrant un grand peuple d'impots.

30 (XV).
Un qui les Dieux d'Annibal infernaux,
Fera renaistre, effrayeur des humains,
Oncq plus d'horreur ne plus peu journaux,
Qu'aviot viendra par Babel aux Romains.

34 (XV).
En Campanie Cassilin fera tant,
Qu'on ne verra que d'eau les champs couverts,
Devant, après, la pluye de long-temps,
Hors mis les arbres rien l'on verra de vert.

32 (XV).
Laict, sang, grenouilles escoudre en Dalmatie,
Conflit donné, peste près de Baleine,
Cry sera grand par toute Esclavonie,
Lors naistra monstre près et dedans Ravenne.

36 (XVII. III. V).
Du grand Prophète les lettres seront prinses,
Entre les mains du tyran deviendront,
Frauder son Roy seront ses entreprinses,
Mais ses rapines bien tost le troubleront.

37 (V. I).
De ce grand nombre que l'on envoyera
Pour secourir dans le fort assiégez,
Peste et famine tous les dévorera,
Hors mis septante qui seront profligez.

38 (V. I).
Des condamnez sera faict un grand nombre,
Quand les Monarques seront conciliez :
Mais à l'un d'eux viendra si mal encombre,
Que guère ensemble ne seront raliez.

39 (V. I).
Un an devant le conflit Italique,
Germains, Gaulois, Espagnols pour le fort,
Cherra l'escolle maison de République,
Où, hormis peu, seront suffoquez morts.

40 (V).
Un peu après, non point longue intervalle,
Par mer et terre sera faict grand tumulte,
Beaucoup plus grande sera pugne navalle,
Feux animaux, qui plus feront d'insulte.

41 (L.-Ph. IX).
La grand' estoille par sept jours bruslera,
Nuée fera deux Soleils s'apparoir,
Le gros mastin toute nuit hurlera,
Quand grand Pontife changera de terroir.

42 (III).
Coq, chiens et chats, de sang seront repeus,
Et de la playe du tyran trouvé mort :
Au lict d'un autre jambes et bras rompus,
Qui n'avoit peur mourir de cruelle mort.

43 (III. I. V).
Durant l'estoille chevelue apparente,
Les trois grands Princes seront faits ennemis,
Frappez du ciel, paix, terre tremulente,
Po, Tymbre, undans serpent sur le bord mis.

56 (III. IX. III. IV).
Que peste et glaive n'a peu s'en définer,
Mort dans le puys, sommet du ciel frappé,
L'abbé mourra quand verra ruyner
Ceux du naufrage, l'escueil voulant grapper.

57 (V. III. IV).
Avant conflit le grand mur tombera,
Le grand à mort, mort trop subite et plainte,
Nay mi parfait : la plupart nagera,
Auprès du fleuve de sang la terre teinte.

59 (III).
Classe Gauloise par appuy de grand' garde,
Du grand Neptune, et ses tridens souldars :
Rongée Provence pour soustenir grand' bande,
Plus Mars Narbon, par javelots et dards.

60 (III. V. II).
La foy Punique en Orient rompuë,
Gang. Ind. et Rosne, Loyre et Tag. changeront
Quand du mulet la faim sera repuë,
Classe espargie, sang et corps nageront.

64 (V. III. IV).
Euge, Tanins, Gironde et la Rochelle,
O sang Troyen ! Mars au port de la flesche,
Derrière le fleuve au fort mise l'eschelle,
Pointes feu grand meurtre sur la bresche.

62 (III. IV. V).
Mabus puis tost alors mourra, viendra,
De gens et bestes une horrible defaite :
Puis tout à coup la vengeance on verra,
Cent, main, soif, faim, quand courra la comète.

63 (III. IV. V).
Gaulois Ausone bien peu subjuguera,
Pau, Marne et Seine fera Ferme l'urie :
Qui le grand mur contre eux se dressera,
Du moindre au mur le grand perdra la vie.

64 (V. XIV).
Sécher de faim, de soif, gent Genevoise,
Espoir prochain viendra au défaillir :
Sur pont tremblant sera loi Gebenoise,
Classe au grand port ne se peut accueillir.

65 (V. I. IX).
Le parc enclin grande calamité,
Par l'Hespérie et Insubre fera,
Le feu en nef peste et captivité,
Mercure en l'Arc Saturne fenera.

67 (V. III. IV. XIV).
Le blonde au nez force viendra commettre,
Par le duelle et chassera dehors,
Les exilez dedans fera remettre,
Aux lieux marins commettant les plus forts.

75 (XV).
La voix ouye de l'insolit oyseau,
Sur le canon du respiral estage :
Si haut viendra du froment le boisseau,
Que l'homme d'homme sera antropophage.

78 (III).
Le grand Neptune du profond de la mer,
De gent Punique et sang Gaulois meslé :
Les isles à sang pour le tardif ramer,
Plus luy nuira que l'occult mal celé.

79 (V).
La barbe crespe et noire par engin,
Subjuguera la gent cruelle et fière :
Un grand Chyren ostera du longin,
Tous les captifs par Seline bannière.

88 (V).
Le circuit du grand faict ruineux :
Le nom septième du cinquième sera :
D'un tiers plus grand l'estrange belliqueux,
Mouton, Lutece, Aix ne garantira.

92 (III. IV. V).
Feu couleur d'or du ciel en terre veu,
Frappé du haut nay, faict cas merveilleux,
Grand meurtre humain prinse du grand nevcu,
Morts d'espectacles, eschappé l'orguelleux.

93 (I. IX).
Bien près du Tymbre presse la Lybitine,
Un peu devant grand' inondation :
Le chef du nef prins, mis à la sentine,
Chasteau, palais en conflagration.

CENTURIE III.

1 (III. V).
Après combat et bataille navale,
Le grand Neptune à son plus haut beffroy,
Rouge adversaire de peur viendra pasle,
Mettant le grand Océan en effroy.

2 (XVII).
Le divin Verbe donra à la substance,
Compris ciel, terre et occult au faict mystique
Corps, âme esprit ayant toute puissance,
Tant soubz ses pieds comme au siège Celique.

12 (I. II. IV. V).
Par la tumeur de Heb. Po, Tag, Timb. et Rome,
Et par l'estang Leman et Arétin :
Les deux grands chefs et citez de Garone,
Prins, morts noyez, Partit humain butin.

13 (V. III. IV).
Par foudre en l'arche or et argent fondu,
De deux captifs l'un l'autre mangera :
De la cité le plus grand estendu,
Quand submergée la classe nagera.

14 (V. II. IV. VI).
Par le rameau du vaillant personnage,
De France infime, par le père infelice :
Honneurs, richesses, travail en son vieil âge,
Pour avoir creu le conseil d'homme nice.

16 (VI. III. V. VI).
Un prince Anglois Mars à son cœur de Ciel,
Voudra poursuivre sa fortune prospère :
Des deux duelles l'un percera le fiel,
Hay de luy bien aymé de sa mère.

18 (I. V).
Après la pluye plus longue assez longuette,
En plusieurs lieux de Reims le ciel touché :
O quel conflict de sang près d'eux s'appreste,
Pères et fils Roys n'oseront approcher.

19 (I. II).
En Lucques seras il laict viendra plouvoir,
Un peu devant changement de preteur :
Grand peste et guerre, faim et soif fera voir,
Loin où mourra leur Prince et Recteur.

21 (I).
Au Crustamin par mer Adriatique,
Apparoistra un horrible poisson,
De face humaine et la fin aquatique,
Qui se prendra dehors de l'hameçon.

25 (V. I. III).
Qui au Royaume Navarrois parviendra,
Quand la Sicile et Naples seront joints :
Bigorre et Landes par Foyx Loron tiendra
D'un qui d'Espagne sera par trop conjoint.

26 (I. III. XVII).
Des Roys et Princes dresseront simulachres,
Augures creux, eslevés aruspices :
Corne victime dorée, et d'azur, d'acres,
Interprétés seront les extispices.

27 (III).
Prince Lybique puissant en Occident,
François d'Arabe viendra tant enflammer :
Sçavant aux lettres sera condescendent,
La langue Arabe en François translater.

28 (III. IV. V).
De terre foible et pauvre parentelle,
Par bout et paix parviendra dans l'Empire :
Longtemps régner une jeune femelle,
Qu'oncques en règne n'en survint un si pire.

29 (III).
Les deux neveux en divers lieux nourris,
Navale pugne, terre pierres tomber,
Viendront si haut eslevés enguerris,
Venger l'injure, ennemis succomber.

32 (III. I. II).
Le grand sépulchre du peuple Aquitannique,
S'approchera auprès de la Toscane :
Quand Mars sera du coing Germanique,
Et au terroir de la gent Mantuanc.

33 (I. II. III).
En la cité où le loup entrera,
Bien près de là les ennemis seront :
Copie estrange grand pays gastera,
Aux murs et Alpes les amis passeront.

43 (I. II. III. XII).
Gens d'alentour de Tarn, Loth et Garonne,
Gardez les monts Apennins passer :
Votre tombeau près de Rome et d'Ancone,
Le noir poil crespe fera trophée dresser.

52 (I. II. III. V. IX).
En la Campagne sera si longue pluye,
Et en la Pouille si grande siccité :
Coq verra l'Aigle, l'aisle mal accomplie,
Par Lyon mise sera en extrémité.

63 (I. IX. III).
Romain pouvoir sera du tout à bas,
Son grand voisin imiter les vestiges,
Occultes haines civiles et débats,
Retarderont aux bouffons leurs folies.

65 (V. X).
Quand le sépulcre du grand Romain trouvé,
Le jour après sera esleu Pontife :
Du sénat guères il ne sera prouvé,
Empoisonné son sang au sacré scyphe.

74 (I. II. VII).
Naples, Florence, Favence, Imole,
Seront en termes de telle fâcherie :
Que pour complaire aux malheureux de Nolle,
Plainct d'avoir faict à son chef mocquerie.

75 (III. I. V).
Pau, Verone, Vicence, Sarragousse,
De glaives loings, terroirs de sang humides :
Peste si grande viendra à la grand gousse,
Proche secours, et bien loing les remèdes.

85 (IV. V).
La cité prinse par tromperie et fraude,
Par le moyen d'un beau jeune attrappé :
Assaut donné Raubine près de LAUDE,
Luy et tous morts pour avoir bien trompé.

90 (V. VI).
Le grand Satyre et Tygre d'Hyrcanie,
Don présenté à ceux de l'Océan :
Un chef de classe istra de Carmanie,
Qui prendra terre au Tyrrenphocéan.

91 (V. III. IV).
L'arbre qu'estoit par longtemps mort séché,
Dans une nuict viendra à reverdir :
Cron, Roy malade, Prince pied estaché,
Craint d'ennemis fera volle bondir.

92 (V. III).
Le monde proche du dernier période,
Saturne encor tard sera de retour :
Translat Empire devers nation Brodde,
L'œil arraché à Narbon par Autour.

93 (V. IX).
Dans Avignon tout le chef de l'Empire,
Fera arrest pour Paris désolé :
Tricast tiendra l'Annibalique ire,
Lyon par change sera mal consolé.

94 (V).
De cinq cens ans plus compte ne tiendra,
Celuy qui estoit l'ornement de son temps :
Puis à un coup grand clarté donnera,
Que par ce siècle les rendra très contents.

95 (V. X).
La loy Moricque on verra défaillir,
Après une autre beaucoup plus séductive,
Boristhènes premier viendra faillir,
Par dons et langues une plus attractive.

96 (II. I. V).
Chef de Fossan aura gorge coupée,
Par le ducteur du limier et levrier :
Le faict patré par ceux du mont Tarpée,
Saturne en Leo treixième de Février.

97 (V. X).
Nouvelle loy terre neuve occuper,
Vers la Syrie, Judée et Palestine :
Le grand empire barbare corruer,
Avant que Phebés son siècle détermine.

99 (III. IV. V).
Aux champs herbeux d'Alein et du Varneigne,
Du mont Lebron proche de la Durance,
Camp des deux parts conflict sera si aigre,
Mesopotamie defaillira en France.

100 (V. III).
Entre Gaulois le dernier honoré,
D'homme ennemi sera victorieux,
Force et terroir en moment exploré,
D'un coup de trait quand mourra l'envieux.

CENTURIE IV.

10 (IV. III. V).
Le jeune Prince accusé faussement,
Mettra en trouble le camp et en querelles,
Meurtry le chef pour le soustenement.
Sceptre appaiser : puis guérir escrouelles.

11 (VI. V. IV. III).
Celuy qu'aura couvert de la grand Cappe,
Sera induict à quelque cas patrer :
Les douze rouges viendront souiller la nappe,
Soubz meurtre, meurtre se viendra perpétrer.

12 (IV. V).
Le camp plus grand de route mis en fuite,
Guéres plus outre ne sera pourchassé :
Ost recampé, et légion reduicte,
Puis hors des Gaules du tout sera chassé.

13 (III. VIII. V).
De plus grand perte nouvelles rapportées,
Le rapport fait le camp s'eslonguera :
Bandes unies encontres révoltées,
Double phalange grand abandonnera.

14 (IV. V).
La mort subite du premier personnage,
Aura changé et mis un autre au règne :
Tost, tard venu à si haut et bas âge,
Que terre et mer fauora que on le craigne.

15 (V).
D'où pensera faire venir famine,
De là viendra le rassasiement :
L'œil de la mer par avare canine,
Pour de l'un l'autre donra huyle, froment.

16 (V. XIV).
La cité franche de liberté fait serve,
Des profligez et resveurs fait asyle :
Le Roy changé à eux non si proterve,
De cent seront devenus plus de mille.

17 (V. VIII. XIV).
Changer à Beaune, Nuy, Châlon, Dijon,
Le Duc voulant amander la Barrée :
Marchant près fleuve, poisson bec de plongeon
Verra la queue : porte sera serrée.

18 (III. XVII).
Des plus lettrez dessus les faits célestes,
Seront par princes ignorans reprouvez,
Punis d'édit, chassez comme scelestes,
Et mis à mort là où seront trouvez.

19 (V).
Devant Rouen d'Insubres mis le siège,
Par terre et mer enfermez les passages :
D'Haynaut, Flandres, Gand et ceux de Liège,
Par dons feudes ravirout les rivages.

20 (V).
Paix, uberté, longtemps Dieu louera,
Par tout son règne désert la fleur de lys,
Corps morts d'eau terre là l'on apportera,
Spérans vain heur d'estre là ensevelis.

21 (V. III. IV. XIV).
Le changement sera fort difficile,
Cité, Province au change gain fera :
Cœur haut, prudent mis, chassé luy habile,
Mer, terre, peuple son estat changera.

22 (V. II. IX).
La grand' copie qui sera dechassée,
Dans un moment fera besoin au Roy,
La foy promise de loing sera faussée,
Nud se verra en piteux desarroy.

23 (V).
La legion dans la marine classe,
Calcine, Magnes, soulphre et poix brustera,
Le long repos de l'asseurée place,
Port Selyn, Hercle, feu les consumera.

33 (III).
Jupiter joinct plus Venus qu'à la Lune,
Apparoissant de plénitude blanche,
Vénus cachée sous la blancheur Neptune,
De Mars frappée, par la gravee branche.

34 (V. I).
Le grand mené captif d'estrange terre,
D'or enchaîné au Roy CHYREN offert :
Qui dans Ausonne, Milan perdra la guerre,
Et tout son ost mis à feu et à fer.

35 (V. I. VIII).
Le feu esteint les vierges trahiront,
La plus grand part de la bande nouvelle,
Foudre à fer, lance les seuls Roys garderont,
Etrusque et Corse, de nuict gorge allumelle.

36 (V. I).
Les yeux nouveaux en Gaule redressez,
Après victoire de l'Insubre champagne,
Monts d'Esperie, les grands liez, troussez,
De peur trembler la Romaigne et l'Espagne.

37 (V. I).
Gaulois par sauts, monts viendra pénétrer,
Occupera le grand lieu de l'Insubre :
Au plus profond son ost fera entrer,
Gennes, Monach pousseront classe rubre.

55 (XVII. III).
Quand la corneille sur tout de brique jointe,
Durant sept heures ne fera que crier,
Mort présagée de sang statué taincte,
Tyran meurtry, aux Dieux peuple crier.

64 (III. L.-Ph.).
Le défaillant en habit de bourgeois,
Viendra le Roy tenter de son offense,
Quinze soldats la pluspart Ustageois,
Vie dernière et chef de la chevance.

65 (III. L.-Ph.).
Au déserteur de la grande forteresse,
Après qu'aura son lieu abandonné :
Son adversaire fera grand prouesse,
L'Empereur tost mort sera condamné.

72 (XVII. III. XIV).
Les Artomiques par Agen et Lestore,
A saint Félix feront leur parlement,
Ceux de Bazas viendront à la mal'heure,
Saisir Condom et Marsan promptement.

73 (III. I. IX).
Le neveu grand par force prouvera,
Le peché fait de cœur pusillanime :
Ferrare et Ast le Duc esprouvera,
Par lors qu'au soir sera le pantomime.

77 (V. I. XIV).
Selin monarque l'Italie pacifique,
Règnes unis par Roy Chrestien du monde :
Mourant voudra coucher en terre blesique,
Après pyrates avoir chassé de l'onde.

79 (V. III).
Sang Royal fuis Monthurt, Mas, Eguillon,
Remplis seront de Bourdelois les Landes,
Navarre, Bigorre pointes et éguillons,
Profonds de faim vorer le liege glandes.

84 (Ch. X).
Un grand d'Auxerre mourra bien misérable,
Chassé de ceux qui sous luy ont été,
Serré de chaines, après le cable,
En l'an que Mars, Vénus et Sol mis en été.

85 (Ch. X. V).
Le charbon blanc du noir sera chassé,
Prisonnier faict mené au tombereau,
More Chameau sus pieds entrelassez,
Lors le puisné filera l'aubereau.

86 (V. XIV. IV).
L'an que Saturne en eau sera conjoinct,
Avecques Sol, le Roy fort et puissant,
A Reims et Aix sera receu et oingt
Après conquestes meurtrira innocent.

93 (V).
Un serpent veu proche du lict royal,
Sera par dame nuict chiens n'aboyeront,
Lors naistre en France un prince tant royal,
Du ciel venu tous les princes verront.

94 (   ).
Deux grands frères seront chassés d'Espagne
L'aîné vaincu sous les monts Pyrenées,
Rougir mer, Rosne, sang Leman d'Allemagne
Narbon, Blyterre, d'Agath contaminées.

95 (III. X).
Le règne à deux laissés bien peu tiendront,
Trois ans sept mois passez feront la guerre,
Les deux Vestales contre rebelleront,
Victor puisnay en Armorique terre.

100 (III. IV. V. XIV).
De feu céleste au Royal édifice,
Quand la lumière de Mars défaillira,
Sept mois grand guerre mort gent de malefice
Rouan, Evreux, au Roy ne faillira.

CENTURIE V.

3 (V).
Le successeur de la Duché viendra,
Beaucoup plus outre que la mer de Toscane,
Gauloise branche la Florence tiendra,
Dans son giron d'accord nautique Rame.

4 (L.-Ph. V).
Le gros mastin de cité dechassé,
Sera fasché de l'estrange alliance,
Après aux champs, avoir le cerf chassé,
Le Loup et l'Ours se donront défiance.

17 (V. III. XIV. IV).
De nuict passant le Roy près d'an Androne,
Celuy de Cypres et principal guette ;
Le Roy faillit, la main fuit long du Rosne,
Les conjurés l'iront à la mort mettre.

18 (III. V. IV).
De deuil mourra l'infelix profligé,
Celebrera son victrix l'hécatombe ;
Pristine loy, franc édit rédigé,
Le mur et Prince au septiesme jour tombe.

19 (V. III. XIV).
Le grand Royal d'or, d'airain augmenté,
Rompu le pache, par jeune ouverte guerre :
Peuple affligé par un chef lamenté,
De sang barbare sera couverte terre.

20 (III. II. II.).
De là les Alpes grande armée passera,
Un peu devant naistra monstre vapin,
Prodigieux et subit tournera
Le grand Toscan à son lieu plus propin.

21 (Ferdin. I).
Par le trépas du Monarque Latin,
Ceux qu'il aura par règne secourus :
Le feu luyra divisé le butin,
La mort publique aux hardis incourus.

22 (IX. II. XIII).
Avant qu'à Rome grand âge rendu l'âme,
Effrayeur grande à l'armée estrangère,
Par escadrons l'embuche près de l'arme,
Puis les deux rouges ensemble feront chère.

23 (II. XIII. III).
Les deux contents seront unis ensemble,
Quand la pluspart à Mars seront conjoints,
Le grand d'Affrique en effrayeur tremble,
TRIVMVIRAT par la classe dejoincts.

30 V. XIV. IX).
Tout à l'entour de la grande cité,
Seront soldats logez par champs et ville,
Donner l'assaut Paris, Rome incité,
Sur le pont lors sera faite grand pille.

31 (V. XIV).
Par terre Attique chef de la sapience,
Qui de présent est la rose du monde,
Pont ruiné, et sa grande prééminence.
Sera subdite et naufrage des ondes.

32 (V. XIV).
Où tout bon est, tout bien Soleil et Lune,
Est abondance ruine s'approche,
Du ciel s'avance de vauer la fortune,
En même estat que la septiesme roche.

39 (XIV).
Du vray rameau de fleur de lys issu,
Mis et logé heritier d'Etrurie,
Son sang antique de longue main tissu,
Fera Florence florir en l'armoirie.

40 (L.-Ph. III. IV. V).
Le sang royal sera si tres meslé,
Contraints seront Gaulois de l'Hesperie :
On attendra que terme soit coulé,
Et que mémoire de la voix soit périe.

41 (V. III. IV. XIV).
Nay sous les ombres et journée nocturne,
Sera en règne et bonté souveraine :
Fera recuistre son sang de l'antique urne,
Renouvellant siecle d'or pour l'airain.

42 (III. I. II).
Mars élevé en son plus haut befroy,
Fera retraire les Allobrox de France,
La gent Lombarde fera si grand effroy,
A ceux de l'Aigle compris sous la Balance.

43 (I. XV).
La grande ruyne des sacrez ne s'esloigne,
Provence, Naples, Sicile, Seez et Ponce,
En Germanie, au Rhin et la Cologne,
Vexer à mort par tous ceux de Magonce.

44 (II. I. III. IX).
Par mer le rouge sera pris de pyrates,
La paix sera par son moyen troublée :
L'ire et l'avare commettra par fainct acte,
Au grand Pontife sera l'armée doublée.

45 (III. IV. V).
Le grand empire sera tost désolé,
Et translaté près d'arduenne silve :
Les deux bastards près de l'aisné décollé,
Et régnera Œnobarbe nez de milve.

59 (VI. V. III. IV. XIV).
Au chef Anglois à Nisma trop séjour,
Devers l'Espagne au secours Œnobarbe,
Plusieurs mourront par Mars ouvert ce jour,
Quand Artois faillir estoile en barbe.

66 (V. III. X).
Sous les antiques édifices vestaux,
Non éloigné d'acqueduct ruiné,
De Sol et Lune sont les luisans métaux,
Ardante la upe Trajan d'or buriné.

73 (I. II. III. X).
Persécutée de Dieu sera l'Eglise,
Et les saints temples seront expoliez :
L'enfant la mère mettra nud en chemise,
Seront Arabes aux pouffons ralliez.

74 (V. II X).
De sang Troyen naistra cœur Germanique,
Qui deviendra en si haute puissance,
Hors chassera gent estrange Arabique,
Tournant l'Eglise en pristine prééminence.

75 (X).
Montera haut sur le bien plus à destre,
Demourera assis sur la pierre quarrée,
Vers le midy posé à sa senestre,
Baston tortu en main bouche serrée.

76 (X).
En lieu libre tendra son pavillon,
Et voudra en cité prendre place,
Aix, Carpen, l'Isle Volce, mont, Cavaillon.
Par tous les lieux abolira la trasse.

77 (I. II. III. IX. X. V. XI).
Tous les degrez d'honneur Ecclesiastique
Seront changez en dial quirinal,
En martial quirinal flaminique,
Un Roy de France le rendra vulcanal.

78 (I. XI. V).
Les deux unis ne tiendront longuement,
Et dans treize ans au barbare satrape,
Aux deux costez fezont tel perdement.
Qu'un benira la Barque et sa Cappe.

79 (V. XIV. I).
Par sacrée pompe viendra baisser les aisles,
Par la venue du grand législateur :
Humble haussera, vexera les rebelles,
Naistra sur terre aucun œmulateur.

80 (XIV. V).
L'Ogmion grande Bysance approchera,
Chassée sera la barbarique ligue :
Des deux lois l'une l'œthinique laschera,
Barbare et franche en perpétuelle brigue.

81 (V. XIV).
L'Oiseau Royal sur la cité solaire,
Sept mois devant sera nocturne augure :
Mur d'Orient cherra tonnerre esclaire,
Sept jours aux portes les ennemis à l'heure.

82 (V).
Au conclud pache de la forteresse
Ne sortira celuy en desespoir mis :
Quand ceux d'Arbois, de Langres contre Bresse
Auront monts Dolle, bouscade d'ennemis.

83 (V. XIV).
Ceux qui auront entrepris subvertir,
Nompareil règne puissant et invincible
Feront par fraude nuict trois advertir.
Quand le plus grand à la table lira Bible.

84 (XIV. V).
Naistra du gouphre et cité immesurée,
Nay de parens obscurs et ténébreux,
Quand la puissance du grand Roy reverée,
Voudra detruire par Rouan et Evreux.

87 (V. XIV).
L'an que Saturne sera hors de servage,
Au franc terroir sera d'eau inondé :
De sang Troyen sera son mariage,
Et sera seul d'Espagnol circondé.

88 (I. II).
Sur le sablon par un hideux déluge,
Des autres mers trouvé monstre marin,
Proche du lieu sera faict un refuge,
Tenant Savone esclavo du Turin.

91 (XIV. III. IX. V).
Au grand marché qu'on dict des mensongiers,
Du tout torrent et camp Athénien :
Seront surprins par les chevaux legiers,
Par Albanois Mars, Léo, Sat., un versien.

92 (L.-Ph. III. I).
Après le siège tenu dix-sept ans,
Cinq changeront en tel révolu terme :
Puis sera l'un esleu de même temps,
Qui des Romains ne sera trop conforme.

95 (IX. III. V).
Nautique rame invitera les umbres,
Du grand empire lors viendra conciter,
La mer Egée des lignes les encombres,
Empeschant l'onde Tyrene de flotter.

96 (III. V).
Sur le milion du grand monde la rose,
Pour nouveaux faicts sang public espandu :
A dire vray on aura bouche close,
Lors au besoing viendra tart l'attendu.

97 (IV. V).
Le nay difforme par horreur suffoqué,
Dans la cité du grand Roy habitable,
L'édict sévère des captifs révoqué,
Gresle et tonnerre, Condom inestimable.

98 (III).
A quarante huit degré climaterique,
A fin de Cancer si grande sécheresse,
Poisson en mer fleuve, lact cuit hectique,
Bearn, Bigorre par feu ciel en détresse.

99 (III. IX).
Milan, Ferin, Turin et Aquilleye,
Capoue, Brundis vexez par gent Celtique
Par le Lyon et phalange Aquilée,
Quand Rome aura le chef vieux Britannique.

100 (III. V).
Le boute-feu par son feu attrapé,
De feu du ciel par Carcas et Cominge,
Foix, Aux, Mazères, haut vieillard eschappé
Par ceux de Hesse, de Saxons et Turingo.

CENTURIE VI

4 (III. IX).
Autour des monts Pyrénées grand amas,
De gent estrange secourir Roy nouveau,
Près de Garonne du grand temple de Mas,
Un Romain chef le craindra dedans l'eau.

3 (IV. V).
Fleuve qu'esprouve le nouveau nay Celtique,
Sera en grande de l'Empire discordes,
Le jeune Prince par gent Ecclesiastique,
Ostera le sceptre coronal de concorde.

4 (XIV. V. IX. III).
Le celtique fleuve changera de rivage,
Plus ne tiendra la cité d'Agripine,
Tout transmué hormis le vieil langage,
Saturne, Leo, Mars, Cancer en rapine.

6 (V. IX).
Apparoistra vers le Septentrion,
Non loing de Cancer l'Estoille chevelue,
Suse, Sienne, Boëce, Eretrion,
Mourra de Rome grand, la nuict disparue.

46 (V. L.-Ph. III. IV. I. II).
Ce que ravy sera de jeune Milve,
Par les Normans de France et Picardie,
Les noirs du temple du lieu de Négrisilve,
Feront auberge et feu de Lombardie.

20 (III. IX).
L'union feincte sera peu de durée,
Des uns changer reformez la plus pasrt,
Dans les vaisseaux sera gent endurée,
Lors aura Rome un nouveau Liépart.

21 (III).
Quand ceux du polle artict unis ensemble
En Orient grand effrayeur et crainte,
Esleu nouveau sousteun la grand temple,
Rodes, Bysance de sang barbare teinte.

22. (III. IX. I).
Dedans la terre du grand temple celique,
Neveu à Londres par paix feincte meurtry,
La barque alors deviendra schismatique,
Liberté sainte sera au corn et cry.

23 (III. IX. I).
D'esprit de règne munismes descriés
Et seront peuples esmeus contre leur Roy,
Paix, saing nouveau, saintes loix empirés,
Rapis onc fut en si tredur arroy.

24 (III. V).
Mars et le Sceptre se trouvera conjoinct,
Dessoubs Cancer calamiteuse guerre,
Un peu après sera nouveau Roy oingt,
Qui par long-temps pacifiera la terre.

25 (III. IX. II. I).
Par Mars contraire sera la monarchie
Du grand prescheur en trouble ruyneux
Jeune noir rouge prendra la hierarchie,
Les proditeurs iront jour bruyneux.

26 (II. I. IX).
Quatre ans le règne quelque peu bien tiendra,
Un surviendra libicineux de vie,
Ravenne et Pise, Véronne soutiendra,
Pour eslever la croix du Pape envie.

27 (XIV. V).
Dedans les isles de cinq fleuves à un,
Par le croissant du grand CHYRN Selin,
Par les bruynes de l'air fureur de l'un,
Six eschappez, cachez fardeaux de lin.

28 (V. XI. I. II).
Le grand Celtique entrera dedans Rome,
Menant amas d'exilez et bannis,
Le grand Pasteur mettra à mort tout homme
Qui pour le Coq étoit aux Alpes unis.

29 (VI. V).
La vefve sainte entendant les nouvelles,
De ses rameaux mis en perplex et trouble,
Qui sera duict appaiser les querelles,
Par son pourchas des rases fera double.

32 (   ).
Par trahison de verges à mort battu,
Prins surmonté sera par son désordre,
Conseil frivole au grand captif sentu,
Nez par fureur quand Berich viendra mordre.

33 (   ).
Sa main dernière par Alus sanguinaire,
Ne se pourra par la mer garantir,
Entre deux fleuves craindra main militaire,
Le noir l'ireux le fera repentir.

36 (I. II).
Ne bien ne mal par bataille terrestre,
Ne parviendra aux confins du Pérousse,
Rebeller Pise, Florence voir mal être,
Roy nuict blessé sur mulet à noire housse.

37 (III).
L'œuvre ancienne se parachevera,
Du toict cherra sur le grand mal ruine,
Innocent faict mort en accusera,
Nocent caché, taillis à la bruyne.

38 (I. II).
Aux profligez les ennemis,
Après avoir l'Italie superée,
Noir sanguinaire rouge sera commis,
Feu, sang, verser, eau de sang colorée

39 (IV. III. I. II).
L'enfant du règne par paternelle prinse
Expolier sera pour délivrer
Auprès du lac Trasimen l'azur prinse,
La troupe hostage par trop fort s'enyvrer.

40 (XIII. IX).
Grand de Magonce pour grande soif esteindre,
Sera privé de sa grand' dignité
Ceux de Cologne si fort le viendront plaindre,
Que le grand groppe au Rhin sera jetté.

---

44 (III. I. II).
Le second chef du règne Dannemarc,
Par ceux de Frize et l'isle Britannique,
Fera despendre plus de cent mille marc,
Vain exploiter voyage en Italique.

42 (XIV. V).
A l'Ogmion sera laissé le règne
Du grand Selin qui plus sera de faict,
Par les Itales estendra son enseigne,
Regi sera par prudent contrefaict.

43 (XV).
Long-temps sera sans être habité,
Ou Seine et Marne autour vient arroser,
De la Tamise et Martiaus temptée,
Deceus les gardes en cuidant repousser.

56 (III. X).
La crainte armée de l'ennemy Narbon,
Effrayera si fort les Hespériques,
Parpignan vuidé par l'aveugle d'Arbon,
Lors Barcelon par mer donra les piques.

66 (XIV. V).
Au fondement de nouvelle secte,
Seront les os du grand Romain trouvez,
Sépulchre en marbre apparoistra ouverte,
Terre trembler en Avril mal enfouëz.

70 (V).
Au chef du monde le grand CHYREN sera,
Plus outre après aymé craint redouté,
Son bruit et los les cieux surpassera,
Et du seul tittre victeur fort contente.

71 (III. IX. II).
Quand on viendra le grand Roy parenter,
Avant qu'il ayt du tout l'âme renduë,
On le verra bien tost apparenter,
D'Aigles, Lion, croix, couronne venduë.

77 (III. IV. IX. I).
Par la victoire du deceu fraudulente,
Deux classes une, la révolte Germaine,
Le chef meurtry et son fils dans la tente,
Florence, Imicole pourchassez dans Romanie.

78 (V. VIII).
Crier victoire du grand Selin croissant,
Par les Romains sera l'Aigle clamé,
Ticcin, Milan et Gennes n'y consent,
Puis par eux-mêmes Basil. grand reclamé.

79 (V. I. VII).
Près du Tésin les habitans de Loyre,
Garoune, Saone, Seine, Tarn et Gironde,
Outre les monts dresseront promontoire,
Conflict donné, Pau, Grancy, submerge onde.

CENTURIE VII.

2 (III. V. IV).
Par Mars ouvert Arles ne donra guerre,
De nuict seront les soldats estonnez,
Noir blanc, à l'Inde dissimulez en terre,
Sous la feinte ombre traittres veus et sonnez.

5 (IV. I. XIV. IX).
Vin sur la table en sera respandu,
Le tiers n'aura celle qu'il prétendoit,
Deux fois du noir de l'arme descendu,
Pérouse à Pise fera ce qu'il cuidoit.

6 (I).
Naples, Palerme et toute la Sicile,
Par main Barbares sera inhabitée,
Corsique, Salerne, et de Sardaigne l'isle,
Faim, peste, guerre, fin de maux intentée.

7 (V. IV. XIV).
Sur le combat de grands chevaux légers,
Ou criera le grand croissant confond,
De nuict tuer, monts habits de bergers,
Abismes rouges dans le fossé profond.

8 (I. X).
Flora, fuis, fuis le plus proche Romain,
Au Fusulan sera conflict donné ;
Sang espando, le plus grand prince à main,
Temple ne sera ne sera pardonné.

---

9 (   ).
Dame à l'absence de son grand capitaine
Sera priée d'amour du Vice Roy,
Fainte promesse et malheureuse étreinte
Entre les mains du grand Prince Barroy.

10 (   ).
Par le grand Prince limitrophe du Mans,
Preux et vaillant chef du grand exercite
Par mer et terre des Gallots et Normans,
Caspre passer Barcelonne pillé isle.

11 (IV. V).
L'enfant Royal contemnera la mère,
Œil, pieds blessez rude innobéissant,
Nouvelle à dame estrange et bien amère,
Seront tuez des siens plus de cinq cens.

12 (V. III. IV).
Le grand puisnay fera fin de la guerre,
Aux Dieux assemblé avec les excusez,
Cahors, Moissac, iront loing de la terre,
Refus Lestore les Agenois, rasez.

36 (I. IX. V).
Dix envoyez, chef de nef mettre à mort,
D'un averty en classe guerre ouverte,
Confusion chef, l'un se picque et mord,
Leryn, Steeades, nefs cap dans la nerte.

42 (V).
Deux de poison saisis nouveaux venus,
Dans la cuisine du grand Prince verser,
Par le souillard tous deux au fait cogneus,
Prins qui cuidoit de mort l'aisné vexer.

43 (III).
Lorsqu'on verra les deux licornes,
L'une baissant, l'autre abaissant,
Monde au milieu, pilier aux bornes,
S'enfuyera le neveu riant.

CENTURIE VIII.

4 (III. IV. V).
PAV, NAY, LORON plus feu qu'à sang sera,
Laude nager, fuir grand aux surrez :
Les agasses entrée refusera,
Pampou, Durauce les tiendra enserrez.

2 (III. IV. V. IX).
Condon et Aux et autour de Mirande,
Je voy du ciel feu qui les environne
Sol Mars conjoint au Lyon puis Marmande,
Foudre, grand gresle, mur tombe dans Garonne

3 (III. I. II. IX).
Au fort chasteau de Vigilanne et Resviers,
Sera serré le puisnay de Nancy,
Dedans Turin seront ards les premiers,
Lorsque de deuil Lyon sera transy.

4 (III. II. IX. I).
Dedans Monech le Coq sera receu,
Le cardinal de France apparoistra,
Par Légation Romain sera deceu,
Foiblesse à l'Aigle et force au Coq naistra.

5 (III. V. XVII. III).
Apparoistra temple luisant orné,
La lampe et cierge à Borne et Bretueil,
Pour la Lucerne le canton destourné,
Quand on verra le grand Coq au cercueil.

6 (III. IX. I. II).
Clarté fulgure à Lyon apparente,
Luysant, print Malte ; subit sera esteinte,
Sardon, Mauris traitera decevante,
Geneve à Londres à Coq trahison feinte.

7 (III. II. I).
Verceil, Milan, donra intelligence,
Dedans Tycin sera faicte la playe,
Courir par Seine, eau, sang feu par Florence.
Unique cheoit d'hault en bas faisant maye.

8 (III. VII. III. I. VIII).
Près de Linterne dans de tonnes fermez,
Chivaz fera pour l'Aigle la menée,
L'esleu chassé lui ses gens enfermez,
Dedans Turin rapt espouse emmenée.

— 43 —

9 (III. II. I. XIII. IX. VII).
Pendant que l'Aigle et le Coq à Savone
Seront unis, mer Levant et Ongrie,
L'armée à Naples, Palerme Marque d'Ancone,
Rome, Venise par Barbe horrible crie.

10 (III. I. II).
Puanteur grande sortira de Lausanne,
Qu'on ne sçaura l'origine du fait,
L'on mettra hors toute la gent loingtaine,
Feu veu au ciel, peuple estranger deffait.

11 (III. I. II).
Peuple infiny paroistra à Vincenne,
Sans force, feu brusler la basilique,
Près de Lunage deffait grand de Valence,
Lorsque Venise par mort prendra pique.

12 (III. I. IX. II).
Apparoistra auprès de Buffalorre,
L'hault et procere entré dedan Milan,
L'abbé de Foix avec ceux de Sainct Morre,
Feront la forbe habillez en vilains.

13 ( )
Le croisé frère par amour effrenée
Fera par Praytus Bellerophon mourir,
Classe à Milan la femme forcenée,
Beu le breuvage, tous deux après périr.

14 ( )
Le grand crédit d'or et d'argent l'abondance,
Aveuglera par libide l'honneur;
Cogneu sera d'adultère l'offense,
Qui parviendra à son grand déshonneur.

15 (XIV. III. IV. V).
Vers Aquilon grands efforts par hommasse,
Presque l'Europe et l'univers vexer,
Les deux eclypses mettra en telle chasse,
Et aux Pannons vie et mort renforcer.

16 (X. I. V).
Au lieu que Hiéron fait sa nef fabriquer,
Si grand déluge sera et si subite
Qu'on n'aura lieu ne terre s'attaquer.
L'onde monter Fesulan Olympique.

27 (I. III).
La voye auxelle l'un sur l'autre fornix,
Du muy désert hormis jasmin et genest,
L'escript d'Empereur sauvera le Phénix,
Veu en celuy ce qu'à nul autre n'est.

28 (V).
Les simulachres d'or et d'argent enflez,
Qu'après le rapt au feu furent jettez,
Au descouvert estaints tous et troublez,
Au marbre escripts, prescripts interjettez.

29 (V).
Au quart pillier l'on sacre à Saturne,
Par tremblant terre et déluge fendu,
Soubs l'édifice Saturnin trouvée urne,
D'or Capion ravy et puis rendu.

30 (V).
Dedans Tholoze non loing de Beluzer,
Faisant un puys loing, palais d'espectacle,
Thresor trouvé, un chascun ira vexer,
Et en deux locs tout auprès de Basacle.

38 (V).
Le Roy de Bloys dans Avignon regner,
Une autre fois le peuple en monopole,
Dedans le Rosne par murs fera baigner,
Jusques à cinq le dernier près de Nole.

39 ( ).
Qu'aura été fait par prince Bizantin,
Sera tollu par prince de Tholouse,
La foy de Foix par le chef Tolentin,
Luy faillira, ne refusant l'espouse.

40 ( )
Le sang du Juste par Taur et la Dorade,
Pour se venger contre les Saturnins,
Au nouveau lac plongeront la maynade,
Puis marcheront contre les Albanins.

41 ( ).
Esleu sera Renard ne sonnant mot,
Faisant le fait public vivant pain d'orge,
Tyranniser après tant à un cop,
Mettant le pied des plus grands sur la gorge.

42 (L.-Ph. XIV).
Par avarice par force et violence,
Viendra vexer les siens chef d'Orléans,
Près saint Mermiro assault et résistance,
Mort dans sa tente diront qu'il dort léans.

43 (L.-Ph. XIV. III).
Par le décide de deux choses bustards,
Neveu du sang occupera le règne,
Dedans lectoyre seront les coups de dards,
Neveu par peur pliera l'enseigne.

44 (III. XIV. I. II. XIII. V).
Le procréé nature d'Ognion,
De sept à neuf du chemin destorner,
A Roy de longue et amy au myhom,
Doit à Navarre fort de PAV prosterner.

45 (V. IV. III. XIV).
La main escharpe et la jambe bandée,
Long puisnay de Calais portera,
Au mot du guet la mort sera tardée,
Puis dans le temple à Pasques saignera.

46 (1789-1862).
Pol mensolée mourra trois lievres du Rosne,
Puis les deux prochains tarasc destroits :
Car Mars fera le plus horrible trosne,
De Coq et d'Aigle de France frères trois.

52 (V. III. IV).
Le Roy de Bloys dans Avignon régner,
D'Amboise vssemer viendra le long de Lyndre,
Ongle à Poictiers sainctes aisles ruyner,
Devant Boulieu viendra la guerre esteindre.

53 (III).
Dedans Boulongne voudra laver ses fautes,
Il ne pourra au temple du Soleil,
Il volera faisant choses si hautes,
En hierarchie n'en fut oncq un pareil.

54 (V. III).
Soubs la couleur du traicté mariage,
Fait par magnanime par grand CHYREN Selin,
Quintin, Arras recouvrez au voyage,
D'Espagnois fait second banc maclin.

55 (XIV. V).
Entre deux fleuves se verra enserré,
Tonneaux et caques unis à passer outre,
Huict ponts rompus chef à tant enferré,
Enfants parfaicts sont jugulez en coultre.

56 (XIV. V. XVII).
La bande foible la terre occupera,
Ceux du haut lieu feront horribles cris,
Le gros troupeau d'être coin troublera,
Tombe près Dinebro descouverts les escrits.

66 (XIV. V. XVII...).
Quand l'escriture D. M. trouvée,
Et cave antique à lampe descouverte,
Loy, Roy et Prince Ulpian esprouvée,
Pavillon Royne et Duc sous la couverte.

73 (III).
Soldat Barbare le grand Roy frappera,
Injustement non éloigné de mort,
L'avare mere du fait cause sera,
Conjurateur et règne en grand remord.

74 (III).
En terre neufve bien avant Roy entré,
Pendant sujets luy viendront faire acceuil,
Sa perfidie aura tel rencontré
Qu'aux citadins lieu de feste et recueil.

75 (III. IV).
Le pere et fils seront meurdris ensemble,
Le préfecteur dedans son pavillon,
La mère à Tours du fils ventre aura enflé,
Caiche verdure de feuilles papillon.

77 (XV).
L'Antechrist trois bientôt annichilez,
Vingt et sept ans durera sa guerre,
Les hérétiques morts, captifs exilez,
Sang corps humain, eau rougie, gresler terre.

78 (XV).
Un Bragamas avec sa langue torte,
Viendra des Dieux piller le sanctuaire,
Aux hérétiques il ouvrira la porte,
En suscitant l'Eglise militaire.

85 (III).
Entre Bayonne et à Saint Jean de Lux,
Sera posé de Mars le promontoire,
Aux Hanix d'Aquilon Nanar hostera lux,
Puis suffoqué au lict sans adjutoire.

86 (III).
Par Arnani, Tholose, Ville Franque,
Bande infinie par le mont Adrian,
Passe rivière, Hutin par pont la planque,
Bayonne entrer tous Bichoro criant.

87 (III. IV).
Mort conspirée viendra en plein effect,
Charge donnée et voyage de mort,
Esleu, créé, receu, par siens deffait,
Sang d'innocent devant soy par remort.

96 (X).
La Synagogue stérile sans nul fruit
Sera receuë entre les infidèles,
De Babylon la fille du poursuit,
Misère et triste luy tranchera les aisles.

98 (I).
De gens d'Eglise sang sera espanché,
Comme de l'eau en si grande abondance,
Et d'un long temps ne sera restanché,
Vœ, vœ, au clere ruyne et doléance.

99 (I. V. X).
Par la puissance des trois Roys temporels,
En autre lieu sera mis le saint siège,
Où la substance de l'esprit corporel,
Sera remis et receu pour vray siège.

100 (I. IX).
Pour l'abondance de larmes respandué,
Du haut en bas par le bas au plus haut,
Trop grande foy par jeu vie perdué,
De soif mourir par abondant defaut.

CENTURIE IX.

1 (XVII. III. V. VI).
Dans la maison du Traducteur de Bourc,
Seront les lettres trouvées sur la table,
Borgne, roux, blanc, chenu tiendra de cours,
Qui changera au nouveau connestable.

2 (I. IX).
Du haut mont Aventin voix ouye,
Vuydez, vuydez de tous les deux costez,
Du sang des rouges sera l'ire assouvie,
D'Arimin Prato, Columna debotez.

3 (I. IX).
La magna vaqua in Ravenne grand trouble,
Conduicts par quinze enserrez à Fornase :
A Rome naistra deux monstres à testé double,
Sang, feu, déluge, les plus grands à l'espace.

4 (I. X).
L'an ensuyvant descouverts par déluge,
Deux chefs esleus, le premier ne tiendra,
De fuyr ombre à l'un d'eux le refuge,
Saccagée case qui premier maintiendra.

5 (I. X).
Tiers doigt du pied au premier semblera,
A un nouveau monarque de bas haut,
Qui Pyse et Lucques Tyran occupera,
Du précédent corriger le deffaut.

8 (V. ch. X. L.-Ph.).
Puisnay Roy fait son père mettra à mort,
Apres conflict de mort très inhonneste :
Escrit trouvé, soupçon donra remort
Quand Loup chassé pose sur la chouchette.

9 (XVII. V).
Quand lampe ardente de feu inextinguible,
Sera trouvé au Temple des Vestales,
Enfant trouvé, feu, eau passant par crible,
Perir eau Nismes, Tholose chesir les halles.

10 (V. L.-Ph.).
Moyne moynesse, d'enfant mort exposé,
Mourir par ourse et ravy par verrier,
Par Foix et Pamyes le camp sera posé,
Contre Tholose Carcas dresser forcier.

CENTURIE X.

42 (V).
Le taut d'argent de Diane et Mercure,
Les simulacres au lac seront trouvez,
Le figurier cherchant argille neufve,
Luy et les siens seront d'or abbreuvez.

32 (XVIII. V, II. IX).
De fin porphire profond colon trouvée,
Dessous la laze escripta capitolin,
Os poil rétors Romain force prouvée,
Classe agiter au port de Methelin.

37 (V).
Pont et moulins en Décembre versez,
En si haut lieu montera la Garonne,
Murs, édifices, Tholose renversez,
Qu'on ne sçaura son lieu autant matrone.

41 (V. I. IX. II).
Le grand CHYREN soy saisir d'Avignon,
De Rome lettres en miel plein d'amertume,
Lettre ambassade parti de Chanignon,
Carpentras pris par Duc noir rouge plume.

44 (XIV. V).
Migrés, Migrés, de Geneve trestous,
Saturne d'or en fer se changera,
Le conter RYAPOZ exterminera tous,
Avant l'Avent le ciel signe fera.

45 (III. V. XIV).
Ne sera saoul jamais de demander,
Grand Mendosus obtiendra son Empire,
Loing de la cour fera contremander,
Piedmont, Picart, Paris, Tyrron le pire.

46 (XIV. V. III. IV. XVII).
Vuydez, fuyez de Tholose les rouges,
Du sacrifice faire expiation :
Le chef du mal dessous l'ombre des courges,
Mort estrangler carne omination.

50 (V Orl. L.-Ph. III. IV. XIV).
MENDOSYS tost viendra à son haut règne,
Mettant arriere un peu les NORLARIS,
Le rouge blesme, le masle à l'interrègne,
Le jeune crainte et frayeur Barbaris.

81. (V. III. XVII).
Le Roy rusé entendra ses embuches
De trois quartiers ennemis assaillir,
Un nombre estrange larmes de coqueluches,
Viendra Lemprin du traducteur saillir.

84 (V. XIV. N. Ier).
Roy exposé parfaira l'hécatombe,
Après avoir trouvé son origine,
Torrent ouvrir de marbre et plomb la tombe,
D'un grand Romain d'enseigne Medusine.

85 (III. IV. V).
Passer Guienne, Languedoc et le Rosne,
D'Agen tenans de Marmande et la Réole
D'ouvrir par foy, par toy Phocen tiendra son
Conflict auprès St Pol de Mauséole. [thrône,

42 (IX. III. I).
Esleu en Pape, d'esleu sera mocqué,
Subit, soudain, esmeu prompt et timide,
Par trop bon doux à mourir provoqué,
Crainte esteinte la nuict de sa mort guide.

48 (Orl. V. I).
Le grand Lorrain fera place à Vendosme,
Le haut mis bas et le bas mis en haut,
Le fils de Mamon sera esleu dans Rome,
Et les deux grands seront mis en défaut.

26 (V. III. IV. XIV).
Le successeur vengera son beau-frère,
Occuper règne sous ombre de vengeance,
Occis obstacle son sang mort vitupère,
Long-temps Bretaigne tiendra avec la France.

27 (V. VI. IX. III. II).
Car le cinquième et un grand Hercule,
Viendront le Temple ouvrir de main bellique,
Un Clément, Jule et Ascans reculez, [picque.
L'espée, clef, Aigle, n'eurent onc si grand

30 (III. IV. V. I. II. XI).
Neveu et sang du saint nouveau venu,
Par le surnom soutient arcs et couvert.
Seront chassez mis à mort, chassez nu,
En rouge et noir convertiront leur vert.

60 (I).
Je pleure Nisse, Maunego, Pize, Genues,
Savonne, Sienne, Capue, Modene, Malte,
Le dessus sang et glaive par estreudes,
Feu, trembler, terre, eau, malheureuse nolte.

64 (I).
Betta, Vienne, Emorre, Sacarbance,
Voudront livrer aux Barbares Pannone :
Par pique et feu, énorme violence,
Les conjure descouverts par matrone.

62 (I. VIII).
Près de Sorbin pour assaillir Ongrie,
L'héraut de Brudes les viendra advertir,
Chef Bizantin, Salton de Sclavonie,
A loy d'Arabes les viendra convertir.

63 (I. IX. V. III. IV).
Cydron, Raguse, la cité au sainct Hiéron,
Reverdira le médicant secours,
Mort fils de Roy par mort de deux heron,
L'Arabe, Ongrie feront un même cours.

64 (I. IX. X).
Pleure Milan, pleure Lucques, Florence,
Que ton grand Duc sur le char montera,
Changer le siège près de Venise s'avance,
Lorsque Colonne à Rome changera.

65 (I. III. IX).
O vaste Rome ta ruine s'approche,
Non de tes murs, de ton sang et substance,
L'aspre par lettres fera si horrible coche,
Fer pointu mis à tous jusques au manche.

72 (XVI).
L'an mil neuf cens nonante neuf sept mois,
Du ciel viendra un grand Roy d'effrayeur,
Ressusciter le grand Roy d'Angoulmois,
Avant, après Mars régner par bon heur.

73 (XVI).
Le temps présent avecques le passé,
Sera jugé par grand Jovialiste,
Le monde tard luy sera lassé,
Et desloyal par le clergé juriste.

73 (XV. XVI).
Au révolu du grand nombre septième,
Apparoistra au temps jeux d'Hécatombe,
Non esloigné du grand-aage millicsme,
Que les entrez sortiront de leur tombe.

79 (V).
Les vieux chemins seront tous embellis,
L'on passera à Memphis somentrées,
Le grand Mercure d'Hercules fleur de lys,
Faisant trembler terre et mer contrées.

80 (V. VI. XI).
Au règne grand du grand règne régnant,
Par force d'armes les grands portes d'airain,
Fera ouvrir le Roy et Duc joignant,
Port desmoly, nef à fons, jour serain.

89 (V. XIV).
De briqueus marbre seront les murs réduicts,
Sept et cinquante années pacifiques,
Joye aux humains renové l'aqueduct,
Santé, grands fruits, joye et temps mellifiques

93 (XI v.).
La barque neufve recevra les voyages,
Là et auprès transféreront l'Empire :
Beaucaire, Arles retiendront les hostages,
Près deux colonnes trouvées de porphire.

94 (XIV. V).
De Nismes, d'Arles et Vienne contemner,
N'obéir tout à l'édict Hespérique :
Aux labouriers pour le grand condamner,
Six eschappez en habit séraphique.

98 (XV. XVI).
La splendeur claire à pucelle joyeuse,
Ne luyra plus long-temps sera sans sel :
Avec marchans, ruffiens, loups odieuse,
Tous presle-mesle monstre universel.

99 (XVI).
La fin le loup, le lyon, bœuf et l'asne,
Timide dame seront avec mastins,
Plus ne cherra à eux la douce manne,
Plus vigilance et custode aux mastins,

100 (V).
Le grand Empire sera par Angleterre,
Le Pempotan des ans plus de trois cens :
Grandes copies passer par mer et terre,
Les Lusitains n'en seront pas contens.

FIN.

ADDENDA
au deuxième volume de l'HISTOIRE PRÉDITE ET JUGÉE.

Toutes les recherches du Traducteur et des lecteurs confirment l'interprétation donnée aux quatrains.

P. 180. LE SIEN NEPTUNE PLIERA VOILE NOIRE. Nostradamus désigne toujours le peuple anglais par le mot NEPTUNE; s'il insiste ici en disant LE SIEN NEPTUNE pour le vaisseau amiral de Nelson, c'est que dans ce combat de Trafalgar la flotte française et la flotte espagnole avaient chacune un vaisseau de ce nom. (Voir Hist. de France, par Amédée Gabourd).

P. 244. LE ROY DES ISLES SERA CHASSÉ PAR FORCE. Nostradamus appelle Napoléon à l'île d'Elbe : LE ROY DES ISLES; il le dit dans ce même récit en 20 vers : LE CAPTIF PRINCE AUX ITALES VAINCU (ITALES est pour Æthalia, ancien nom de l'île d'Elbe, mais ce mot au pluriel s'applique au moins à deux îles italiennes). Il dit que l'île Pianoza, près de l'île d'Elbe, fournira le pâturage aux chevaux de l'Empereur (p. 246). Sûr que Napoléon possédait cette île, j'en demandai une preuve historique; on me répondit que s'il en jouissait, ce ne pouvait être qu'à titre de fermage. L'histoire aujourd'hui me donne raison.

« La première impression de Napoléon en arrivant à l'île d'Elbe, avait été triste. En gravissant un morne qui domine Porto-Ferrajo, il avait été frappé des bornes étroites de son nouveau domaine, et s'était écrié à la vue de la mer dont les vagues déferlent de tous côtés sur les falaises : « Il faut l'avouer, mon île est très petite. » Quelques heures lui suffirent pour la visiter. Il voulut y ajouter un rocher appelé Pianoza : « L'Europe, dit-il en souriant, va m'accuser d'avoir déjà fait une conquête. Sa pensée et son regard étaient demeurés attachés sur la France. » (Hist. de la Restauration, A. Nettement, t. II, p. 20.)

« Napoléon, après avoir parcouru l'étendue de l'île en quelques heures, avait arrêté le plan de son nouveau régne... Une île très petite, dépendante de sa souveraineté, celle de Pianosa, distante de trois lieues, présentait des circonstances favorables à ses desseins. Cette île, plate, couverte de bons pâturages, très précieux en ces climats, était surmontée d'un rocher taillé à pic et d'un fort de cinquante hommes attachés était presque inexpugnables. Il fit mettre le fort en état de défense, y envoya des vivres et une petite garnison, et, sans dire son secret à personne, il disposa les choses de manière que du fort on pût, dans la nuit, descendre au rivage, s'embarquer et prendre le large, ce que la position de l'île rendait facile ; car elle est située, non pas du côté de la Toscane, mais du côté de la pleine mer. Napoléon avait donc la ressource, si on venait pour l'enlever, de se réfugier dans cette île de Pianosa pendant la nuit, et puis de s'y embarquer n'importe pour quelles régions. Afin d'en utiliser les pâturages, il y fit transporter ses chevaux et son bétail, de sorte qu'il éloignait, en profitant des avantages de l'île, toute idée d'un établissement militaire. » (Hist. du Consulat et de l'Empire, Thiers, XIX, p. 40.)

P. 246. SEPT FUM. EXTAINT AU CANON DES BORNEAUX. J'ai vu le village de Sept-Bora, près Waterloo, dans le mot SEPT BORNEAUX d'un quatrain interprété forcément de la bataille de Waterloo. Nostradamus a dit qu'il avait la ULTIME FACILE et il met LUNE pour Lune, afin de rimer avec SALONNE. Ici BORNEAUX rimant avec FOURNEAUX, est pour born. On lit dans la Clef de Nostradamus, publiée en 1710 (p. 168) :

« Il est à remarquer qu'on trouve dans Nostradamus des exemples d'Aphérèse, de Prosthèse, d'Epenthèse, d'Antithèse, de Métathèse, d'Anastrophe, etc., tout comme dans les poètes latins, à l'exception de la Paragoge, qui ajoute une lettre ou une syllabe à la fin du mot. Or quoique je n'aye point encore remarqué d'exemples manifestes, cela n'empêche pas qu'il ne s'en puisse découvrir dans la suite. »

P. 249. UN COLONEL MACHINE AMBITION SE SAISIRA DE LA PLUS GRANDE ARMÉE.

« Outre la garnison ordinaire de Grenoble, composée de deux régiments, il y avait le 7e et le 11e de ligne venus de Chambéry, le 4e d'artillerie venu de Valence et le 4e de hussards de la Vienne... C'était un corps de 6,000 hommes placé en ce moment sous le commandement du maréchal Marchand... Le COLONEL Labédoyère, qui commandait le 7e de ligne, par une faveur particulière du Roi, qui l'avait préféré à plusieurs concurrents dont les titres reposaient sur des services plus anciens, désobéit ouvertement à l'ordre de rétrograder sur Grenoble. Il fit reprendre à son régiment ses aigles qu'il avait conservées et le conduisit sur la route de Vizille au-devant de l'Empereur. Napoléon, recevant le jeune colonel dans ses bras, lui dit, « COLONEL, c'est vous qui me remettez le trône. »

» Texte de la proclamation adressée par le colonel Labédoyère à l'armée, pour décider sa défection :

« Soldats de tous les régiments ! dit-il, écoutez notre voix, elle exprime l'amour de la patrie ! Reprenez vos aigles, accourez vous joindre à nous. L'Empereur Napoléon marche à notre tête, il nous a rendu notre cocarde, ce signe de la liberté. »

» Cette proclamation était signée : « LE COLONEL du régiment, LABÉDOYÈRE ; les chefs de bataillon, FROMENT et BOISSIN, et le lieutenant, CHAUVET. (Hist. de la Restauration, A. Nettement, II. 49).

P. 250. PALAIS OYSEAUX, PAR OYSEAU DÉCHASSÉ... Les Bourbons chassés des Tuileries par Napoléon, qui en sera chassé lui-même par force... Je demandai à une personne ce qu'elle pensait de l'interprétation donnée à ce quatrain, elle me répondit qu'elle n'était pas claire à beaucoup près comme celle du plus grand nombre. Le quatrain pourtant était des plus clairs pour moi qui y avais trouvé le grand secret d'interprétation ; il le sera aujourd'hui pour tout le monde, grâce à une preuve historique que je viens de découvrir. Nostradamus fait allusion à une caricature dont il n'approuve pas l'esprit, mais qui était en 1814-1815 si populaire, que M. A. Nettement a dû la rappeler dans son Histoire de la Restauration, II. p. 23.

« Le Nain jaune, pamphlet périodique qui se distribuait publiquement, parlait de plumes de cane (Cannes et les caricatures mêmes, dont la vente clandestine augmentait tous les jours, annonçaient le retour de Napoléon en montrant les aigles rentrant par les fenêtres du château des Tuileries, tandis qu'on voyait un troupeau de dindons en sortir par les portes. »

P. 262. MAL INCOGNEU ET LE REFUS D'ANTOINE, et plus bas ET FERDINAND BLONDE SERA DESERTE. QUITTER LA FLEUR SUIVRE LE MACEDON, AU GRAND BESOIN DEFFAILLIRA SA ROUTE, ET MARCHERA CONTRE LE MYRMIDON. On ne saurait trop prouver la participation des d'Orléans à la révolution de 1830 et la vérité de cette expression du GRAND PROPHÈTE : ET MARCHERA CONTRE LE MYRMIDON. Philippe fera marcher sur Rambouillet contre le petit roi Dieudonné, enfant du miracle, comme tout Myrmidon.

« Lieutenance générale du royaume. — Paris, 3 août 1830.

» S. M. Charles X ayant abdiqué sa couronne, et S. A. Mgr le Dauphin ayant également renoncé à ses droits, il est devenu indispensable qu'ils s'éloignent immédiatement du territoire français ; en conséquence, le lieutenant-général comte Pajol est chargé de prendre toutes les mesures pour les y déterminer et pour veiller à la sûreté de leurs personnes. Il sera mis à sa disposition toutes les forces dont il aurait besoin.

» Signé : Louis-Philippe d'Orléans.

» Le commissaire provisoire au département de la guerre,
» Signé : comte Gérard. »

Moniteur du 6 août 1830. « Charles X avait formé à Rambouillet un corps où s'étaient groupés autour de lui divers corps de la garde royale. On ne pouvait laisser subsister aux portes de la capitale une force armée qui ne relevait pas du gouvernement établi, et qui, par sa seule présence près de Paris, y entretenait dans la population un état d'irritation dangereuse : en effet, l'agitation augmentait d'une manière effrayante dans la capitale, et il y avait à tout instant lieu de craindre que les masses populaires ne s'ébranlassent et ne se missent en MARCHE sur Rambouillet.

» Le lieutenant-général du royaume reconnut alors la nécessité de devancer le mouvement que la prolongation du séjour du roi Charles X, à Rambouillet, ne pouvait manquer de produire, afin de placer à sa tête des chefs qui, en le régularisant, prévinssent les excès...

» Il ordonna au général Lafayette de faire MARCHER six mille hommes de garde nationale dans la direction de Rambouillet, espérant que cette démonstration suffirait pour déterminer Charles X à prendre le seul parti que tant de circonstances se réunissaient pour lui faire adopter, celui de s'éloigner et de dissoudre les rassemblements dont il était entouré. Mais aussitôt qu'on vit la garde nationale se préparer à MARCHER, le nombre de ceux qui s'y joignirent volontairement prit une telle extension, que quarante à cinquante mille hommes se mirent aussitôt en route, avec cet élan qui caractérise le peuple français dans ses entreprises... »

Les travaux d'embellissement de Paris ont nécessité la démolition de la fontaine qui représentait saint Michel triomphant du dragon. Alors, pour détruire le souvenir des allusions politiques qui avaient fait frapper, à la naissance du duc de Bordeaux, des médailles représentant saint Michel vainqueur du dragon, on a proposé divers projets qui ont été rejetés, et l'Empereur a voulu qu'une fontaine, la plus monumentale de Paris, représentât ce passage de l'Apocalypse. Le jour de sa fête, le 15 août dernier (1861) les monstres Apocalyptiques ont été placés aux pieds de l'Archange.

On lit dans la *Guienne* du 17 juillet 1861 :

LA COMÈTE DE LA SAINT PIERRE PRÉDITE PAR NOSTRADAMUS.

Nos astronomes ont été surpris par l'apparition de la comète qui, en l'honneur du jour où elle a été vue pour la première fois, a reçu, comme l'on sait, le nom de *Comète de la Saint Pierre*.

Si M. Le Verrier et ses collègues sans exception lu Nostradamus, s'ils avaient lu surtout le savant commentaire qu'en a fait M. Torné-Chavigny, ils n'eussent pas été ainsi pris au dépourvu.

La comète a été annoncée en toutes lettres dans la dernière Centurie, quatrains 15 et 16.

A la page 168 de son deuxième volume, M. Torné-Chavigny renvoie ses lecteurs à ces deux quatrains, qui doivent, dit-il, recevoir leur accomplissement *à l'époque de la révolution italienne.*

Voici ces deux quatrains dont nous supprimons (seulement le premier vers :

Castor, Pollux en nef, astre crinite.
L'érain public par terre et mer vuide.
Pise, Ast, Ferrare, Turin, terre interdicte.

Naples, Palerme, Sicile, Syracuses.
Nouveaux tyrans, fulgures, feux célestes.
Forces de Londres, Gand, Bruxelles et Suses.
Grand hécatombe, triomphe, faire festes.

C'est l'étude de ce vers : PISE, AST, FERRARE, TURIN, TERRE INTERDICTE, qui a fait signaler ces deux quatrains, il y a trois ans, comme devant recevoir leur interprétation durant la révolution italienne. Depuis Nostradamus, ces quatre villes n'ont été réunies sous un même gouvernement qu'à l'époque actuelle, et ce gouvernement a été excommunié : TERRAE INTERDICTAE.

Pour revenir à la comète, nous nous bornerons à l'interprétation du vers suivant qui l'annonce :

Castor, Pollux en nef, astre crinite.

Castor, Pollux. — C'est dans la constellation Castor et Pollux qu'est apparue la comète.

En nef. — C'est le jour de la Saint Pierre, nom que Nostradamus exprime par le mot *nef* (*navis*, navire), — barque de saint Pierre, — qu'a eu lieu l'apparition.

Astre crinite. — C'est le nom de la comète elle-même : astre chevelu. Ce qui revient à dire : « Dans la constellation de Castor et » Pollux, le jour de la Saint Pierre (à l'époque où l'interdit sera sur » Turin), apparaîtra un astre chevelu ! »

Nota. Nous croyons devoir faire remarquer à ce propos que la page 168, dans laquelle sont indiqués les deux quatrains, a été déposée à la Préfecture de Bordeaux, le 4 mai, deux mois avant l'apparition de la comète.

M. Torné-Chavigny, qui, dans les deux volumes aujourd'hui publiés, renvoie le lecteur à un grand nombre de quatrains sur l'avenir, n'a rien fait de plus extraordinaire en annonçant cette comète qu'en annonçant l'année dernière la descente de Garibaldi en Sicile. On peut le voir dans la *Vie de L.-Philippe*, à la page 47, vol. Ier, où on lit « que les socialistes vont faire pousser d'horribles cris à Pa- » lerme, à Naples, aux Marches d'Ancône, à Rome et à Venise. »

Il semble qu'on ne peut rien ajouter à la précision de ce vers : CASTOR, POLLUX EN NEF ASTRE CRINITE qui fixe et le jour de l'apparition de la comète et le point du ciel où elle s'est montrée. Eh bien ! le contexte augmente encore considérablement la précision de cette prophétie sur une comète que nous avons vue le 29 juin 1861. Le lendemain, 30 juin, la Chambre de Turin approuvait l'emprunt de 500 millions, et la Chambre française continuait ses débats sur le budget et retentissait encore de ces paroles : *Les armements de terre et de mer épuisent le trésor*, ce que Nostradamus avait déclaré en parlant d'un VOYAGE EN ITALIQUE FAISANT DESPENDRE PLUS DE CENT MILLE MARC (t. II, p. 151) et de la construction de VAISSEAUX CHANGEZ DEFORMEZ LA PLUS PART (*id.*, p. 220). Le jour de la Saint Pierre, dans la basilique de Saint-Pierre, « la protestation de *Pie IX* contre le roi de Sardaigne... a été étendue à toutes les usurpations piémontaises, le Saint Père ayant pris soin de rappeler par leurs dates ses allocutions antérieures et de déclarer qu'il les maintient sans exception dans leur esprit et dans leur lettre. » (*L'Union*, 4 juillet 1861). Le jour de l'apparition de la comète, les socialistes qui n'étaient pas encore à ROME et à VENISE, où ils rentreront, TYRANS NOUVEAUX ET GENS NOUVEAUX (*id.*, p. 691), c'est-à-dire TYRANS sortis du peuple, unissaient leurs foudres aux vengeances célestes à NAPLES, PALERME, SICILE, SYRACUSES. Enfin, dans le même temps, les FORCES DE LONDRES (du peuple de l'UNION FEINCTE, *id.*, p. 220), fortifiaient contre la France. Anvers, la place forte de la Belgique (GAND, BRUXELLES), et aidaient le Piémont (SUSES) dans l'annexion italienne ou plutôt *anglaise*. Le dernier vers qui renferme le dénouement aura lieu plus tard. On verra GRAND HECATOMBE, TRIOMPHE FAIRE FESTES, lorsque CELEBRERA SON VICTRIX L'HÉCATOMBE (V. 48), lorsque ROY EXPOSÉ PARFAIRA L'HÉCATOMBE (IX. 84).

Les MARQUES qui ADAPTENT les unes aux autres le plus grand nombre des *quatrains sur le présent et l'avenir* ne laissent aucun doute sur leur accomplissement au temps fixé. Pour les autres, il y en a plusieurs dont la traduction entrevue seulement peut être fautive. Il en reste 400 environ qu'on interprétera certainement un jour du passé, du présent ou de l'avenir.

www.ingramcontent.com/pod-product-compliance
Lightning Source LLC
Chambersburg PA
CBHW070658050426
42451CB00008B/405